図解とQ&Aによる

第4版

外形標準課税の実務と申告

東京都主税局課税部長

櫻井幸枝・監修

東京都主税局課税部　　　東京都主税局課税部
法人課税指導課長　　　　外形課税担当課長

柳澤信幸／池田美由紀・共編

一般財団法人 **大蔵財務協会**

監 修 の こ と ば

　地方分権改革が進められるなか、都道府県の長年の悲願が実り、平成15年度の税制改正において、法人事業税に外形標準課税制度が導入されました。

　外形標準課税制度の導入には、二つの大きな意義があると考えております。

　一つは、法人の事業活動と都道府県の行政サービスとの受益関係に着目して課税する、という法人事業税の趣旨により適合する外形標準課税が、部分的とはいえ今回導入されたことです。これにより、赤字の法人も応分の負担を行うことになり、税収も所得課税一本よりも安定化することになります。

　もう一つの意義は、従来収入金額課税法人等一部を除き課税標準が国税である法人税に準拠していたのに対し、外形標準課税は地方税独自の課税標準であり、都道府県が自主的に調査決定できることであります。

　この外形標準課税が、法人の適正な申告と、税務当局の的確な指導、調査により、適切に運営されることは、地方分権を支えるこれからの地方税の拡充にとって、極めて重要なことであると考えます。

　本書は、東京都に寄せられた法人からの質問や、東京都が実施した調査などの事例から、外形標準課税の実務と申告のポイントを分かりやすく解説したものです。

　なお、執筆にあたっては、課税部法人課税指導課の職員が執筆し、このとりまとめに同課長吉冨哲郎があたりました。

　外形標準課税の申告に携わる方々や都道府県において課税事務、調

査事務に従事する職員のために、本書が手助けとなり、外形標準課税が適切、かつ円滑に施行されていくことを念願して、監修のことばとします。

平成18年3月

東京都主税局課税部長
松　田　曉　史

第4版の出版にあたって

　本書は、平成15年度の税制改正で導入された外形標準課税制度について、東京都に寄せられた法人からの質問や東京都が実施した調査等の事例から、外形標準課税の実務と申告のポイントをわかりやすく解説したもので、初版は平成18年3月に刊行されました。

　平成21年7月に刊行した第2版では、平成18年5月に会社法が新たに施行されたことで法人税法が改正され資本金等の取扱いが変更になったことや平成20年10月1日から施行された地方法人特別税の内容等を盛り込みました。

　また、平成27年11月に刊行した第3版では、所得割の税率引き下げと外形標準課税部分の税率の拡大や付加価値割における所得拡大促進税制の導入、税率の改正に伴う負担変動の軽減措置、資本割の課税標準の見直し等、平成27年度税制改正の内容をメインに改訂を行いました。

　第3版が刊行されてから約7年が経過し、その間に、令和元年度税制改正では特別法人事業税（国税）や特別法人事業譲与税の創設、令和2年度税制改正では電気供給業に係る法人事業税の課税方式の見直しや連結納税制度の見直し、令和4年度税制改正ではガス供給業に係る収入金課税の見直しや大法人に対する法人事業税所得割の軽減税率の見直し等大きな改正が行われています。

　近年の事業展開の国際化や電気・ガス事業の自由化に伴う小売供給契約の多様化等、社会情勢の変化やそれに伴う度重なる税制改正により、税制度はますます複雑・困難化しています。

　このため、今回の改訂にあたっては、第3版刊行後の税制改正の内

容について、できる限り詳細に解説することを心掛け、記述の加筆、変更を行いました。

　本書が、外形標準課税の申告に携わる方々や都道府県において課税事務、調査事務に従事する職員のための一助となり、外形標準課税を含めた、法人事業税制度の正しい理解とその適正な運用に寄与できることを願っております。

　　令和5年1月

　　　　　　　　　　　　　　　　　　東京都主税局課税部長
　　　　　　　　　　　　　　　　　　櫻 井 幸 枝

─〔凡　例〕─

（法令等適用期日：令和4年4月1日）

【法律等】

法………………………………地方税法

令………………………………地方税法施行令

規………………………………地方税法施行規則

特事法…………………………特別法人事業税及び特別法人事業譲与税に
　　　　　　　　　　　　　　　関する法律

法法……………………………法人税法

法令……………………………法人税法施行令

法規……………………………法人税法施行規則

措置法…………………………租税特別措置法

措置法令………………………租税特別措置法施行令

所法……………………………所得税法

所令……………………………所得税法施行令

法附則…………………………地方税法附則

規附則…………………………地方税法施行規則附則

特事法附則……………………特別法人事業税及び特別法人事業譲与税に
　　　　　　　　　　　　　　　関する法律附則

労働者派遣法…………………労働者派遣事業の適正な運営の確保及び派
　　　　　　　　　　　　　　　遣労働者の保護等に関する法律

【取扱通知等】

通知……………………………地方税法の施行に関する取扱いについて
　　　　　　　　　　　　　　　（道府県税関係）

法基通…………………………法人税基本通達

措置通…………………………租税特別措置法関係通達（法人税編）

所基通…………………………所得税基本通達

※　本書は、東京都の取扱いに準じて解説しています。

―――― 〔用語の定義〕 ――――

■本書では、次のとおり用語を定義して解説しています。

用　語	定　義
所得等課税事業 （1号事業）	法72条の2第1項1号に掲げる事業（非課税事業を除く。） （法72条の2第1項2号から4号までに掲げる事業以外の事業）
収入金額課税事業 （2号事業）	法72条の2第1項2号に掲げる事業 （電気供給業（小売電気事業等、発電事業等及び特定卸供給事業を除く。）、一般ガス導管事業及び特定ガス導管事業、保険業並びに貿易保険業）
収入金額等課税事業 （3号事業）	法72条の2第1項3号に掲げる事業 （電気供給業のうち、小売電気事業等、発電事業等及び特定卸供給事業）
特定ガス供給業 （4号事業）	法72条の2第1項4号に掲げる事業 （ガス供給業のうち、ガス製造事業者（特別一般ガス導管事業者に係る供給区域内においてガス製造事業を行う者に限る。）が行うもの（導管ガス供給業を除く。））
外形標準課税	資本金の額が1億円を超える法人が行う所得等課税事業並びに収入金額等額税事業及び特定ガス供給業に課される付加価値割及び資本割
外形対象法人	所得等課税事業を行う資本金の額が1億円を超える普通法人 （法72条の2第1項1号イに掲げる法人）
収入金額課税法人	収入金額課税事業を行う法人 （法72条の2第1項2号に掲げる事業を行う法人）
収入金額等課税法人	収入金額等課税事業を行う法人 （法72条の2第1項3号イ及びロに掲げる法人）
非課税事業	事業税が課されない事業
非課税事業等	非課税事業又は収入金額課税事業
通算親法人	法法2条12号の6の7に規定する通算親法人
通算子法人	法法2条12号の7に規定する通算子法人
通算法人	法法2条12号の7の2に規定する通算法人

〔目　次〕

第1章　外形標準課税の概要

第2章 付加価値割

第3章　資本割

第4章　課税標準の区分計算等を要する法人

第5章　税　率

第6章　申告・納付等

第7章　特別法人事業税

第8章　申告書の記載

第9章　参考資料

第1章
外形標準課税の概要

第1 背　景

【1　法人事業税の性格】

　法人事業税は、法人に対して、その事業活動を行うにあたって都道府県から受けている各種行政サービスの経費の負担を求める、応益負担の考えに基づくものです。

　しかし、外形標準課税導入前は所得を課税標準としていたため、資本金の額又は出資金の額が1億円を超える法人のうちの約5割が、行政サービスを受けているにもかかわらず法人事業税を負担しないなど、事業活動の規模に見合った応分の負担がなされていない状況になっていました。

　また、所得を課税標準とする課税は、景気の影響を受けやすいため、税収が不安定となり安定的な行政サービスの提供にも影響を与えるということから、外形標準課税制度の創設は地方税制における緊急な検討課題とされていました。

【2　導入までの経緯】

　法人事業税への外形標準課税導入については、昭和24年のシャウプ勧告以来、長年にわたりさまざまな形で検討が行われてきました。

　その間に、平成12年に東京都において銀行業等を対象とする外形標準課税が実施されるなど、地方独自の取組みが実施されましたが、平成12年7月の政府税制調査会中期答申では、それまでに検討された外形基準（①事

業活動価値（付加価値額に該当するもの）、②給与総額、③物的基準と人的基準の組み合わせ、④資本等の金額）のうち、理論的に最も優れている外形基準は「事業活動価値」であるとされました。

　この中期答申を受けて、旧自治省案（平成12年11月）、総務省案（平成13年11月）が示され、これらの案に各界からの意見を踏まえ、修正されたものが、平成15年度税制改正において創設された外形標準課税制度です。

【3　導入の目的】

　外形標準課税の導入によって、法人に対して事業活動の規模に応じて広く薄く公平に税負担を求めることになり、都道府県の基幹税である法人事業税の税収が安定化します。

　また、外形標準課税の導入にあわせて所得課税の税率を引き下げることから、努力して利益をあげている法人の税負担が軽減され、内部留保の増加による設備投資の促進や収益向上のインセンティブとなり、経済の活性化も期待できることから導入されました。

『事業規模に応じて広く薄く公平に』 『受益に応じた負担を求める税に』 『安定した行政サービスの提供のために』 『努力した企業が報われる税制に』	－税負担の公平性の確保－ －応益課税としての税の明確化－ －地方分権を支える基幹税の安定化－ －経済の活性化、経済構造改革の促進－

【4　外形標準課税の拡大】

　平成27年度税制改正では、「課税ベースを拡大しつつ税率を引き下げる」ことにより、より広く負担を分かち合い、「稼ぐ力」のある企業等の

税負担を軽減することで法人課税を成長志向型の構造に変えるという考えのもと、国・地方を通じた制度改正が行われました。

　その中で、法人事業税については平成27年4月1日以後開始事業年度より、2年間で段階的に大法人の所得割の税率を引き下げ、外形標準課税の拡大が図られました。

　さらに、平成28年度税制改正では、法人税改革を加速し平成28年度において法人実効税率20％台を実現することとされ、その中で、法人事業税については平成28年4月1日以後開始事業年度より、平成27年度改正時点からさらなる大法人の所得割税率の引き下げと外形標準課税の拡大が図られました。

　令和2年度税制改正では、小売電気事業及び発電事業の全面自由化や送配電部門の法的分離など、電気事業を取り巻く制度上の環境変化を背景として、これまで外形的な基準である収入金額を課税標準とする収入金額課税が採用されてきた電気供給業について、小売電気事業及び発電事業の課税方式が見直され、資本金の額が1億円超の普通法人について外形標準課税が導入されました。（令和3年度税制改正において特定卸供給事業を追加）

　また、令和4年度税制改正では、ガス供給業における導管部門の法的分離による制度的環境変化を踏まえ、法的分離の対象となる大手ガス事業者及びこれらの事業者と同一の供給区域において大規模なLNG基地を有し供給を行っている法人が行う特定ガス供給業について、外形標準課税が導入されました。

第2　基本的な仕組み

　資本金の額又は出資金の額（以下「資本金」といいます。）が1億円を超える法人（法72条の2第1項1号ロに掲げる法人を除きます。以下同じ。）が行う法72条の2第1項1号に規定する事業については、平成16年度以後、所得を課税標準とする「所得割」に加え、付加価値額を課税標準とする「付加価値割」及び資本金等の額を課税標準とする「資本割」が法人事業税として課されてきました。

　令和2年度及び令和4年度の税制改正により、資本金が1億円を超える法人が行う法72条の2第1項3号に掲げる事業（電気供給業の一部）と、法72条の2第1項4号に掲げる事業（ガス供給業の一部）について、収入金額を課税標準とする「収入割」に加え、付加価値割及び資本割が課されることとなりました。

　「外形標準課税」とは法人の事業活動の規模を外的に示す基準によって課税することを表しますが、本書では、付加価値割及び資本割を「外形標準課税」として説明しています。

　なお、「外形対象法人」と表記する場合は、付加価値割及び資本割を課される法人のうち、所得割を課される法人のみを指しています。

《外形標準課税導入前》

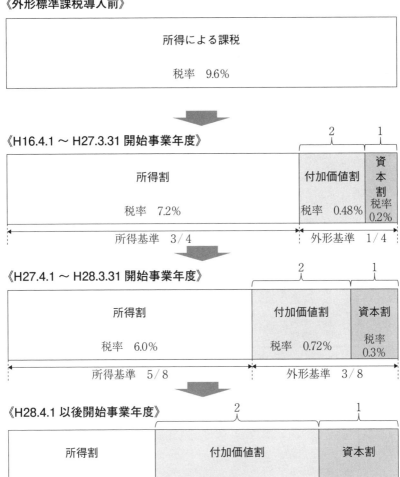

《H16.4.1 ～ H27.3.31 開始事業年度》

《H27.4.1 ～ H28.3.31 開始事業年度》

《H28.4.1 以後開始事業年度》

※税率は法72条の２第１項１号イの法人の標準税率（**Q273**参照）
※所得割の税率には特別法人事業税又は地方法人特別税を含む。
※H27.4.1 ～H31.3.31に開始する事業年度については外形標準課税の拡大による負担変動の軽減措置あり。

【1　外形標準課税の対象法人】

Q1　外形標準課税の対象となるのは、どのような法人ですか？

A　　資本金が1億円を超える法人です。ただし、公共法人等、特別法人、人格のない社団等、みなし課税法人、投資法人、特定目的会社、一般社団法人及び一般財団法人は除きます。（法72条の2第1項）

なお、特定ガス供給業については資本金に関わらず外形標準課税の対象となります。以下Q2～8において同様です。

〈法人事業税の納税義務者〉（法72条の2）

項	号		課する事業税	対象法人・対象事業	該当法人（例示）
1項	1号	イ	付加価値割額、資本割額、所得割額の合算額	ロに掲げる法人以外の法人	
		ロ	所得割額	収益事業以外は非課税である法人	法72条の5第1項各号に掲げる法人 　日本赤十字社、公益社団法人、公益財団法人、弁護士会及び日本弁護士連合会、法人である労働組合、一般社団法人・一般財団法人（非営利型法人）、特定非営利活動法人など
				特別法人	法72条の24の7第7項各号に掲げる法人 　農業協同組合、信用金庫、漁業協同組合、農林中央金庫、医療法人など
				人格のない社団等	法72条の2第4項で規定する人格のない社団等

項	号		課する事業税	対象法人・対象事業	該当法人（例示）
1項	1号	ロ	所得割額	みなし課税法人	法72条の2第5項で規定するみなし課税法人
				投資法人	投資信託及び投資法人に関する法律で規定する投資法人
				特定目的会社	資産の流動化に関する法律で規定する特定目的会社
				一般社団法人（非営利型以外の法人）	
				一般財団法人（非営利型以外の法人）	
				ロの上記に掲げる法人以外で資本金の額若しくは出資金の額が1億円以下のもの、出資を有しないもの	
	2号		収入割額	送配電事業、導管ガス供給業、保険業	
	3号	イ	付加価値割額、資本割額、収入割額の合算額	小売電気事業等、発電事業等又は特定卸供給事業を行う下記ロに掲げる法人以外の法人	
		ロ	収入割額、所得割額の合算額	小売電気事業等、発電事業等又は特定卸供給事業を行う第1号ロに掲げる法人	
	4号		付加価値割額、資本割額、収入割額の合算額	特定ガス供給業	

Q2　外形標準課税の対象となる資本金は、どの時点で判断しますか？

A　事業年度終了の日現在における資本金が1億円を超えていれば
外形標準課税の対象となります。（法72条の2第2項）

Q3　資本金は9千万円ですが、資本準備金を加えた資本金等の額は1億6千万円になります。外形標準課税の対象となりますか？

A　外形標準課税は、あくまで事業年度終了の日現在における資本
金が1億円を超えているかどうかで判断します。したがって、資
本金9千万円の場合、資本金等の額が1億円を超えていても、外形標準課
税の対象にはなりません。（法72条の2第2項）

Q4　事業年度開始時点では資本金が2億円ありましたが、減資をして事業年度末日時点では資本金6千万円となりました。外形標準課税の対象となりますか？

A　資本金は、事業年度終了の日現在で判定しますので、事業年度
末日での資本金が6千万円の場合、外形標準課税の対象にはなり
ません。（法72条の2第2項）

　なお、資本金は登記申請書の提出日ではなく効力発生日より変更となり
ます。

Q5　特定目的会社ですが、事業年度末日における資本金が10億円あります。外形標準課税の対象となりますか？

A 　特定目的会社は、法72条の2第1項において、その資本金の額にかかわらず、法人事業税を所得割額（同項3号の事業については所得割額及び収入割額）で申告納付するものと規定されています。したがって、外形標準課税の対象にはなりません。

Q6　資本金が1億円を超える協同組合ですが、外形標準課税の対象となりますか？

A 　協同組合は法72条の24の7第7項に規定する特別法人に該当することから、資本金の額にかかわらず外形標準課税の対象にはなりません。ただし、協同組合のうち、企業組合（中小企業等協同組合法に規定する個人事業者等の組合）は特別法人の規定には含まれていないため、資本金が1億円を超えていれば外形標準課税の対象となります。

Q7　持分会社も外形標準課税の対象となりますか？

A 　持分会社（合名会社、合資会社及び合同会社）は、事業年度終了の日現在における資本金が1億円を超えていれば外形標準課税の対象となります。

　このうち合名会社及び合資会社については、無限責任社員からの労務出資や信用出資の価額についても資本金に該当します。労務出資等は会計処理の対象とならず貸借対照表に計上されませんが、これらの額を含めた資本金の額（定款上の資本金の額）によって判定することになりますのでご注意ください。（法72条の2）

Q8 林業と製造業をあわせて行う法人です。林業は法人事業税が非課税とされていますが、外形標準課税の対象となりますか？

A 　非課税事業と課税事業（所得等課税事業、収入金額課税事業、収入金額等課税事業又は特定ガス供給業）をあわせて行う法人については、課税標準の区分等をして課税事業について申告納付を行います。（Q262、Q263、Q264参照）

　非課税事業をあわせて行う法人も、全社ベースでの資本金が１億円を超えていれば、所得等課税事業、収入金額等課税事業について外形標準課税の対象となります。（通知１の２）

法人事業税を課することのできない事業 （法72条の４）	・林業 ・鉱物の掘採事業 ・農事組合法人の行う農業

Q9 民事再生法や会社更生法等に基づく再生等の手続を行っている法人も、外形標準課税の対象となりますか？

A 　民事再生法等の適用を受け、再生計画等を行っている法人であっても、法72条の２の要件（資本金や法人の種類、事業など）に合致すれば外形標準課税の対象となります。

　なお、会社更生法の適用を受ける法人は、中間申告の義務はありません。（会社更生法232条）

【2 課税団体】

Q10 外形標準課税の申告は、本店のある都道府県のみに行うのですか？

A 外形標準課税は法人事業税のひとつの仕組みであり、法人事業税は法人の事業所等の所在するすべての都道府県において課税されます。したがって、本店のある都道府県に加え、支店など事業所等の所在するすべての都道府県に申告する必要があります。

【3 事業年度】

Q11 外形標準課税の算定期間はどのようになりますか？

A 外形標準課税を含め、法人事業税の課税標準の算定期間となる事業年度は、法人税の課税標準の算定期間である事業年度と同一であり、その取扱いについては国の税務官署の取扱いに準じます。（法72条の13）

法令又は定款等に事業年度等の定めがある	法令、定款、寄附行為、規則又は規約により定められた事業年度その他これに準ずる期間をいいます。
法令又は定款等に事業年度等の定めがない	当該法人が国の税務署長に届け出、又は国の税務署長が指定した期間をもって当該法人の事業年度とします。

Q12　9月決算の通算子法人ですが、通算親法人は3月決算となっています。どちらも資本金は1億円を超え、事業年度は1年です。この場合、外形標準課税による申告はどのように行うのですか？

A　通算子法人の事業年度が通算親法人の事業年度と異なる場合には、通算親法人の事業年度に合わせることになっています。通算親法人の事業年度は毎年4月に開始し、翌年3月に終了することから、通算子法人もこれに合わせ、4月から3月までの付加価値割及び資本割、所得割（もしくは収入割）を算定し、法人事業税を申告納付することになります。（法72条の13）

第 2 章
付加価値割

第1 付加価値割総論

　付加価値割の課税標準は、法人の各事業年度の事業活動の規模を表す付加価値額です。

　付加価値額とは、各事業年度の報酬給与額、純支払利子及び純支払賃借料の合計額である収益配分額と各事業年度の単年度損益との合計額のことをいいます。（法72条の14）

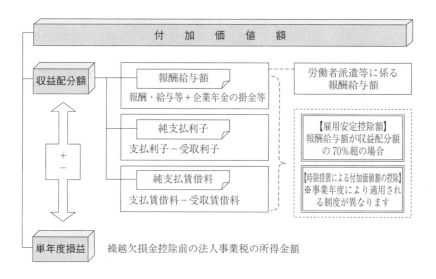

【1　付加価値割の仕組み】

Q13　付加価値割の課税標準を構成する収益配分額とは何ですか？

A　収益配分額とは、報酬給与額、純支払利子及び純支払賃借料の合計額をいいます。

　なお、純支払利子及び純支払賃借料は、各事業年度において支払った金額から受け取った金額を控除して得た純額によります。

報酬給与額	法人のために労務の提供を行う者に対する配分である、給料、賞与、退職金、企業年金等の掛金などの合計額
純支払利子	法人に資金等を貸した者への配分である、借入金の利息や手形割引料などの額の合計額
純支払賃借料	法人に土地や家屋を貸した者への配分である、地代や家賃の額の合計額

Q14　収益配分額に単年度損益を加算して、付加価値額とするのはなぜですか？

A　Q13のとおり、法人の事業活動によって生み出された付加価値は各生産要素に対して配分されます。この配分をしたあとの残額が黒字の場合は、法人が生み出した付加価値が配分した以上にあったということであり、赤字の場合には配分しすぎてしまったことになります。このため、収益配分額に単年度損益を、黒字の場合は加算、赤字の場合は減算することによって、1事業年度の事業活動により生み出された付加価値が把握できることになります。

＜付加価値額のしくみ＞

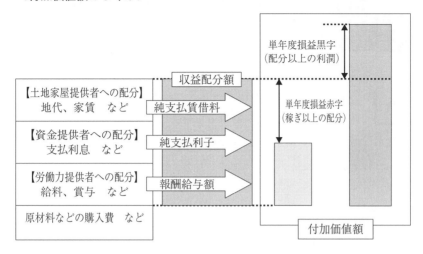

【2　収益配分額の算入事業年度】

Q15　収益配分額を計上する事業年度は、どの事業年度となりますか？

A　報酬給与額、純支払利子、純支払賃借料の算入事業年度は下記のとおりです。

収　益　配　分　額　に　算　入　さ　れ　る　事　業　年　度	
原　則	法人税の所得の計算上、損金の額に算入される事業年度（受取利子、受取賃借料については、法人税の所得の計算上益金の額に算入される事業年度となります。） （法72条の15、72条の16、72条の17）
例　外	棚卸資産等に含まれる場合、その支出される事業年度 （令20条の２、20条の２の４、20条の２の５、20条の２の８、通知４の１の２）

Q16 3月決算の法人で、3月実績分の超過勤務手当を4月に支払う場合には、どの事業年度の報酬給与額に算入しますか？

A 　ご質問の超過勤務手当が当期に未払給与等として計上され、法人税の損金の額に算入される場合には、未払給与として計上した事業年度の報酬給与額に算入します。ただし、法人税で翌期の損金算入を認容されている場合は、翌期の報酬給与額に算入します。

Q17 翌期分の事務所の賃料を、当期に支払い、前払費用として計上しました。この場合、どの事業年度の支払賃借料に算入しますか？

A 　ご質問の前払費用について、翌期に前払費用を賃借料に振り替え、また、法人税においても翌期に損金算入を認容されている場合は、翌期の支払賃借料に算入します。また、当期に損金算入が認容されている場合には当期の支払賃借料に計上します。（**Q164**参照）

　前払費用という資産に計上された収益配分額については、棚卸資産等に計上された場合とは異なり、法人税で損金算入される事業年度において収益配分額に含めることになります。

Q18 貸借対照表上の「仕掛品」に給与が含まれる場合にも、報酬給与額に含めますか？

A 　貸借対照表上の「仕掛品」など棚卸資産等に、当該事業年度において支出される給与、利子及び賃借料等が含まれている場合に

は、法人税の損金算入事業年度ではなく、実際に支出される事業年度において課税標準に算入します。

＜資産計上される収益配分額の算入事業年度＞

収益配分額算定に	含める もの	法人税法2条	当該事業年度に支出されるもので、棚卸資産等に係るもの（※当該事業年度以後の事業年度の損金に算入されるべきもの）	
			■棚卸資産【20号】	商品又は製品、半製品、仕掛品（半成工事を含む。）など
			■有価証券【21号】	金融商品取引法2条1項に規定される有価証券など
			■固定資産【22号】	土地、減価償却資産、電話加入権など
			■繰延資産【24号】	創立費、開業費、開発費など
	含めない もの		当該事業年度以前の事業年度に支出されたもので、棚卸資産等に係るもの	

＜棚卸資産に計上される報酬給与額の計算例＞

事業年度	X	X＋1	X＋2
期首棚卸高①	0	200	210
当期製造費用②	300	130	200
うち給与等【収益配分額に計上】	140	60	70
期末棚卸高③（資産の部に計上）	200	210	180
当期製造原価①＋②－③（損金算入）	100	120	230

■　X年度

当期に損金算入される給与等は製造原価に含まれている額となります。しかし、報酬給与額への算入額は、給与等として支出した額である140となります。

■　X＋1年度

X年度と同様に、損金算入される給与等は製造原価120の一部です。そのうちには、X＋1年度に支出した給与等の一部のほか、X年度に支

出し資産の部に計上された給与等の一部が含まれていることがあります。

しかし、報酬給与額への算入額は、給与等として支出した額である60となります。

■　X＋2年度

X＋1年度と同様に、損金算入される給与等は製造原価230の一部です。そのうちには、X＋2年度に支出した給与等の一部のほか、X年度及びX＋1年度に支出し資産の部に計上された給与等の一部が含まれていることがあります。

しかし、報酬給与額への算入額は、給与等として支出した額である70となります。

Q19 ビル建設のため建設仮勘定を設定した場合、建設のために支払った給与はどの事業年度の報酬給与額に算入しますか？

A　法人税の所得の計算上、ビルのような有形固定資産については、建設に要した費用は建設仮勘定として貸借対照表の資産の部に計上され、完成して事業の用に供されることになった後、償却費として損金経理した金額のうち、償却限度額に達するまでの金額が損金の額に算入されることになります。

報酬給与額への算入は、令20条の2により、当該事業年度で損金に算入された額ではなく、実際に給与として支出される事業年度の課税標準に算入します。

Q20 引き渡しを完了していない工事に要した費用を未成工事支出金として計上している場合、費用に含まれる給与はどの事業年度の報酬給与額に算入しますか？

A 　工事完成基準により、工事に要した費用を貸借対照表上の「未成工事支出金」として計上している場合、法人税で損金になるのは工事が完成し、引き渡して完成工事原価に振り替えた事業年度となりますが、報酬給与額については、実際に給与として支出する事業年度の課税標準に算入します。

Q21 法人が、自社で利用する目的でソフトウエアの開発を行う際に開発に必要な資金を借り入れ、その利子の額をソフトウエアの取得価額に含めた場合には、どの事業年度の純支払利子に算入しますか？

A 　法人税の所得の計算上、ソフトウエアの開発費用は法人税法上は資産計上され、事業の用に供されることになった後に償却限度に達するまでの額が損金算入されますが、純支払利子については、令20条の2の5により実際に支出される事業年度（新たに資産計上される事業年度）で課税標準に算入します。

＜ソフトウエアの開発に2年を要し、3年で均等償却する場合＞

事業年度	X－1	X
開発費用（支出金額）	200	100
うち支払利子	30	30

X＋1	X＋2	X＋3
支払う金額はなし		

支出される各事業年度の純支払利子に含めます。

事業年度	X－1	X		X＋1	X＋2	X＋3
（資産の部）仮勘定	200	300	無形固定資産	200	100	0
			損金算入額	100	100	100

Q22 棚卸資産等に係る収益配分額の計上事業年度において、決算整理により未払費用として計上していた場合、どの事業年度の課税標準に算入しますか？

A 　未払費用として計上し、事業年度がまたがる場合には、発生主義により、費用の支出要因の発生する事業年度の課税標準に算入します。例えば、未払給与として計上したのち、当該事業年度の棚卸資産として計上した給与については、実際に給与として支払った事業年度ではなく、資産計上した事業年度（支払いの要因が発生した事業年度）の報酬給与額に算入します。（Q18参照）

【3　消費税の取扱い】

Q23 収益配分額の算定において、消費税は算入しますか？

A　収益配分額の計算にあたっては、消費税及び地方消費税を除いた金額を基礎として算定します。（通知4の1の3）

Q24　消費税の免税事業者にあたる場合には、消費税を含めて収益配分額を計算しますか？

A　消費税の免税事業者であっても、仕入れの際は、消費税を負担しているため、当該消費税を除いて収益配分額を算定します。

しかし、消費税の免税事業者の売上等については、免税事業者が消費税の総額表示義務の対象外となっているため、表示価格全体が消費者の支払うべき対価の額と解されることから、その金額によって収益配分額を算定します。

なお、免税事業者に対して支払う消費税相当額は、収益配分額から除きます。

Q25　所得税における非課税限度額を超える通勤手当は報酬給与額に含めるとのことですが、この場合、消費税相当額は除いて計算しますか？

A　収益配分額の計算にあたっては、消費税相当額を除いた額を基礎として計算を行います。したがって、通勤手当のうち給与課税される額についても、例えば給与課税される額が22,000円（消費税10%相当額を含む）の場合、報酬給与額に算入する額は消費税相当額を割り戻して控除して得た額である20,000円となります。（報酬給与額に含める通勤手当については、**Q52**参照）

【4　組合に係る収益配分額】

> **Q26** 他の法人と共同事業を営むため、任意組合を設立しています。外形標準課税の申告はどのようになりますか？

A　民法に規定する任意組合は法人格を有しないことから、組合自体は納税義務者になりません。法人税の所得計算上、組合で発生した損益は、出資比率など契約で定める損益分配の割合に基づき、各組合員に分配されます。

　外形標準課税の付加価値割においては、各事業年度の給与、利子、賃借料について、その分配割合に基づいて組合員である法人に分配される額のうち法人税で損金算入される額を、各組合員である法人の課税標準として算入します。（通知4の1の4）

（参考）
■　任意組合【民法667条、668条】
　①　意義
　　　複数の当事者が金銭その他の財産、労務などを出資して、共同の事業を営むことを約する契約をいいます。特別法上の組合（協同組合、共済組合など）と異なり法人格はなく、人格のない社団等にも該当しません。
　②　成立要件
　　　2人以上の当事者が必要です。
　　　事業等の目的については、当事者が任意に合意した事柄でよく、制限はありません。
　③　組合財産関係
　　　組合は法人格を有しないため、組合自体が組合財産の主体となることができないことから、組合財産は総組合員の共有とされます。

■　組合員
　　組合に対し、出資を行うものをいい、納税者となるそれぞれの法人がこれにあたります。

■　分配割合
　　出資割合等契約によって定められた組合損益の分配についての割合を
　いいます。
　　収益配分額の算定にあたっては、組合に係る費用について各法人が負
　担する額の割合をいいます。

Q27　建設業を営む法人で、いわゆるJV（ジョイント・ベンチャー）に加入している場合、付加価値割の申告はどのように算定しますか？

A　　JV（ジョイント・ベンチャー）も民法上の任意組合とされ、
Q26同様分配割合に基づいて分配された給与、利子、賃借料を組合員である各法人の課税標準額に算入します。（通知4の1の4）

（参考）
■　JV（ジョイント・ベンチャー）
　　ジョイント・ベンチャー（共同企業体。以下「JV」という。）は、組
　合（民法667条）の一種で、2社以上の会社が資本参加などの協力関係を
　つくり、事業を行うものをいいます。
　　JVを組織化するにあたり、JVに参加する各企業（以下「構成会社」と
　いう。）が「JV協定書」を作成します。JV協定書にはJV諸規則が付され、
　規則には運営委員会規則、経理取扱規則、人事取扱規則などがあり、JV
　の運営等に係る具体的な取扱いが定められています。
　　構成会社は出資比率を定めて出資を行い、実質的な業務運営等は代表
　構成会社が行います。

■　JVの損益
　　損益計算が行われ、その損益については出資比率に応じて構成会社に
　配分されます。
　　なお、JVの会計期間はJV協定書に定められ、また、経理事務について
　も月締め等で行われます。

■　JVのもとで働く社員
　　JVで業務を行う社員は、出資比率等に応じて各構成会社が派遣してい
　ます。便宜的に「派遣社員」と呼ばれていますが、労働者派遣法による

派遣労働者ではありません。

　「派遣社員」の雇用関係はあくまでその所属する構成会社のみとの間に結ばれていて、「派遣社員」とJVが直接雇用関係を結ぶということではありません。

Q28 匿名組合における付加価値割の算定はどのようになりますか？

A 　匿名組合は共同で事業を行うために成立する集合体ではないことから、任意組合やJVと異なり、匿名組合に係る給与、利子、賃借料については、営業者である法人の付加価値額として課税標準に算入します。

（参考）
■ 匿名組合【商法535条、536条】
① 意義
　　当事者の一方（匿名組合員）が相手方（営業者）のために出資を行い、営業者がその営業から生じる利益を分配することを約する契約によって成立する関係のことです。
② 組合財産関係
　　匿名組合員の出資は、営業者に帰属します。

Q29 LLP（有限責任事業組合）は、外形標準課税の申告を行う必要がありますか？

A 　LLP（有限責任事業組合）についても民法上の任意組合と同様、LLP自体は納税義務者とならず、LLPの組合員である法人に対し、法人事業税が課されます。（通知1の6）

　したがって、LLPにおいて生じた給与、利子、賃借料についても、**Q26**同様、組合員である各法人に分配割合に基づいて分配された額を、各法人の報酬給与額等に含めます。

（参考）
■　有限責任事業組合【有限責任事業組合契約に関する法律】
　通称LLP（Limited Liability Partnershipの略）と呼ばれ、株式会社などと並び、営利目的の共同事業を営むための組織です。
　構成員全員が有限責任で、損益や権限の分配を自由に決めることができるなど内部自治が徹底し、構成員課税の適用を受けるという特徴があります。
　有限責任とは、出資者（組合員）が出資額の範囲までしか事業上の責任を負わないことにする制度をいいます。
　個人又は法人であれば組合員になれますが、法人が組合員になる場合には、自然人の職務執行者を定める必要があります。

第2　報酬給与額

　報酬給与額とは、雇用関係又はこれに準ずる関係に基づいて提供される労務の対価として各事業年度において支払う額の合計額をいい、法人の事業活動によって生み出される収益の、その生産要素である労働への配分額としての性格を表します。（法72条の15）

給　与	掛金等
法人がその役員又は使用人に対し支出する報酬、給料、賃金、退職手当 　その他これらの性質を有する給与の合計額	法人がその役員又は使用人のために支出する確定給付企業年金等の掛金で、令20条の2の3で定めるものの合計額

労働者派遣等に係る報酬給与額
労働者派遣法に基づく労働者派遣又は船員職業安定法に基づく船員派遣があった場合

派遣を受けた法人	…	当該派遣をした法人に支払う金額（派遣契約料）	×75%
派遣をした法人	…	当該派遣労働者に係る給与・掛金等の合計額 − 派遣契約料	×75%

【1　報酬給与額の対象】

Q30　報酬給与額の対象となるのは、正社員への給与等のみですか？

A　法72条の15にいう「役員又は使用人」には、雇用関係又はこれに準ずる関係に基づき労務の提供を行う者がすべて含まれ、労務に従事する期間や「役員」「社員」等の名称を問いません。したがって、正社員にとどまらず、パート・アルバイトや非常勤の役員等も報酬給与額の対象となります。（通知4の2の2）

雇用関係	例：使用人、契約社員、臨時雇、期間社員、パートタイマー、アルバイト、出向者、転籍者（転籍後会社）
雇用に準ずる関係	例：役員、非常勤役員、社外取締役、実態により請負事業主の労働者と注文者との関係　など

Q31　報酬給与額に算入すべきものか、どのように判断を行うのですか？

A　雇用関係等に基づき労務の提供の対価として支払われるものであって、法人税で損金に算入され、かつ、所得税で給与所得又は退職所得とされる性質のものであれば、その名称や支給形態を問わず原則として報酬給与額に含めます。（法72条の15、通知4の2の1、4の2の3）

名称の例	給料の性質	役員報酬、給料、賃金、家族手当、皆勤手当、住宅手当、時間外勤務手当、休日出勤手当、職務手当、出来高手当、特殊勤務地手当　など
	賞与の性質	賞与、期末手当　など
	退職金の性質	退職給与、退職手当、役員退職慰労金　など

支給形態 の例	支給時期	日払い、月払い、半年払い、年俸、臨時給　など
	算定方法	定額、業績比例、固定給＋歩合給併用　など

【2　給与・退職給与】

Q32　役員に対する給与や賞与なども、報酬給与額に含めますか？

A　Q31のとおり、支給金額の名称を問わず、法人税で損金算入され、所得税で給与所得等として課税されるものは、報酬給与額に含めます。

したがって、役員に対する給与のうち、法人税の所得計算で損金算入される給与（定期同額給与、事前確定届出給与及び一定の業績連動給与）が報酬給与の対象となります。なお、法人税で損金算入されない額は報酬給与額に含めません。（法法34条、法令69条、法規22条の3）

Q33　法人税において、役員に対する給与の一部が過大なものとして損金否認された場合、報酬給与額への算入はどのようになりますか？

A　法人税においては、役員に対する給与の額のうち、定期同額給与等に該当するものであっても、不相当に高額な部分の金額は損金の額に算入しないことになっています。（法法34条、法令70条1号）

報酬給与額に含めるものは、法人税で損金算入されるものであるため、法人税で損金否認された役員給与については、報酬給与額に含めません。

Q34　役員給与の自主返納があった場合、報酬給与額はどのようになりますか？

A　役員が、業績不振や不祥事の責任として、役員に対する給与の全部又は一部を辞退又は返納することがありますが、所得税においては、原則として返納前の支給すべき給与等の全額が給与所得として課税されます。

　したがって、返納等に関わらず所得税の課税対象となる給与については、返納前の額について法人税の所得の計算上損金の額に算入されるものであれば、報酬給与額となります。

　ただし、支給期の到来前に辞退の意思を明示して辞退したものや、特別清算等の特殊な事情の下において、源泉徴収の対象となる賞与等で未払のものの受領を辞退した場合等に限り、源泉徴収をしなくて差し支えないことになっていますので、この場合は報酬給与額には含めません。（所基通28 - 10、181～223共 - 3）

Q35　報酬給与額という名称ですから、退職金は含めないのですか？

A　報酬給与額は雇用関係等に基づく労務提供の対価ですので、給料、手当、賞与等、所得税で給与所得とされるもののほか、退職金等の所得税で退職所得とされるものも対象となります。

　また、いわゆる企業内年金制度に基づく年金や、死亡した者に係る給料・退職金等で遺族に支払われるものについては、給与又は退職給与としての性質が認められることから、所得税において給与所得又は退職所得とされない場合であっても、報酬給与額となります。（通知4の2の3）

Q36　所得税における給与所得控除額や退職所得控除額は、所得税が課されていないため報酬給与額には含めなくて良いですか？

A　給与所得控除額や退職所得控除額は、所得税の課税標準となる給与所得金額又は退職所得金額の計算上、収入金額から控除しますが、いずれも給与所得又は退職所得に該当するものです。

　よって、これらの金額も報酬給与額に含めます。

Q37　将来の退職金支給に備えて、退職給付引当金に繰り入れた金額は、報酬給与額に含めますか？

A　退職給付引当金に繰り入れた時点では、労務提供の対価として従業者等に支払われるものとはいえないため、報酬給与額とはなりません。

　法人税において、退職給付引当金に繰り入れた額は、繰り入れた事業年度では損金算入されず、実際に従業者等に退職金として支払われる事業年度で損金に算入されることから、この事業年度で報酬給与額に含めます。

Q38　従業員が死亡し、その遺族に対し会社が支払う弔慰金は、報酬給与額に含めますか？

A　遺族に対し会社が支払う弔慰金の金額は、社会通念上相当と認められる部分については、所得税の非課税所得に該当することから、報酬給与額には含めません。

　しかし、実質上退職手当金等に該当すると認められる部分や、社会通念

上弔慰金として相当と認められる額を超える場合の当該超える部分の金額については、相続税において退職手当金等とされ、その性質から報酬給与額の対象となります。（相続税法基本通達3-20、通知4の2の3）

　また、相続税の対象となる退職手当金等の相当額については、相続税の計算の結果免税点等により課税されない場合であっても、退職手当金等の性質を有するものとして、報酬給与額に含めます。

Q39　弁護士に対し顧問料を支払っていますが、報酬給与額に含めますか？

A　報酬給与額には、原則として所得税で給与所得又は退職所得となるものを算入し、事業所得や一時所得等となるものは含めません。（通知4の2の3）

　ご質問における顧問料が所得税において事業所得にあたるものであれば、報酬給与額に含めませんが、顧問業務の態様により給与所得にあたるものである場合は、報酬給与額に含めます。

Q40　産業医に対し委任契約に基づき報酬を支払っていますが、報酬給与額に含めますか？

A　個人の医師を産業医に選任し当該個人に報酬を支払った場合は、委任契約であっても所得税において原則として給与所得とされることから、報酬給与額に含めます。

　医療法人等との間の契約に基づき、当該医療法人等の勤務医の派遣を受け、当該医療法人等に対して産業医報酬を支払う場合には、請負の対価であるため報酬給与額には該当しません。（通知4の2の2～4の2の5）

Q41　会計参与に支払う報酬は報酬給与額に含めますか？

A　会計参与は、会社法において設けられる会社の機関です。

株主等の会社関係者に信頼性の高い会計情報を提供するため、取締役とともに会計書類を共同作成することを職務としています。

税理士又は公認会計士の資格が就任のための要件です。（会社法333条1項）

会計参与は、会社法上「役員等」とされています（会社法423条）。会計参与に支払う報酬は、法人税法上「役員給与」となりますので、損金への算入が認められる金額について、報酬給与額に含めます。（法法2条15号、34条）

なお、税理士法人、監査法人も会計参与になることができますが、法人である会計参与に対する報酬は、報酬給与額の対象外となります。

Q42　マネキン紹介所からマネキンの斡旋を受けて、自社の店舗にて販売業務にあたらせている場合、マネキン報酬を報酬給与額に含めますか？

A　所得税では、マネキン（販売員）の報酬は職務内容が店舗等の従業者と同じであり、労働日数又は時間数によって報酬が算定されているため、実際に労務の提供を受ける者の給与として取り扱われます。労務の提供を受けている法人は、自社の給与として、給与所得に係る所得税の源泉徴収を行うことになっています。

したがって、当該法人が紹介所にマネキンへの報酬を支払う場合であっても、当該法人の報酬給与額に算入します。

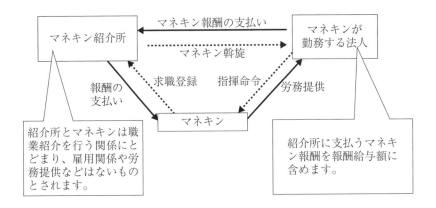

【3　経済的利益】

Q43　社員に食事を提供し、その費用は福利厚生費として処理しています。福利厚生費は報酬給与額に含めないのですか？

A　法人が従業者に金銭以外の物又は権利その他経済的利益を供与する場合、所得税において給与所得又は退職所得として課税され、かつ、その利益の供与が法人税の所得計算上損金の額に算入される金額は、報酬給与額に含めます。（通知4の2の6）

　ご質問の食事提供に係る費用が所得税で給与所得とされ、かつ法人税で損金に算入されるものであれば、福利厚生費に計上されていても、報酬給与額に含めます。その場合、食事提供に係る費用に含まれている消費税分は除きます。

Q44
従業員持株会に参加する社員に対し、奨励金を支払っています。この持株会奨励金は報酬給与額に含めますか?

A　従業員持株会は、法人の従業者が金銭を拠出して当該法人の株式を共同で取得するために組織されるものです。この従業員持株会に参加する従業者に対して法人が支払う奨励金（持株会奨励金）は、所得税において当該従業者の給与所得とされますので、報酬給与額に含めます。

Q45
永年勤続の社員に対する表彰制度があり、記念品等を支給しています。この場合も社員に対する経済的利益として報酬給与額となりますか?

A　当該永年勤続表彰の記念品等の支給に係る費用が、経済的利益として所得税において給与所得とされ、かつ、法人税で損金に算入されるものであれば、報酬給与額となります。

　所得税においては、当該記念品等の支給による利益の額が、勤続期間等に照らし、社会通念上相当と認められるもので、その表彰が概ね10年以上の勤続年数の者を対象とし、かつ、二回以上表彰を受ける者については概ね5年以上の間隔をおいて行われるものである場合には、給与所得としなくてよいものとされています。なお、金銭や商品券などを支払う場合には給与所得とされます。（所基通36-21）

Q46　会社の提供するサービスを無償で利用できる利用券を従業員に渡しています。当該利用券の価格相当額を給与所得課税していますが、会計上は売上も費用も計上せず、また、税務調整もしていません。報酬給与額に含めるべきでしょうか？

A　所得税課税対象額と同額を報酬給与額に含めます。

　会計上、売上と費用の計上が省略されていたとしても、法人税法上は無償での利用券の譲渡又は無償の役務の提供であると考え、譲渡した利用券又はその役務の提供により通常得べき対価の額に相当する金額が益金となり（法法22条、22条の2）、一方で、経済的利益を給与等として同額の損金を認識します。税務上、益金、損金の計上が省略されているにすぎず、損金否認されたものではないので、報酬給与額に含めます。ただし、役員に対するものの場合は役員給与損金不算入の規定（法法34条）により損金否認された部分は報酬給与額に含めません。

（参考）
■　適正な時価等より低い価額や無償での役務の提供や資産の譲渡について経済的利益として給与所得課税される場合の税務上の仕訳

〔例1〕　適正な時価等の額が1,000である資産（簿価200）を低額（300）で譲渡

| 現金 | 300 | / | 資産 | 200 |
| 給与 | 700 | / | 譲渡益 | 800 |

〔例2〕　適正な時価等の額が1,000である役務を無償で提供

| 給与 | 1,000 | / | 譲渡益 | 1,000 |

　税務上の仕訳のうち、譲渡益（法法22条、22条の2）の計上と損金（給与）の計上の全部又は一部の記載が省略されている場合であっても、報酬給与額に含める金額は給与所得とされる経済的利益の全額となります。

Q47	社員を被保険者として、会社が生命保険（養老保険）の契約をしています。支払う保険料は報酬給与額に含めますか？

A　法人が自己を契約者とし、役員または使用人（これらの者の親族を含む。）を被保険者とする養老保険、定期保険、定期付養老保険などの保険料で、所得税及び法人税で給与とされるものは、報酬給与額に算入されます。（通知4の2の7）

なお、養老保険及び定期保険の場合には、次の保険料が給与とされており、その他の保険についても概ね次表の要件を準用しています。（所基通36－31、36－31の2）

保険の種類	要　　件	給与とされる額
養老保険	死亡保険金及び生存保険金の受取人が、被保険者又はその遺族である場合	支払った保険料の額
	被保険者が役員又は特定の使用人のみであり、死亡保険金の受取人が被保険者の遺族で、生存保険金の受取人が使用者である場合	支払った保険料の2分の1に相当する額
定期保険	被保険者が役員又は特定の使用人のみであり、死亡保険金の受取人が被保険者の遺族である場合	支払った保険料の額

Q48	会社でマンションの一室を借り上げ、社宅として社員に賃貸しています。社員から社宅使用料を徴収していないため所得税で経済的利益の供与として給与課税されていますが、報酬給与額に含めますか？

A　所得税で給与所得とされていれば報酬給与額に含めるのが原則ですが、法人が賃借している土地又は家屋を社員に社宅として賃

貸している場合の経済的利益は例外的な取扱いとして、報酬給与額には含めません。

　法人がマンションの所有者に支払う賃借料は支払賃借料に、また、従業者から社宅使用料等を受け取っている場合には受取賃借料となり、純支払賃借料として付加価値割の課税標準に算入されます。（通知4の2の6、4の4の9⑴）

　ただし、法人が所有している土地又は家屋を従業者が無償または家賃等相当額より安い使用料で使用している場合には、上記取扱いは適用とならず、給与課税された経済的利益については報酬給与額に含まれ、受け取った使用料等は受取賃借料になります。

（参考）
■　給与として所得税が課税される範囲
　使用人または役員に社宅や寮などを貸与する場合には、使用人等から1ヶ月当たり一定の賃料（賃貸料相当額※）以上を受け取っていれば給与として課税されません。
　⑴無償で貸与する場合、⑵賃貸料相当額※より低い家賃（ただし、賃借料相当額の50％以上の場合を除く）を受け取っている場合、⑶現金で支給される住宅手当や入居者が直接契約している場合の家賃負担、については給与として課税されます。（所基通36-15、36-40～41）

※　使用人の場合の賃貸料相当額とは次の⑴から⑶までの合計額をいいます。（所基通36-41）
　⑴　（その年度の建物の固定資産税の課税標準）×0.2%
　⑵　12円×（その建物の総床面積（㎡）/3.3㎡）
　⑶　（その年度の敷地の固定資産税の課税標準）×0.22%

　なお、賃貸料相当額を法定家賃又はリーガルレントということもあります。

Q49 社員に借り上げ社宅を貸与していますが、給与所得課税を受けないように当該社員からリーガルレントに相当する社宅家賃を徴収するとともに、同額を手当として支払っています。この手当は社宅に係る経済的利益として報酬給与額に含めなくてよいですか？

A リーガルレント相当額を手当として支払う場合は、借り上げ社宅に係る経済的利益ではなく、従業者に対する給与手当等であるため、報酬給与額となります。

なお、これとは別に法人が支払う社宅の賃借料は支払賃借料に、従業者から受け取る社宅使用料（リーガルレント相当分を含む。）は受取賃借料となります。

Q50 従業員団体を通じて社員に個人旅行の助成金や住宅費補助金を支払っています。これらは報酬給与額となりますか？

A 福利厚生等を目的として組織された従業員団体について、その事業経費の相当部分を法人が負担しており、一定の要件に該当する場合には、その従業員団体の収益、費用等は当該法人の収益、費用等とされます。（法基通14-1-4）

したがって、このような場合に従業員団体が支払った個人旅行の助成金や住宅費補助金など、経済的利益として従業者の給与所得となる費用については、当該法人の支払った給与等に該当し、報酬給与額となります。

【4　法定福利費】

Q51　健康保険料や雇用保険料などは、報酬給与額に含めますか？

A　いわゆる法定福利費（社会保険料などの事業主負担分）については、社会政策の観点上、その拠出が各法令に基づいて事業主に義務づけられた強制的な公的負担であって、法人の任意で支出される給与等や確定給付企業年金等の掛金等とはその性質が異なることから、報酬給与額に含めません。

法定福利費	根　　拠　　法
健康保険の保険料	健康保険法
介護保険の保険料	健康保険法
厚生年金保険の保険料	厚生年金保険法
雇用保険の保険料	労働保険の保険料の徴収等に関する法律
労働者災害補償保険の保険料	労働保険の保険料の徴収等に関する法律
船員保険の保険料	船員保険法
児童手当拠出金	児童手当法
障害者雇用納付金	障害者の雇用の促進等に関する法律
法定補償（休業補償）	労働基準法

【5　手当等】

Q52　通勤手当は報酬給与額に含めますか？

A　通常の給与に加算して支給される通勤手当において、一般の通勤者につき通常必要である部分として所得税法の非課税部分に該当する額については、報酬給与額に含めません。（令20条の2の2）

ただし、所得税における非課税限度額を超えて支給される分については、報酬給与額に含めます（通知4の2の8）。その場合、鉄道運賃の実費に含まれている消費税分は除きます。

なお、アルバイト等に対して、通勤手当を給与等と区分せずに一括で支払う場合であっても、所得税において非課税とされる通勤手当の部分については、報酬給与額に含めません。

＜通勤手当における所得税の非課税限度額＞（所令20条の2）

1か月当たりの非課税限度額は、次のとおりです。

区　　分		課税されない金額	
		平成28年4月1日～	平成26年4月1日～平成28年3月31日
①　交通機関又は有料道路を利用している人に支払う通勤手当		1か月当たりの合理的な運賃等の額（最高限度　15万円）	1か月当たりの合理的な運賃等の額（最高限度　10万円）
②　自動車や自転車などの交通用具を使用している人に支払う通勤手当	通勤距離（片道）	1か月当たり	1か月当たり
	55km以上である場合	31,600円	同左
	45km以上55km未満である場合	28,000円	同左
	35km以上45km未満である場合	24,400円	同左
	25km以上35km未満である場合	18,700円	同左
	15km以上25km未満である場合	12,900円	同左
	10km以上15km未満である場合	7,100円	同左

	2 km以上10km未満である場合	4,200円	同左
	2 km未満である場合	（全額課税）	同左
③ 交通機関を利用している人に支払う通勤用定期乗車券		1か月当たりの合理的な運賃等の額（最高限度 15万円）	1か月当たりの合理的な運賃等の額（最高限度 10万円）
④ 交通機関又は有料道路を利用するほか、交通用具も使用している人に支払う通勤手当や通勤用定期乗車券		1か月当たりの合理的な運賃等の額と②の金額との合計額（最高限度 15万円）	1か月当たりの合理的な運賃等の額と②の金額との合計額（最高限度 10万円）

※　徒歩通勤者に支払う通勤手当は、非課税扱いとはなりません。

Q53　報酬給与額は、いわゆる「手取り額」で算入しますか？

A　報酬給与額は、労務の提供の対価として法人が支払う額が対象となります。そのため、「手取り額」ではなく、所得税等や社会保険料の控除等を行う前の総支給額を報酬給与額に算入します。なお、Q52のとおり非課税通勤手当は除きます。

　従業者の給与から天引きする社会保険料の本人負担分預かり金は、給与の総支給額のうち雇用主が預かり、会社負担分とあわせて納付するものであり、本人の手取り額にはなりませんが、労務の提供の対価として法人が支払う給与の一部にあたるので、報酬給与額に含めます。当該預かり金を福利厚生費等で計上している場合も同じです。

＜給与明細の例＞

（単位：円）

給料	250,000
住宅手当	20,000
通勤手当（非課税）	30,000
支給額計	300,000
社会保険料（健保・年金等）	30,000
課税対象額	270,000
所得税・住民税	40,000
差引支給額（手取り額）	230,000

報酬給与額	
支給額計	300,000
▲通勤手当（非課税）	30,000
計	270,000

Q54 　国外で長期にわたり勤務している社員で、所得税法上非居住者となっている者への給与等は、報酬給与額に含めますか？

A 　国外にその源泉がある非居住者の給与であっても、法人がその事業活動を全世界において行ううえで、雇用関係等に基づいて支払う労務の提供の対価であることに変わりはないため、非居住者への給与は報酬給与額に含めます。（通知4の2の4）

　この場合において、報酬給与額に含めない手当等については、国内の所得税法や、当該非居住者が勤務する国の法令に照らして非課税とされる手当をもとに判断します。

　なお、当該非居住者の勤務する場所が外国の恒久的施設に該当する場合には、外国の事業に帰属する報酬給与額として、課税標準から除かれることになります。（**Q245**参照）

（参考）
■　居住者（所法 2 条 1 項 3 号）
　　国内に住所を有し、又は現在まで引き続いて 1 年以上居所を有する個人をいいます。

■　非居住者　（所法 2 条 1 項 5 号）
　　「国内に住所を有し、又は現在まで引き続いて 1 年以上居所を有する個人」以外の個人をいいます。

Q55　国外で勤務する社員に支払う在勤手当は報酬給与額に含めますか？

A　　所得税において非課税となる在勤手当（いわゆる在外手当）は、報酬給与額に含めません。（令20条の 2 の 2 、通知 4 の 2 の 8 ）

　所得税において非課税在勤手当にあたる場合とは、海外との生活水準の違いや為替の調整等の目的により支払われるものであり、国内で勤務した場合と比較して利益を受けることにならないものをいいます。

（参考）
■　所得税における非課税在勤手当（所法 9 条 1 項 7 号、所令22条）
　　国外で勤務する居住者の受ける給与に含まれる、国内で勤務した場合に受けるべき通常の給与に加算して支給される手当のうち、その勤務地における物価、生活環境、勤務地と国内との間の為替相場等の状況に照らし、加算して支給を受けることにより国内で勤務した場合に比して利益を受けると認められない部分の金額をいいます。

Q56　休業手当や休業補償は、報酬給与額に含めますか？

A　休業手当とは、使用者の責めに帰すべき理由によって従業者を休業させるときに、その休業期間中に当該従業者に支払わなければならない手当をいいます。（労働基準法26条）

　これは、通常支払うべき給与と同様に、所得税で給与所得課税されるものであり、報酬給与額の対象となります。

　一方、休業補償は、従業者が業務上の負傷等による療養のために仕事をすることができず、給与を受けることができない場合に、当該従業者に支払わなければならないもの（労働基準法76条）で、法定福利費に該当し、報酬給与額とはなりません。（**Q51**参照）

Q57　雇用調整助成金は、報酬給与額から控除できますか？

A　雇用調整助成金とは、景気の変動、産業構造の変化等に伴う経済上の理由により事業活動の縮小を余儀なくされ、休業、教育訓練又は出向を行った事業主に対して、休業手当、賃金等の一部を助成する制度をいいます。（雇用保険法施行規則102条の3）

　雇用調整助成金は、国から事業者に対して支払われるもので、支払った給与等の額が返還されるものではないため、報酬給与額から控除することはできません。

Q58　障害者雇用納付金は報酬給与額に含めますか？また、障害者雇用調整金は報酬給与額から控除できますか？

A　障害者雇用率制度により、事業者は、常時雇用している労働者に占める障害者の割合を一定率（法定雇用率）以上となるよう義務付けられています。この法定雇用率を下回っている事業者からは障害者雇用納付金を徴収し、上回っている事業者には障害者雇用調整金が支給されます。（障害者の雇用の促進等に関する法律49条ほか）

　これらはいずれも労務提供の対価として従業者に支払われるものにはあたらず、またその返還を受けるものではなく、報酬給与額の性質はありません。

Q59　従業者が退職する時に有給休暇を買い取った場合、当該退職者に支払う金額は、報酬給与額に含めますか？

A　有給休暇を退職時に買い取って支払う金額は、雇用関係を前提としたものであり、労務提供の対価に該当するため、報酬給与額に含めます。

　なお、有給休暇は労働者に休養を与えるための制度であり、原則として有給休暇の買取りはできませんが、退職時は例外的に有給休暇の買取りが行われています。

Q60　従業員を解雇する時に支払う解雇予告手当は、報酬給与額に含めますか？

A　解雇予告手当は、解雇の30日前までに予告をすることなく労働者を解雇する場合に、使用者に支払いを義務付けている手当で、30日分以上の平均賃金を支払わなければならないとされています。（労働基準法20条1項）

　解雇予告手当は、退職に起因して支払われるものであり、所得税の退職所得の性質を有するので、報酬給与額に含めます。（所基通30-5）

【6　インセンティブ報酬・株式報酬】

Q61　業績連動型役員報酬や、株式報酬は、報酬給与額に含めますか？

A　報酬給与額に含めるべき給与等は、原則として、法人税の所得の計算上、損金に算入されるものとなります。

　法人税の取扱いにおいては、業績連動給与として、役員に対して支払う給与で業績に関する指標を基礎として算定されるもののうち、その算定方法が一定の要件を満たす客観的なものであること、一定の期間内に支払われること、損金経理をしていることなどの要件をすべて満たすものに限り、損金算入が認められています。

　したがって、業績連動型役員報酬のうち、これらの条件を満たし、法人税で損金算入が認められる場合は報酬給与額に含めます。

　株式報酬制度とは、業務執行や労働等のサービスに対する対価として現金の代わりに、株式や将来株式を取得できる権利（＝ストック・オプション）で給与を支払う制度のことです。法人税の取扱いにおいては、給与等課税所得となった時に、役務提供に係る費用の額を損金に算入しますが、

役員の場合、損金算入するためには、法法34条の定めに従う必要があります。なお、報酬給与の取扱いは、法人税の損金算入時期に当該損金算入額が申告の対象となります。

(参考)

■　株式報酬についての分類例

交付株式等	交付時期	報酬の呼称の例	概要
株式	事前交付型	・(事前交付型)リストリクテッド・ストック(RS) ・(事前交付型)譲渡制限付株式	譲渡制限が付された現物株式を事前に付与する制度
		・事前交付型パフォーマンス・シェア(PS)※	譲渡制限が付された現物株式を付与し、業績条件等が未達の場合にはその一部を無償で取得する制度
	事後交付型	・事後交付型リストリクテッド・ストック ・リストリクテッド・ストック・ユニット(RSU) ・事後交付型譲渡制限付株式	一定期間の勤務期間経過後に、当該勤務期間に対応する確定数の株式を付与する制度
		・(事後交付型)パフォーマンス・シェア ・パフォーマンス・シェア・ユニット(PSU) ・事後交付型業績連動株式報酬	一定の時期に、業績条件等に応じて決定された数の株式を付与する制度
		・役員向けの株式交付信託 ・従業員向け株式交付信託(いわゆるJ-ESOPのうちの株式給付型のもの)	導入企業が金銭を信託し、当該金銭を原資として、市場等から株式を取得し、一定の基準および手続に従って株式を付与する制度
新株予約権	事前交付 事後交付	・ストック・オプション(SO)	株式をあらかじめ設定した権利行使価格で取得できる新株予約権を付与する制度

※　事前交付型のパフォーマンス・シェアは、平成29年の法人税法税制改正で役員給与の損金算入対象から除外されていますので、以下の説明においては省略します。

㊟　この表は一部の例示であり、すべてが網羅されているものではありません。

■　現物株式を交付する場合の株式報酬のイメージ

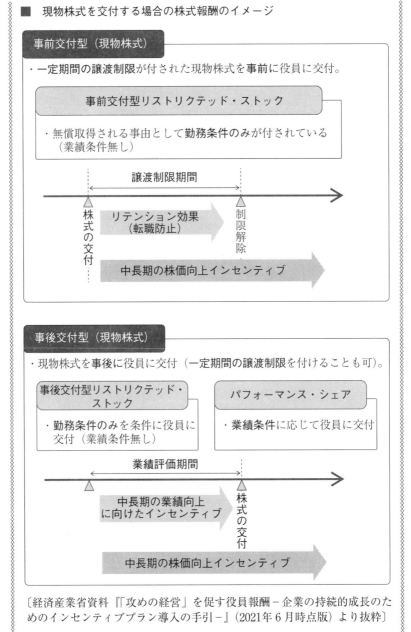

〔経済産業省資料『「攻めの経営」を促す役員報酬－企業の持続的成長のためのインセンティブプラン導入の手引－』(2021年6月時点版)より抜粋〕

■　会計処理における費用認識、法人税における損金算入、所得税における課税

　　株式報酬の会計上の費用認識は、株式等を交付したときの時価などの公正な評価額により算定し、対象勤務期間において費用計上します。

　　法人税の所得計算において損金算入する時期は、債務確定時（法法22条3項2号かっこ書き）が原則ですが、特定譲渡制限付株式と特定新株予約権（ストック・オプション）には個別の規定があります。損金算入額は、別段の定めがない場合は、会計上の株式報酬費用の額と同じ（法法22条4項）ですが、役員給与については損金不算入とされるものがあります。（法法34条）

　　交付された役員等の所得税の課税対象額と課税時期については、収入すべき時の価額を収入すべき時（換金可能となる時期）に課税対象とします。（所法36条）

■　株式報酬の例と法人税、所得税の取扱い

種類			法人税における損金算入（※1）	所得税における課税対象（※2）
株式	事前又は事後交付	直接又は間接交付	特定譲渡制限付株式（**Q62**参照）（※3）（※4）	・損金算入時期は、給与等課税額が生じることが確定した日（＝無償取得（没収）されることがなくなった日）（法法54条1項） ・損金算入額は交付方法によります。（**Q62**の表参照）（※4）	株式の譲渡制限が解除された日に、その日における価額を課税対象とします。（所令84条1項）（※5）
	事後交付型（※4）（※6）	直接交付	事前に決めた数の株式を一定期間後に交付	・債務確定日の1株当たりの価額×交付株式数（法法22条3項）（※7）（※8）	交付される株式数に権利が確定した時点での1株当たりの価額を乗じた金額（所法36条）
			一定の時期に業績条件等に応じた数の株式を役員に交付	・役員の報酬債務が確定する日の1株当たりの価額×交付株式数（法法22条3項）（※8）	
		間接交付	株式交付信託（**Q66**参照）	受益権確定により信託財産から株式を交付した時に、交付した時の価額により損金算入します。	信託財産から株式交付を受けた時に、交付を受けたときの価額を課税対象とします。

		役務の提供に係る費用の額＝税制非適格ストック・オプションが交付されたときの株価（法法54条の2、法令111条の3第3項）	税制非適格ストック・オプションの権利行使時の株価と権利行使価額の差額に対応する金額
新株予約権	特定新株予約権（ストック・オプション）（**Q64**参照）		

※1　役員給与については、法法34条により損金不算入とされる金額があります。

※2　株式報酬は、通常、在任時交付型であれば給与所得、退任時交付型であれば退職所得に該当します。

※3　事前交付型の譲渡制限付株式は実務上特定譲渡制限付株式に該当するように設計されますので、この表では、特定譲渡制限付株式について記載しています。

※4　無償発行の場合については、**Q63**参照

※5　無償取得事由がなくなったあとも譲渡制限が解除されない場合は、所得税における課税時期は、法人税における損金算入時期と異なる場合があります。

※6　特定譲渡制限付株式で事後交付型に該当する場合は省略しています。

※7　役員に対する確定数給与（法令71条の3第1項）に該当する場合は、損金算入額は、「交付決議時の価額×交付株式数」によります。（法令71条の3第2項、111条の2第4項）

※8　『「攻めの経営」を促す役員報酬（2021年6月時点）Ⅱ.株式報酬、業績連動報酬に関するQ&AQ76』参照

　債務確定日の例

　・株式の交付を確定する日が株主総会による計算書類の承認日である場合は、当該株主総会の日

　・特定期間の株価の状況が一定額を超えると特定期間の末日に株式交付が確定する場合は、当該特定期間の末日

Q62 　役員給与について、特定譲渡制限付株式報酬制度を導入することになりました。法人税において損金算入の要件を満たしている場合、報酬給与額の対象となりますか？

A　特定譲渡制限付株式報酬とは、平成28年度税制改正により導入された税制措置で法人からその法人の役員等に役務提供の対価として一定期間の譲渡制限等が付された現物株式を交付するものです。（法法54条）

　役員給与として法人税の所得の計算上損金の額に算入される時期は、給与等課税事由が生じたとき（株式の譲渡制限が解除されることが確定した日の属する事業年度）となり、損金算入される株式報酬費用が給与等として報酬給与額の対象となります。

＜特定譲渡制限付株式についての会計、法人税、所得税の取扱い＞

会計の費用計上時期	法人税における損金算入時期	法人税における株式報酬費用の損金算入額	所得税における交付された役員等の課税対象額
対象勤務期間（＝譲渡制限期間）等	給与等課税額が生じることが確定した日（＝無償取得（没収）されることがなくなった日）（法法54条1項）	交付方法に応じて次のとおり（法令111条の2第4項） ・現物出資した報酬債権の額（交付された時の1株当たりの価額×交付株式数） ・無償発行した株式の交付された時の1株当たりの価額×交付株式数 ・交付決議時の1株当たりの価額×交付株式数（役員給与が確定数給与（※1）に該当する場合）（※2）	株式の譲渡制限が解除された日における1株当たりの価額×交付株式数（所令84条1項）

※1　法令71条の3第1項に規定する確定数給与をいいます。
※2　法法34条（役員給与の損金不算入）により損金とならないものがあります。法法34条は平成29年に改正されており、交付規程の決議が平成29年3月31日以前の在任時報酬及び平成29年9月30日以前の退職時報酬については、改正前の規定が適用されます。

（参考）
■　事前交付型譲渡制限付株式制度のイメージ
　一定期間の譲渡制限を設けた株式（譲渡制限付株式）を事前に交付し、勤務に応じて当該制限を解除する形の株式報酬制度です。譲渡制限期間における勤務継続を条件にすることにより、経営者層のリテンション効果（転職防止）又は中長期の業績向上・株価上昇に向けたインセンティブ効果を期待するものです。
　会社法上、金銭債権の現物出資の手法によるものと無償発行の方法があります。（無償発行は令和3年3月1日以後の決議から可能となりました。それより前は、無償で株式を発行することは認められないと解され

ていました。）

　譲渡制限期間の終了を付与対象役員の退任日とする場合は所得税において当該役員の退職所得に該当します。（所基通23〜35共−５の２）

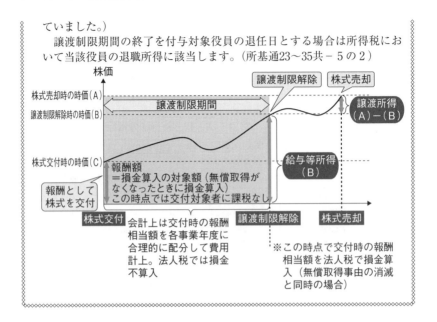

Q63 役員に対する株式報酬として、会社法202条の２の規定による株式の無償発行又は自己株式の無償交付を行った場合、報酬給与額の対象となりますか？

A　法人税法において損金算入される額について、損金算入される時期に報酬給与額の対象となります。

＜例＞事前交付：役員に対する特定譲渡制限付株式の無償発行又は自己株式の無償交付に該当する場合

	会計上の処理	法人税法上の損金
新株又は会社保有の自己株式を譲渡制限を付して交付したとき	（新株を発行して交付する場合）会計処理はありません。（株式発行数は増加します。） （自己株式を交付する場合）その他資本剰余金／自己株式	税務調整はありません。

対象勤務期間（譲渡制限期間中）	交付日における公正な評価単価により計算します。 （新株を交付していた場合） 株式報酬費用／資本金・資本準備金 （自己株式を交付していた場合） 株式報酬費用／その他資本剰余金	損金否認します。
給与等課税額が生ずることが確定した日（譲渡制限解除決議日）	会計処理はありません。	交付されたときの価額により損金認容します。（法令111条の2第4項1号）。 確定数給与に該当する場合はその決議をした日における価額により損金認容します。（法令111条の2第4項2号）。 （※1）、（※2）
条件未達成により無償で会社が没収したとき	（新株を交付していた場合） 会計処理はありません。（自己株式数は増加します。） （自己株式を交付していた場合） 自己株式／その他資本剰余金	税務調整はありません。

※1　法令71条の3第1項に規定する確定数給与をいいます。
※2　所得税法上給与所得又は退職所得として課税される時期は譲渡制限が解除された日（所基通23～35共－5の4）で、課税対象額は解除された日の価額により計算します。

＜例＞事後交付：役員に対する株式の無償発行又は自己株式の無償交付の場合

	会計上の処理		法人税法上の損金
対象勤務期間	株式報酬費用　／　株式引受権		損金否認します。
権利確定日に新株を発行して割り当て、又は自己株式を交付したとき	（新株を発行して交付したとき） 株式引受権として計上した額を資本金又は資本準備金に振り替えます。 株式引受権／資本金・資本準備金 （自己株式を交付したとき） 自己株式の帳簿価額と株式引受権の帳簿価額の差額を自己株式譲渡損益としてその他資本剰余金に計上します。 株式引受権／自己株式 　　　　　／その他資本剰余金 　　　　　　（自己株式処分差損益）		割当を受けた日、交付を受けた日の価額により計算し、損金認容します。 確定数給与に該当する場合はその決議をした日における価額により損金認容します。（法令71条の3第2項） （※1）、（※2）

※1　法令71条の3第1項に規定する確定数給与をいいます。
※2　所得税法上給与所得又は退職所得として課税されるタイミングと課税対象額も同様です。

Q64　株式報酬型ストック・オプションは報酬給与額の対象となりますか？

A　株式報酬型ストック・オプションは、特定新株予約権として、法人がその役員等から受ける役務の対価の費用の額につき、譲渡制限付新株予約権が交付されたときは、当該役務の提供につき税制非適格で権利行使により給与等課税事由が生じた日において、当該役務の提供を受けたものとして株式報酬の額が損金に算入され、報酬給与額の対象となります。（法法54条の2第1項、法令111条の3第3項）

実質的に役務提供の対価と認められる無償発行のストック・オプションについても、損金算入が可能です。（法法54条の2第1項2号）

　役員の場合、平成29年10月１日以後の交付決議においては、権利行使により市場価値のある株式が交付される新株予約権を対価とする費用の額について、損金算入される株式報酬額が報酬給与額に含まれます。（法法34条１項）

＜特定新株予約権の取扱い＞

会計の費用計上時期	法人税における損金算入時期	法人税における株式報酬費用の損金算入額	所得税における課税対象額
対象勤務期間（＝譲渡制限期間）等（新株予約権の公正評価額として各期間に費用配賦）	給与等課税額が生じることが確定した日（権利行使した日）（法法54条の２第１項）	新株予約権の交付された時の価額に相当する金額（確定数給与の場合：交付決議時価額（※））（法令71条の３第１項、111条の３第３項）	権利行使した日における取得した株式の価額（払込額を除く）（所令84条２項）

※　交付決議が行われない場合はその交付時の価額です。（平成29年改正法令附則10条）

・資本金等の額の取扱いについては、**Q207**を参照

（参考）
■　ストック・オプションの取扱い
　企業会計上、従業者等にストック・オプションを付与した場合は、当該ストック・オプションの公正な評価額を付与日から権利確定日までの期間（対象勤務期間）にわたって費用計上します。
　所得税では、権利行使時の経済的利益に対して給与等所得課税が、取得した株式の売却時に譲渡所得課税が行われますが、所定の要件を満たすストック・オプション（税制適格ストック・オプション）の場合は、権利行使時の課税は繰り延べられ、株式売却時に譲渡所得課税が行われます。（措置法29条の２）
　法人税では、企業会計上費用処理された株式報酬費用は損金算入が認められず、権利行使によって当該従業者等に所得税の給与等課税事由が生じた日にその役務提供が行われたものとされます。（法法54条の２）
　すなわち、当該ストック・オプションが所得税の税制適格ストック・オプションに該当せず、特定新株予約権に該当する場合に限り、株式報酬費用が役務提供の対価の額として、権利行使日の含まれる事業年度の損金となります。
　役務の提供に係る費用の額は、当該特定新株予約権の交付されたときの価額（確定数給与にあっては、交付決議時価額に相当する金額）となりま

す。（法令71条の3第1項、111条の3第3項）

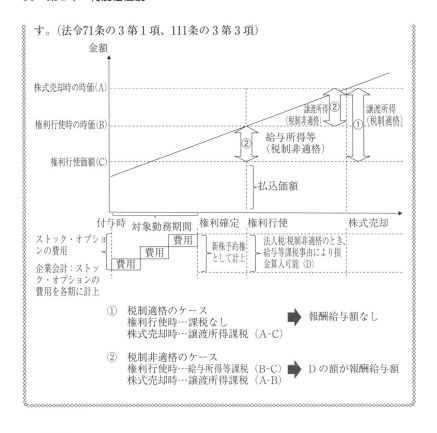

① 税制適格のケース
　権利行使時…課税なし
　株式売却時…譲渡所得課税（A-C）　　➡ 報酬給与額なし

② 税制非適格のケース
　権利行使時…給与所得等課税（B-C）　➡ Dの額が報酬給与額
　株式売却時…譲渡所得課税（A-B）

Q65　親会社が発行した株式報酬型ストック・オプション（税制非適格）を役員等に交付し、対応する株式報酬費用を親会社に対して負担しています。この株式報酬費用負担額は子会社である当社の報酬給与額の対象となりますか？

A　自社発行の株式報酬型ストック・オプション（税制非適格）の場合と同様に、役員等が権利行使し、これに給与所得又は退職所得として所得税が課される場合に、当該株式報酬費用負担額が貴社の報酬給与額となります。

　親会社への費用負担は、役員等への報酬債務を親会社が債務引受するための相当額の弁済であり、債務引受により親会社の新株予約権を割当てるという方式がとられているものと考えられます。

　子会社の役員等による権利行使時に給与等課税事由が生じることから、役務提供の費用の額について子会社において役務の提供を受けたものとして株式報酬費用は給与等としての性質を有することとなります。（法法54条の２、所基通23〜35共－６）

Q66	従業員に勤務期間又は業績などに応じてポイントを付与し、そのポイントに応じて賞与として自社株式を信託から交付するいわゆる株式交付信託を導入しています。報酬給与額の対象となりますか？

A	株式交付信託は、信託を活用して自社株式を買い付けて、報酬として、従業員又は役員に交付するものです。

　株式交付信託による報酬に係る会計上の費用計上と法人税法上の損金算入について、その時期も金額も異なります。

　法人税の所得の計算上損金の額に算入される時期に損金算入される株式報酬費用の金額が報酬給与額の対象となります。

＜従業者に対して信託を活用して自己株式を交付する場合＞

会計の費用計上時期と費用計上額	法人税における損金算入時期	法人税における株式報酬費用の損金算入額	所得税における課税対象額
対象勤務期間等信託による取得時の価額により計算（※1）	受益権確定による債務確定時（※2）	受益権確定による債務確定時の1株当たりの価額×交付株式数（※3）	受益権確定により株式の譲渡を受けたときの1株当たりの価額×交付株式数（所法36条2項）（※3）

※1　「実務対応報告第30号　従業員等に信託を通じて自社の株式を交付する取引に関する実務上の取扱い」参照
※2　特定譲渡制限付株式に該当する場合は、譲渡制限解除日に損金算入します。（法法54条）
※3　金銭交付があった場合は、金銭交付額

（参考）
■　株式交付信託
　株式報酬として自社の株式を付与する制度のうち信託を活用したものです。
　従業員向けとしての日本版ESOP（Employee Stock Ownership Plan）は、従業員又は従業員持株会に信託を通じて自社の株式を交付する制度です。中長期的な企業価値向上へのインセンティブの付与や従業員への福利厚生の充実などを目的として導入されています。
　役員向けの株式交付信託とは、役員に対して、業績目標の達成度などに応じて、在籍時又は退職時に自社株式を交付する信託です。

■　従業員向けの株式交付信託のイメージ
　企業が信託を通じて保有する自社の株式を、従業員持株会に対して時価で適宜売却していくスキーム（「従業員持株会型」）と、一定の要件を満たす従業員もしくは退職者に無償譲渡していくスキーム（「株式給付型」）があります。
　このうち、株式給付型は、導入企業が信託した金銭を原資として、将来に対象者へ交付することを予定している株式を、予め一括して信託に取得・確保させ、信託の存続期間中において、一定の支給規準に従って在職時又は退職時に信託から対象者に株式を交付するものです。

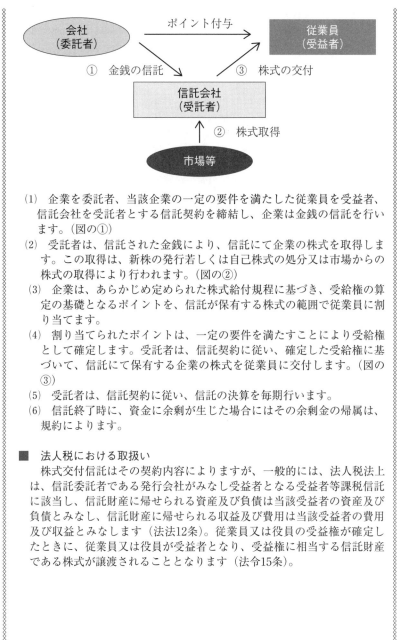

(1)　企業を委託者、当該企業の一定の要件を満たした従業員を受益者、信託会社を受託者とする信託契約を締結し、企業は金銭の信託を行います。（図の①）

(2)　受託者は、信託された金銭により、信託にて企業の株式を取得します。この取得は、新株の発行若しくは自己株式の処分又は市場からの株式の取得により行われます。（図の②）

(3)　企業は、あらかじめ定められた株式給付規程に基づき、受給権の算定の基礎となるポイントを、信託が保有する株式の範囲で従業員に割り当てます。

(4)　割り当てられたポイントは、一定の要件を満たすことにより受給権として確定します。受託者は、信託契約に従い、確定した受給権に基づいて、信託にて保有する企業の株式を従業員に交付します。（図の③）

(5)　受託者は、信託契約に従い、信託の決算を毎期行います。

(6)　信託終了時に、資金に余剰が生じた場合にはその余剰金の帰属は、規約によります。

■　法人税における取扱い

　株式交付信託はその契約内容によりますが、一般的には、法人税法上は、信託委託者である発行会社がみなし受益者となる受益者等課税信託に該当し、信託財産に帰せられる資産及び負債は当該受益者の資産及び負債とみなし、信託財産に帰せられる収益及び費用は当該受益者の費用及び収益とみなします（法法12条）。従業員又は役員の受益権が確定したときに、従業員又は役員が受益者となり、受益権に相当する信託財産である株式が譲渡されることとなります（法令15条）。

■　役員に係る株式交付信託の分類、費用、法人税、所得税の扱いのイメージ

種類		法人税における株式報酬費用の損金算入額	会計の費用計上額	所得税における課税対象額
在職時	・事後交付型リストリクテッド・ストック ・リストリクテッド・ストック・ユニット(RSU) ・事後交付型譲渡制限付株式	・現物出資した報酬債権の額（交付された時の1株当たりの価額×交付株式数） ・役員給与が確定数給与に該当する場合は交付決議時価額（交付決議時の1株当たりの価額×交付株式数） （法令71条の3、111条の2第4項）	信託の株式取得時の株式の価額により計算します。 （実務対応報告第30号は従業員の場合についての記載ですが、役員を別にする理由はなく、同じと考えられています。）	株式交付日（受益権確定日）の1株当たりの価額×交付株式数 （ただし、交付された株式が特定譲渡制限付株式である場合は、譲渡制限解除時の株式価額×交付株式数）
在職時・退任時	・パフォーマンス・シェア ・パフォーマンス・シェア・ユニット（PSU） ・事後交付型業績連動株式報酬	受益権確定日（債務確定日）の1株当たりの価額×交付株式数		
退任時	・業績連動以外の退職給与	受益権確定日（債務確定日）の1株当たりの価額×交付株式数		

(参考)

■　日本版ESOPのひとつである持株会型の概要

　　信託が金融機関から借り入れた金銭を原資として、持株会が将来買い入れることを予定している株式を、予め一括して信託に取得・確保させ、持株会が定期的に信託から株式を購入していくものです。

■　スキーム図と手順の例

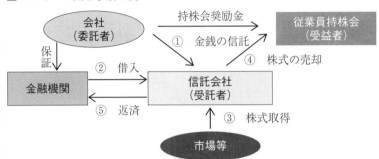

⑴　企業を委託者、従業員持株会に加入する従業員を受益者、信託会社を受託者とする信託契約を締結し、企業は金銭の信託を行います。(図の①)

⑵　受託者は、金融機関等からの借入金により、信託にて企業の株式を取得します（図の②③）。この取得は、新株の発行若しくは自己株式の処分又は市場からの株式の取得により行われます。また、当該借入金の全額について、企業による債務保証が付されます。

⑶　受託者は、信託にて保有する企業の株式を、時価により企業の従業員持株会へ売却します。(図の④)

⑷　受託者は、信託の決算を毎期行います。

⑸　受託者は、信託期間中に、信託にて保有する株式の売却代金と配当金を原資として信託における金融機関等からの借入金及び借入利息を返済します。(図の⑤)

⑹　信託終了時に、信託において株式の売却や配当金の受取りなどにより資金に余剰が生じた場合にはその余剰金は従業員に分配され、企業に帰属することはありません。これに対して、信託において資金に不足が生じた場合、企業は債務保証の履行等により不足額を負担します。

■　法人税及び所得税における取扱い

　　持株会奨励金が給与所得となります。また、信託期間終了に伴う従業員への信託残余財産の分配時に給与所得が生じます。

【7　請負の取扱い】

Q67　個人との請負契約により、運送業務を行ってもらっています。契約に基づき支払う代金は報酬給与額に含めますか?

A　契約に基づき支払う金額が、個人の事業所得にあたる場合には、報酬給与額に含めませんが、給与所得にあたる場合には、報酬給与額に含めます。

なお、ここでいう請負には、業務委託も含みます。

＜所得税における給与所得と事業所得の考え方＞

	給与所得	事業所得
性質	労務提供の対価	仕事の完成の対価
解釈例	雇用契約またはこれに類する原因に基づき、使用者の指揮命令に服して提供した労務の対価として、使用者から受ける給付（非独立的、従属的労働）	自己の計算と危険において独立して営まれ、営利性、有償性を有し、かつ、反復継続して遂行する意思と社会的地位とが客観的に認められる業務から生ずる所得
判断材料	契約内容が他人の代替を容れるか（代替不可の場合は、給与所得）	
	仕事の遂行上、個々の作業に指揮監督を受けるか（指揮監督を受ける場合は、給与所得）	
	未引渡しの完成品が不可抗力により滅失した場合、報酬請求権があるか（報酬支払請求権のある場合は、給与所得）	
	材料を提供されているか（材料が無償支給されている場合は、給与所得）	
	作業用具を供与されているか（用具の供与を受けている場合は、給与所得）	
	その他、光熱費等の経費負担状況や時間的、空間的拘束性などの状況	

Q68 請負代金や業務委託料であっても注文法人や委託法人の報酬給与額となる場合とは、どのようなものですか？

A 　請負契約や業務委託契約に係る代金は、仕事の完成や役務の提供に対する対価であり、原則として報酬給与額にあたりません。

　しかしながら、請負又は委託に係る業務について注文法人等自らが行っていると認められ、また、請負法人等の使用人が請負法人等の下に形式的に籍を置いているに過ぎず、実態は注文法人等の使用人であることとなんら変わらない状態にあるような場合には、契約の名称の如何を問わず、請負代金等のうち労務の提供の対価に相当する額を、注文法人等の報酬給与額として取り扱います。（通知4の2の5）

Q69 A社はB社に清掃業務を委託し、A社の事務所内にてB社の従業員が清掃業務に従事しています。この場合、A社の報酬給与額に委託料を含めますか？

A 　ご質問における清掃業務は、その業務の性質上、A社の事務所内での業務履行が不可欠です。このため、B社の従業員がA社内にて業務に従事しているに過ぎず、勤務地だけでは雇用関係等があるものとは認められません。したがって、A社の報酬給与額に当該委託料は含まれないものと解されます。

【8　掛金等】

Q70　報酬給与額に含まれる企業年金等の掛金には、どのようなものがありますか？

A　　法人が従業者のために支出する以下の企業年金等の掛金については、所得税の給与所得ではありませんが、本人が受け取る年金等の原資になり、労務の提供の対価の性質を持つものとして、報酬給与額に含めます。（令20条の2の3）

①　独立行政法人勤労者退職金共済機構又は特定退職金共済団体に支出する掛金（中退共、建退協、清退協、林退協、特定退職金制度）

②　確定給付企業年金規約に基づく掛金等（DB制度：Defined Benefit Plan）

③　確定拠出年金法の企業型年金規約に基づく掛金（DC制度：Defined Contribution Plan）

④　確定拠出年金法の個人型年金規約に基づき個人型年金加入者のために支出する掛金

⑤　勤労者財産形成給付金契約に基づく信託金等

⑥　勤労者財産形成基金契約に基づく信託金及び預入金等

⑦　厚生年金基金及び存続厚生年金基金の掛金等

⑧　適格退職年金契約に基づく掛金等

Q71　厚生年金基金に支払う掛金は、全額を報酬給与額に含めますか？

A 　厚生年金基金の掛金について報酬給与額に含めるのは、法人が事業主として基金に拠出する掛金及び徴収金です。いわゆる厚生年金代行部分（免除保険料）については、報酬給与額には含めません。（令20条の2の3、通知4の2の9）

　また、年金基金の事務費にあてるために拠出する掛金等については、報酬給与額には含めません。（通知4の2の12）

　したがって、下図に網掛けで表示している「加算部分掛金」「代行付加部分掛金」に相当する額は報酬給与額に含めますが、その呼称は基金により異なります。

　なお、厚生年金基金に係る規定は平成25年法改正により厚生年金保険法から削除されていますが、改正法附則等により取扱いに変更はありません。（平成26年4月1日以降、厚生年金基金の新規設立はできなくなっており、他の企業年金への移行が進められています。）

＜厚生年金基金に係る報酬給与額＞

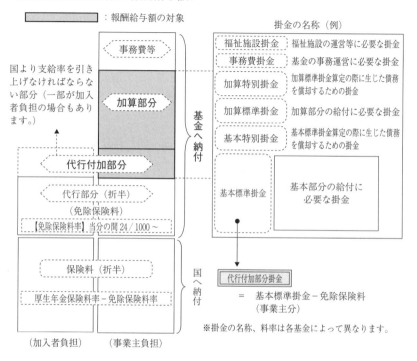

Q72 建設業退職金共済制度により、独立行政法人勤労者退職金共済機構に支払うべき掛金となる共済証紙を、下請業者の分も含めて一括購入しています。この購入代金は全額が元請業者の報酬給与額となるのですか？

A 元請業者が支払った購入代金のうち、自己の従業者に交付した共済証紙の購入代金相当額が掛金として元請業者の報酬給与額となります。購入した共済証紙のうち、未使用分及び下請業者への現物交付分の購入代金相当額は、元請業者の報酬給与額とはなりません。

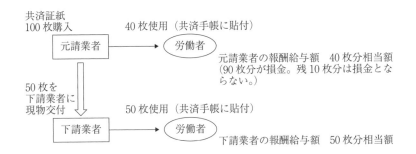

Q73 確定給付企業年金の掛金を株式で納付した場合、報酬給与額に算入しますか？

A　確定給付企業年金法では規約において株式納付を定めるなど、一定の要件を充たしていれば、金銭ではなく証券取引所に上場されている株式で掛金を納付することを認めています。報酬給与額にはその時における当該株式の価額を含めます。

Q74 適格退職年金制度から確定給付年金制度に移行した場合、報酬給与額はどのように算定しますか？

A　過去の事業年度において支出し、他の制度に移管する金額については、報酬給与額に含めません。（通知 4 の 2 の11）

過去に拠出して既に積立金となっている掛金等の額は、拠出した時点で報酬給与額の対象となっており、移管の時点であらためて報酬給与額に算入した場合には、二重に課税標準に算入されるためです。

Q75　企業年金の掛金について、積立不足による臨時の掛金は報酬給与額に含めますか？

A　企業年金の掛金については、毎期定められた額を拠出する通常の掛金だけでなく、積立不足により拠出する掛金など、次のような臨時に拠出する掛金も、報酬給与額に含めます。（通知4の2の9）

・積立不足に伴い拠出する掛金

・実施事業所の増減に伴い拠出する掛金

・確定給付企業年金の終了に伴い一括して拠出する掛金

・資産の移管に伴い一括して拠出する掛金

・積立金の額が給付に関する事業に要する費用に不足する場合に拠出する掛金

Q76　選択制の企業型確定拠出年金制度を導入しています。給与の一部をライフプラン選択金とし、その一部又は全額を掛金として拠出するか、全額を給与として受け取るか、社員が選択する制度となっています。掛金として選択した金額は給与所得となりませんが、報酬給与額の対象となりますか？

A　社員が掛金として選択した金額については、企業型確定拠出年金の事業主掛金として拠出することになりますので、報酬給与額の対象となります。

<選択制の場合の給与所得・年金掛金と報酬給与額のイメージ>

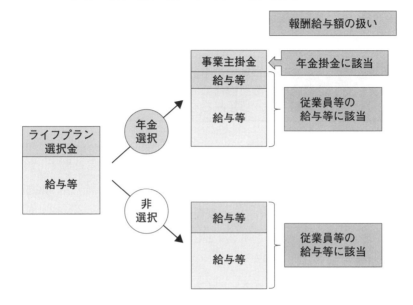

Q77　退職一時金制度から企業型確定拠出年金制度への移行に伴い移換する資産については、報酬給与額に含めますか？

A 　退職一時金制度から企業型確定拠出年金制度への制度移行に際しては、確定拠出年金法54条1項の規定により退職一時金制度からの資産の移換が認められています。この移換する資産は、確定拠出年金法施行令22条1項5号に掲げる資産であることから事業主掛金として報酬給与額に含めます。（令20条の2の3第1項3号かっこ書き）

　また、資産の移換に際しては複数年度に分割して行われるため、法人税で損金算入された事業年度の報酬給与額とします。

　なお、退職一時金制度の場合は、退職給与（一時金）が支払われた際に

報酬給与額の対象となることから、移換する資産は**Q74**の年金制度間の移行の取扱いとは異なります。

Q78　企業型確定拠出年金加入者の資格を喪失した人に返還資産額がある場合には、事業主に返還される金額は報酬給与額から控除されますか？

A　企業型確定拠出年金加入者が加入者資格を喪失した場合、資格喪失者に係る事業主掛金は、原則として当該資格喪失者に返還されますが、事業主に使用されていた期間が 3 年未満である場合、加入者持ち分を法人に返還させることができるとされています。（確定拠出年金法 3 条 3 項10号）

この場合、事業主掛金を原資として運用した個人別運用資産の額が返還の対象となり、掛金としての性質はないことから、報酬給与額からの控除はできないことになります。

Q79　企業年金等の年金契約の要件に反して支出される掛金の取扱いはどのようになりますか？

A　特定退職金共済団体又は適格退職年金契約の要件に該当しない掛金の事業主負担分については、年金掛金として報酬給与額に含まれるものではありませんが、所得税においてその拠出段階で給与所得又は退職所得として課税されるため、拠出される事業年度において、給与又は退職手当等として報酬給与額に含めます。（通知 4 の 2 の 9 、4 の 2 の10）

Q80　外国の年金制度の掛金は、報酬給与額に含めますか？

A　外国の年金制度における掛金の事業主負担分については、令20条の2の3に規定する年金掛金には該当しませんが、契約内容により法人が掛金を支払うことが給与等の性質を有する場合には、拠出される事業年度において、給与又は退職手当等として報酬給与額に含めます。（通知4の2の10）

【9　出向の取扱い】

Q81　出向させている社員に対し、給与等を支払っていますが、出向先から給与負担金を受け取っています。報酬給与額はどのように算定しますか？

A　出向者に係る給与等（退職給与を除く。）は、当該給与等を実質的に負担する法人の報酬給与額とされます。

　ご質問の場合、出向者に対し給与を支払うのは出向元の法人ですが、当該給与は出向元を経由して支払われているに過ぎず、さかのぼれば当該給与を実質的に負担しているのは出向先ということになります。

　したがって、出向先では給与負担金を報酬給与額に含めますが、ひとりの出向者への給与を出向先・出向元の2社が二重に課税標準に算入することのないよう、出向元法人では、出向先から受けた給与負担金相当額を報酬給与額から差し引くことになります。（通知4の2の14）

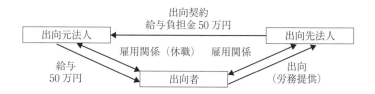

〔出向元法人の報酬給与額〕
　給与負担金として受け取った
50万円を報酬給与額から控除

〔出向先法人の報酬給与額〕
　給与負担金として支払った
50万円を報酬給与額に算入

Q82 他社からの出向者につき、出向期間に係る退職給与負担金を出向期間中に出向元に支払っています。退職給与負担金は報酬給与額に含めますか？

A 　出向者に係る退職給与は、形式的支払者となる法人の報酬給与額とされます。（通知4の2の14）

　ご質問の場合、出向先が出向者への退職給与の一部を負担していますが、退職給与は**Q81**の給与と異なり、出向先・出向元の間での金銭の受払いを考慮せず、直接出向者に対し退職給与を支払う法人（形式的支払者）の報酬給与額に算入します。

退職給与負担金300万円を定期的に支出

出向のあと復職し、数年後に退職

〔出向元法人の報酬給与額〕
　退職給与1,000万円を支払った事業年度で報酬給与額に含めます。（出向先から受け取った金額は控除しない。）

〔出向先法人の報酬給与額〕
　退職給与負担金300万円は報酬給与額に含めません。

Q83
他社からの出向者につき、出向期間に係る退職給与負担金を、当該出向者の退職時に一括して出向元法人に支払いました。この場合、退職給与負担金は報酬給与額に含めますか？

A 　出向者に係る退職給与は、形式的支払者の報酬給与額となります。

　形式的支払者とは、退職者に退職給与等を直接支払う者をいいますので、ご質問のケースでは、出向元法人が形式的支払者となります。

　この場合、出向者に支払った退職給与は、出向元法人の報酬給与額となり、出向先法人の報酬給与額には含めません。これは、**Q82**のケースのように、退職給与負担金を出向期間中に受払いする場合に限らず、出向者の退職時に一括して受払いする場合も同じです。

　なお、出向元法人、出向先法人がそれぞれ、退職者に直接退職金を支払った場合は、双方の法人が支払った金額をそれぞれの報酬給与額に含めます。

退職給与負担金 300 万円を出向者の退職時に支出

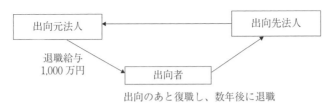

出向のあと復職し、数年後に退職

〔出向元法人の報酬給与額〕
　退職給与 1,000 万円を支払った事業年度で報酬給与額に含めます。
（出向先から受け取った金額は控除しない。）

〔出向先法人の報酬給与額〕
　退職給与負担金 300 万円は報酬給与額に含めません。

Q84 出向先から出向者に係る給与負担金を受け取っていますが、給与負担金には通勤手当や法定福利費など金額の内訳がありません。この場合の報酬給与額はどのように計算しますか？

A　給与負担金のうちに報酬給与額の性質のない金額が含まれる場合は、当該金額を除くことになります。

　給与相当分や通勤手当、法定福利費などの内訳を出向先法人に示していない場合は、出向先法人において報酬給与額の性質のある額、ない額の判別ができないため、給与負担金の全額を報酬給与額に含めます。

　一方、出向元法人においても、同じ金額（出向先法人において報酬給与額とした給与負担金の額）を支払う報酬給与額に含めません。（ただし、出向元法人において、報酬給与額の性質の有無を判別できる場合には、報酬給与額の性質のある額のみを含めないものとすることも可能です。）

　なお、計算の結果、報酬給与額の総額が負数（マイナス）になる場合には、ゼロに留めます。

給与負担金30万円（内訳不明）

〔出向元法人の報酬給与額〕
　給与負担金の内訳を出向先に示していない場合、出向者に支払う給与等の額から給与負担金を控除。
　報酬給与額は▲10万円となります。

〔出向先法人の報酬給与額〕
　給与負担金の内訳が不明の場合、30万円を報酬給与額に算入。

| Q85 | 出向元法人に対して退職給与負担金を支払っていますが、将来の退職金支給に引き当てる金額相当と企業年金掛金相当の金額の内訳がわかりません。この場合の報酬給与額はどのように計算しますか？ |

A　　　出向者に係る退職給与は形式的支払者の報酬給与額となること、また、退職給付引当金には退職給与としての性質がないことから、退職給与負担金は法人税で損金算入される場合であっても出向先法人の報酬給与額とはなりません。

　一方、出向者に係る企業年金掛金は給与と同様に実質的負担者の報酬給与額となることから、これに係る負担金は出向先法人の報酬給与額となります。（通知 4 の 2 の14）

　この双方の額について内訳区分が不明である場合には、その全額を退職給与負担金と取扱います。

| Q86 | 出向先で役員となっている出向者に係る給与負担金を出向元に支払っています。報酬給与額の算定はどのようになりますか？ |

A　　　出向者が役員となっている場合であっても、出向に係る給与負担金の取扱いと同様に、出向元へ支払う給与負担金は出向先の報酬給与額に含めます。

　ただし、報酬給与額は「法人税の所得の計算上損金算入されるもの」となりますので、法人税において損金算入されない額については、報酬給与額にも算入されないことになります。

Q87	100%子会社に社員を出向させていましたが、給与負担金を受け取っていなかったことから、寄附金の支出があったものとして法人税の更正処分がありました。この処分において益金算入された給与負担金の額は、当初申告した報酬給与額から控除できますか？

A　寄附金認定の過程で出向元法人の益金とされた給与負担金相当額は、出向元法人の報酬給与額から控除することはできません。

　寄附金の認定にあたっては、受け取るべき給与負担金を受け取っていない事実について寄附金の支出があったものとし、これが100％グループ間であればその全額が損金不算入とされます。この際、給与負担金の額を一度益金の額に算入する取扱いをしますが、実際に受け取ったものではないことから、給与の実質的負担者は出向元法人であると認められます。

　また、この法人税更正において、出向元法人が従業員に支払った給与については損金不算入とされるものではありません。（通知4の2の14）

　なお、受取利息や受取賃借料の免除にかかる寄附金認定についても、本事例と同様に、純支払利子、純支払賃借料から控除することはできません。

Q88 外国の現地子会社に社員を出向させている場合、報酬給与額はどのように計算しますか？

A 出向先が海外であっても出向に係る報酬給与額の考え方は変わりません。

またQ54のとおり、所得税法上の非居住者に係る給与であっても報酬給与額に含めます。したがって、出向元が実質的に負担する給与の額があれば、その額が報酬給与額となります。（通知4の2の14）

Q89 出向に係る報酬給与額の計算において、出向元法人が「出向者に支払う給与」から「出向先から受け取る給与負担金」を控除する場合、出向者一人ずつについて計算を行うのですか、又は合計額で行うのですか？

A 出向者に係る報酬給与額の計算は、出向者別又は合計額のいずれで行っても差し支えありません。

【10　労働者派遣の取扱い】

Q90　労働者派遣があった場合の報酬給与額はどのように計算しますか？

A　労働者派遣又は船員派遣があった場合の報酬給与額は、下記のとおり計算します。

労働者派遣に係る派遣労働者や船員派遣に係る派遣船員は、派遣元法人との間に雇用関係があり、給与等も派遣元法人から支払いを受けますが、派遣先法人の指揮命令により派遣先法人に対して労務を提供します。

このため、派遣役務を提供した派遣労働者等に係る給与等は、派遣先法人の報酬給与額とします。この場合には派遣契約料の75％相当額を当該派遣労働者等の報酬給与額とします。（法72条の15第2項）

対　　象	・労働者派遣法に基づく労働者派遣契約 ・船員職業安定法に基づく船員派遣契約
報酬給与額 の算定	・派遣を受けた法人 　派遣契約料×75％ ・派遣をした法人 　派遣労働者に支払う報酬給与額－（派遣契約料×75％） 　（派遣労働者等に支払う報酬給与額を限度として控除）

＜労働者派遣法について＞

労働者派遣事業を行うには、厚生労働大臣の許可が必要です。（労働者派遣法5条）

したがって、派遣を行う法人（派遣元）にあたるのは、許可を受けて労働者派遣業を行う、いわゆる人材派遣会社等となります。

また、派遣契約料の75％を報酬給与額に算入する対象となる労働者派遣

契約の内容について、労働者派遣法では次の内容を規定しています。

労働者派遣契約の内容（労働者派遣法26条）
①　派遣労働者が従事する業務内容
②　派遣労働者の就業場所及び組織単位
③　派遣労働者を直接指揮命令する者
④　派遣期間と就業日
⑤　就業時間（開始・終了・休憩）
⑥　安全衛生
⑦　苦情処理
⑧　派遣契約解除の際の派遣労働者の雇用安定の措置
⑨　紹介予定派遣の場合、紹介予定派遣に関する事項
⑩　その他省令事項

なお、労働者派遣法では、下記業務について派遣事業を禁止しています。

派遣禁止業務（労働者派遣法 4 条、同施行令 1 条、2 条）
ア　港湾運送業務
イ　建設業務 　　土木、建築その他工作物の建設、改造、保存、修理、変更、破壊若しくは解体の作業又はこれらの作業の準備の作業に係る業務
ウ　警備業法に掲げる業務
エ　医療関連業務のうち、次の①～③の場所で行うもの 　　①　病院、診療所、助産所 　　②　介護老人保健施設、介護医療院 　　③　居宅 　　ただし、紹介予定派遣、育児休業者、介護休業者の業務、へき地等で行われるものについては、禁止の対象外です。 　　　　　　　　　　　　　　　　　　　　　　　　※令和 4 年 4 月現在

Q91 親会社から社員の派遣を受けています。親会社に支払う人件費相当分の75%を報酬給与額に含めますか?

A 派遣という呼称であっても、労働者派遣法に基づく労働者派遣又は船員職業安定法に基づく船員派遣に該当しない場合には、派遣契約料の75%相当額を報酬給与額とみなす取扱いの適用はありません。

ご質問の場合、労務の実態等により出向又は請負・業務委託の取扱いを検討することになります。(**Q67**、**Q68**、**Q81**参照)

Q92 受け取る派遣契約料の75%相当額よりも、派遣社員に支払う給与等の額が少ない場合、どのように報酬給与額を算定しますか?

A 派遣を行う法人は、派遣労働者に支払う報酬給与額を限度として、派遣契約料の75%相当額を控除します。(法72条の15、通知4の2の15)

したがって、ご質問の場合、報酬給与額に算入する金額はゼロで留めます。

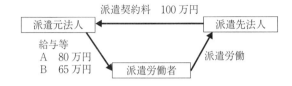

〔派遣元法人の報酬給与額〕
　Aの場合　80万円−(100万円×75%)＝　　5万円
　Bの場合　65万円−(100万円×75%)＝　▲10万円
よってBの場合、報酬給与額に算入すべき金額はゼロとなる。

〔派遣先法人の報酬給与額〕
100万円×75%＝75万円

Q93 派遣会社に対し派遣契約料とあわせ、旅費等を支払っていますが、報酬給与額には旅費等の部分も含めますか？

A 　派遣契約料とは、労働者派遣契約に基づき当該契約の対価として、労働者派遣を受けた法人が労働者派遣をした法人に支払う額をいいます。

実質的人件費が含まれる基本単価のようなものの他に旅費等の額が内訳項目として明示されていた場合であっても、これらを派遣の対価として支払う派遣契約となっていれば、当該旅費等を派遣契約料に含めます。（通知4の2の15）

ただし、派遣契約の範囲外で旅費等を支払った場合には派遣契約料には含めません。

なお、雇用契約等に基づく給与とは異なり、人材派遣における役務の提供の対価は、消費税の課税対象となります。派遣契約料に係る消費税を除いた額が報酬給与額の計算対象となります。

【例1】契約で旅費等の支払とその金額が定められている場合

　派遣契約において旅費等を支払う旨とその金額が定められている場合は、その支払額を含めた全額が派遣契約料となります。

【例2】契約で旅費等の実費を支払うことが定められている場合

　派遣契約において旅費等の実費を派遣先法人が負担する旨定められている場合は、当該旅費を派遣労働者に直接支払った場合であっても、その金額は派遣契約料に含みます。

【例3】契約で旅費等を支払う旨の定めがない場合

　派遣契約において旅費等を支払う旨規定していない場合は、旅費等を派遣元法人に支払った場合であっても、当該金額は派遣契約料には含まれません。

Q94　人材派遣を受けており、現在派遣契約期間中ですが、経済上の理由により事業を縮小したため派遣労働者の出勤を控えてもらっています。出勤した場合に支払う派遣契約料の6割程度の金額を派遣会社に支払うこととしていますが、この金額は報酬給与額に含めますか？

A　派遣元法人に支払う金額が、派遣労働者の出勤を抑制していることに起因して派遣会社が当該派遣労働者に支払う休業手当の負担額（付随する法定福利費、事務経費等を含む）である場合には、派遣元法人に支払った金額の75%を報酬給与額に含めます。

Q95　人材派遣を行う法人において、派遣労働者のうち、自社の業務にも従事している社員がいる場合、報酬給与額の算定はどのように行えばよいですか？

A　派遣労働者が派遣先への労働にあわせて派遣元の業務等にも従事している場合、派遣元において派遣契約料の75％を控除することができるのは、派遣労働の対価として派遣労働者が支払いを受ける給与に限られます。

したがって、派遣労働者に支払う給与等のうち、派遣元の業務に係る分については全額を派遣元の報酬給与額に算入します。

なお、派遣労働と他の労働をあわせて行った派遣労働者に対して支払う給与の額のうち、派遣労働に係る対価についての区分やその算定が困難であるときは、労働時間や工数等の合理的な基準であん分し、派遣労働に係る報酬給与額を算定します。

なお、賞与等については、支給内容や規約等に応じて合理的に算定します。

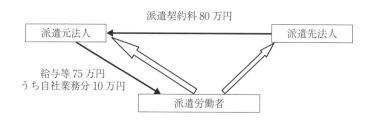

〔派遣元法人の報酬給与額〕
派遣分　65万円 −（80万円 ×75％）＝ 5万円
自社分　10万円
計　5万円＋10万円＝15万円

〔派遣先法人の報酬給与額〕
80万円 ×75％＝60万円

Q96　紹介予定派遣という形式で派遣を受けている場合、報酬給与額への算入はどのようになりますか？

A 　紹介予定派遣は労働者派遣法に基づく派遣のひとつで、職業安定法等に基づく人材紹介を組み合わせており、派遣期間最長6ヶ月を経たのち、派遣先法人が派遣労働者と雇用契約を結ぶことを前提としています。

この場合、派遣先法人は派遣元法人に対し紹介手数料を支払いますが、紹介手数料は労働者派遣の役務の提供の対価にはあたらず、報酬給与額には含めません。

したがって、派遣会社に支払う金額のうち労働者派遣の役務の提供の対価の部分のみ75％相当額を報酬給与額に含めます。

Q97　シルバー人材センターから人材派遣を受けている場合、契約料の75％を報酬給与額に算入しますか？

A 　シルバー人材センターは労働者派遣法に基づく派遣を行うことができることから、当該契約が労働者派遣法に基づく派遣契約にあたる場合には、契約料の75％を報酬給与額に算入します。

なお、シルバー人材センターは厚生労働大臣の許可ではなく、届出により労働者派遣事業を行うことができるものとされています。（高年齢者等の雇用の安定等に関する法律38条5項）

Q98　外国の人材派遣会社から派遣を受けていますが、報酬給与額の対象となりますか？

A　　日本国内の労働者派遣法に基づく派遣であれば、派遣契約料の75％を報酬給与額に算入しますが、外国の人材派遣会社の場合、国内の労働者派遣法に基づいておりませんので、報酬給与額の計算においては労働者派遣による計算の適用にはなりません。(法72条の15第2項)

　労働者派遣法に基づかない人材派遣を受けている場合には、雇用関係に準ずる関係が認められるときは、給与等の性質を有するものとして報酬給与額の対象となります。

Q99　　他の法人から船員の派遣を受けている場合には、報酬給与額はどのように算定しますか？

A　　船員職業安定法に基づく船員派遣契約であれば、契約料の75％相当額を報酬給与額に含めます。(**Q90**参照)

【11　組合に係る報酬給与額】

Q100　　他の法人と共同事業を営んでいますが、この事業に従事する当社社員の給与等は当社の報酬給与額となりますか？

A　　当該共同事業が任意組合や有限責任事業組合に該当する場合は、当該事業に係る給与等の総額のうち、出資比率など組合契約に基づく分配割合に応じて分配された額が、各組合員である法人の報酬給与額となります。(**Q26**参照)

Q101 社員をJVに出向させており、JVでは給与協定を定めています。この場合、報酬給与額はどのように計算しますか？

A 　JV（共同企業体）の付加価値額算定については、**Q27**のとおり、分配割合に基づく額を組合員である法人の課税標準として算入しますが、ご質問のようにJVにおいて給与協定が締結されている場合、組合員である法人が給与として実際に支払った額と協定給与額の差額を報酬給与額に加減算することになります。（通知4の2の16）

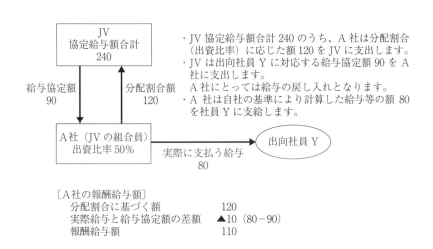

・JV協定給与額合計240のうち、A社は分配割合（出資比率）に応じた額120をJVに支出します。
・JVは出向社員Yに対応する給与協定額90をA社に支出します。
　A社にとっては給与の戻し入れとなります。
・A社は自社の基準により計算した給与等の額80を社員Yに支給します。

〔A社の報酬給与額〕
分配割合に基づく額　　　　　　　120
実際給与と給与協定額の差額　　　▲10（80−90）
報酬給与額　　　　　　　　　　　110

Q102 JVが直接雇用する期間社員への給与は、組合員である法人の報酬給与額に含めますか？

A 　JVが直接雇用する期間社員給与の合計額に、組合員である法人各社の出資比率を乗じて得た額を、各社の報酬給与額に含めます。（通知4の1の4）

Q103
JVでの経理事務を行うため、組合員であるB社が労働者派遣を受け、当該派遣労働者をJVに出向させています。B社の報酬給与額はどのように算定しますか？ なお、JVでは給与協定を締結しています。

A　当該派遣労働者に係るB社の報酬給与額（派遣契約料の75％相当額）を、実際に支払った給与の額とみなし、**Q101**同様に、B社の報酬給与額を算定します。

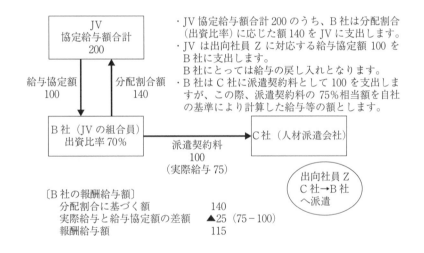

・JV協定給与額合計200のうち、B社は分配割合（出資比率）に応じた額140をJVに支出します。
・JVは出向社員Zに対応する給与協定額100をB社に支出します。
　B社にとっては給与の戻し入れとなります。
・B社はC社に派遣契約料として100を支出しますが、この際、派遣契約料の75％相当額を自社の基準により計算した給与等の額とします。

JV
協定給与額合計
200

給与協定額
100

分配割合額
140

B社（JVの組合員）
出資比率70％

派遣契約料
100
（実際給与75）

C社（人材派遣会社）

出向社員Z
C社→B社
へ派遣

〔B社の報酬給与額〕
分配割合に基づく額　　　　　　140
実際給与と給与協定額の差額　　▲25（75－100）
報酬給与額　　　　　　　　　　115

第3　純支払利子

　純支払利子とは、各事業年度の支払利子の額の合計額から、当該合計額を限度として各事業年度の受取利子の額の合計額を控除した金額をいい、法人の事業活動によって生み出された収益の、その生産要素である資本財への配分額としての性格を表します。

　なお、受取利子は他の法人が生み出した収益の配分であり、これを受け取る法人が生み出した収益ではないため支払利子から控除することになっており、控除対象について支払利子の合計額を限度とするのは、他の生産要素への配分である報酬給与額、純支払賃借料を侵食しないためです。（法72条の16）

| 純支払利子 | ＝ | 支払利子 | － | 受取利子 |

（支払利子を限度に受取利子を控除）

支払利子	負債の利子
	経済的性質が利子に準ずるもの
受取利子	支払いを受ける利子
	経済的性質が利子に準ずるもの

【1　純支払利子の対象】

Q104　純支払利子の対象となるのは、どのようなものですか？

A　純支払利子の対象となる利子とは、法人が各事業年度において支払う負債の利子及び支払いを受ける利子をいいますが、これらには経済的性質が利子に準ずるものを含みます。（法72条の16）

　支払利子又は受取利子には、以下に例示するものが含まれます。（令20条の2の6、20条の2の7、通知4の3の1～4の3の11）

〈支払利子の例〉

内　　容	条文等
手形の割引料	令20条の2の6
借入金の利息	通知4の3の1(1)
社債の利息	通知4の3の1(2)
社債の発行その他の事由により金銭債務に係る債務者となった場合に、当該金銭債務に係る収入額がその債務額に満たないときにおけるその満たない部分の金額	通知4の3の1(3)
コマーシャル・ペーパーの券面金額から発行価額を控除した金額	通知4の3の1(4)
受取手形の手形金額と当該受取手形の割引による受領金額との差額を手形売却損として処理している場合の当該差額	通知4の3の1(5)
買掛金を手形によって支払った場合において、相手方に対して当該手形の割引料を負担したときにおける当該負担した割引料	通知4の3の1(6)
従業員預り金、営業保証金、敷金その他これらに準ずる預り金の利息	通知4の3の1(7)
金融機関の預金利息	通知4の3の1(8)
コールマネーの利息	通知4の3の1(9)
信用取引に係る利息	通知4の3の1(10)

内　　容	条文等
現先取引及び現金担保付債券貸借取引に係る利息相当額	通知4の3の1⑾
利子税並びに地方税法65条、72条の45の2及び327条の規定により徴収される延滞金	通知4の3の1⑿
内部取引において取扱通知4の3の1⑴～⑿に掲げるものに相当するもの	通知4の3の1⒀
繰延ヘッジ処理による繰延ヘッジ金額に係る損益の額又は特例金利スワップ取引の対象となった資産等に係る支払利子の額に対応する部分の金額（加減算）	通知4の3の3
リース譲渡契約（これらに類する契約を含む。）によって購入した資産に係る割賦期間分の利息相当額（明確かつ合理的な区分がある場合）	通知4の3の4
資産の売買があったものとされるリース取引に係る利息相当額（明確かつ合理的な区分がある場合）	通知4の3の5
金銭貸借とされるリース取引に係る利息相当額	通知4の3の6
貿易商社が支払う輸入決済手形借入金の利息及び買付委託者が負担した場合の当該委託者における利息負担相当額	通知4の3の7
遅延損害金	通知4の3の8

〈受取利子の例〉

内　　容	条文等
手形の割引料	令20条の2の7
貸付金の利息	通知4の3の2⑴
国債、地方債及び社債の利息	通知4の3の2⑵
償還有価証券（コマーシャル・ペーパーを含む。）の調整差益	通知4の3の2⑶
売掛金を手形によって受け取った場合において、相手方が当該手形の割引料を負担したときにおける当該負担した割引料	通知4の3の2⑷
営業保証金、敷金その他これらに準ずる預け金の利息	通知4の3の2⑸
金融機関等の預貯金利息及び給付補てん備金	通知4の3の2⑹
コールローンの利息	通知4の3の2⑺
信用事業を営む協同組合等から受ける事業分量配当のうち当該協同組合等が受け入れる預貯金（定期積金を含む。）の額に応じて分配されるもの	通知4の3の2⑻

内　容	条文等
相互会社から支払いを受ける基金利息	通知 4 の 3 の 2 (9)
生命保険契約（共済契約で当該保険契約に準ずるものを含む。）に係る据置配当の額及び未収の契約者配当の額に付されている利息相当額	通知 4 の 3 の 2 (10)
損害保険契約のうち保険機関の満了後満期返戻金を支払う旨の特約がされているもの（共済契約で当該保険契約に準ずるものを含む。）に係る据置配当の額及び未収の契約者配当の額に付されている利息相当額	通知 4 の 3 の 2 (11)
信用取引に係る利息	通知 4 の 3 の 2 (12)
合同運用信託、公社債投資信託及び公募公社債等運用投資信託の収益として分配されるもの	通知 4 の 3 の 2 (13)
現先取引及び現金担保付債券貸借取引に係る利息相当額	通知 4 の 3 の 2 (14)
還付加算金	通知 4 の 3 の 2 (15)
内部取引において取扱通知 4 の 3 の 2 (1)〜(15)に掲げるものに相当するもの	通知 4 の 3 の 2 (16)
繰延ヘッジ処理による繰延ヘッジ金額に係る損益の額又は特例金利スワップ取引の対象となった資産等に係る受取利子の額に対応する部分の金額（加減算）	通知 4 の 3 の 3
リース譲渡契約（これらに類する契約を含む。）によって販売した資産に係る割賦期間分の利息相当額（明確かつ合理的な区分がある場合）	通知 4 の 3 の 4
資産の売買があったものとされるリース取引に係る利息相当額（明確かつ合理的な区分がある場合）	通知 4 の 3 の 5
金銭貸借とされるリース取引に係る利息相当額	通知 4 の 3 の 6
委託買付契約に係る輸入決済手形借入金の利息として、貿易商社が委託者から負担を受けた当該利息相当額	通知 4 の 3 の 7
遅延損害金	通知 4 の 3 の 8
国債、地方債又は社債に係る経過利息を前払金として経理したときの、これら債券の購入後最初に到来する利払期における受取利子 （＝当該前払金を差し引いた金額）	通知 4 の 3 の 10
金銭債権の取得差額（金利の調整により生じたと認められるもの）	通知 4 の 3 の 11

【2　個別事例】

Q105　株式に係る配当を受け取っていますが、受取利子に含めますか？

A　配当は、市場動向や資金の運用次第でその受取額が変動することから、契約等において取り決められる、一定の額又は比率に応じて算出される約定利息とは経済的な性質が異なるため、支払利子及び受取利子に算入しません。

Q106　金銭貸借契約に基づき第三者へ債務保証料を支払っています。支払利子に含めますか？

A　債務保証料は、保証に対する役務提供対価として支払われるものであり、金銭を貸した者に対し、元本の総額や取引期間等に比例して支払う利息とは経済的性質が異なるため、支払利子及び受取利子には含めません。

Q107　売上割引料は支払利子に含めますか？

A　売掛金の支払いを支払期日前に受けて、売上割引料として支払う金銭（受け取る場合には仕入割引料となります。）は、期日前に支払いを行ったことに対する報奨金としての性質を有することから、支払利子及び受取利子には含めません。（通知4の3の9）

Q108 企業グループ全体で資金管理を行っており、過不足する資金の融通を行った際に利息の受払いを行っています。この利息（CMS利息）は純支払利子の対象となりますか？

A CMS（キャッシュ・マネジメント・システム）に基づき、グループ企業間で資金の移動を行った際に生じた利息は、支払利息又は受取利息の性質を有することから、純支払利子の対象となります。

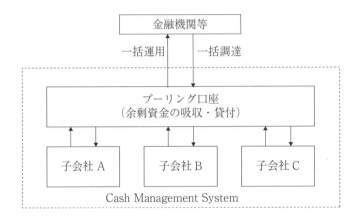

Q109 期末近くに融資を受け、融資に係る利子を一括して支払いました。利子を支払った事業年度で支払利子に算入しますか？

A 法人税ではその利子の計算期間の経過に応じ、当該事業年度に支払うべき額を損金算入、また、支払いを受けるべき額を益金として算入します。

　純支払利子を含め、付加価値割の収益配分額算入事業年度は、原則として法人税で損金に算入される年度となりますので、ご質問の場合も一括して利子を支払った事業年度で課税標準に算入するのではなく、融資を受けた日から事業年度末日までの金額を支払利子として算入します。

＜法人税及び純支払利子における利子の算入事業年度＞

		支 払 利 子	受 取 利 子
法人税	原則	その利子の計算期間の経過に応じ、当該事業年度に支払うべき額	その利子の計算期間の経過に応じ、当該事業年度に支払いを受けるべき額
	例外	1年以内の短期の前払費用は継続適用を要件に支出年度で損金算入を容認	支払期日が1年以内のものは、継続適用を要件に、現金主義（入金の都度収益計上）を容認
外形標準課税	原則	支払利子：法人税で損金算入される事業年度で支払利子に計上 受取利子：法人税で益金算入される事業年度で受取利子に計上 ※いずれも法人税の取扱いに準拠	
	例外	法人税法で規定する棚卸資産、有価証券、固定資産、繰延資産に含めて資産計上される支払利子については、支出する事業年度で課税標準に含める。	

Q110　金銭債務にかかる償還差損は、純支払利子に含めますか？

A　金銭債務に係る償還差損とは、社債の発行その他の事由により金銭債務に係る債務者となった場合において、社債等による収入額がその債務額に満たない部分の金額のことを指します。償還差損は法人税で償還期間に応じて損金の額に算入されますので、外形標準課税でも、法人税において損金に算入された事業年度で、損金に算入された額を純支払利子に含めます。（令20条の2の6、法令136条の2第1項）

Q111 信用取引における「日歩」、「株の借入料」、「逆日歩」は、それぞれ支払利子に含めますか？

A 法人税においては「日歩」「逆日歩」は負債の利子にあたりますが、借入有価証券に係る借入料は負債の利子にあたりません。

したがって、「日歩」及び「逆日歩」は純支払利子に含めますが、株の借入料は純支払利子に含めません。（通知4の3の1⑽、4の3の2⑿）

（参考）
■ 信用取引
　証券会社から株式の買付資金の融資、または売付株券の貸し付けを受けて行う株式の売買取引をいい、受払される金利相当分を日歩といいます。

Q112 租税に係る利子税や延滞金については、支払利子に含めますか？

A 利子税は支払利子に含めますが、延滞金は法65条、72条の45の2及び327条の規定により徴収されるものに限り支払利子の対象となります。

これらは申告期限の延長に係る利子税並びに延滞金であり、法人税において損金算入されます。一方、不申告や納期限後の納付に係る延滞金は、法人税において損金算入されないため、支払利子には含めません。

なお、法人税の負債の利子における取扱いでは利子税及び延滞金について、負債の利子への算入を法人の任意としていますが、外形標準課税では支払利子に含めます。（通知4の3の1⑿）

Q113　固定資産税における前納報奨金は、受取利子に含めますか？

A　前納報奨金は、納付すべき租税を期日前に支払ったことに対する報奨金としての性質を有することから、受取利子には含めません。売掛金等を期日前に支払ったときの売上割引料が、支払利子・受取利子に該当しないのと同様の取扱いです。（通知4の3の9）

Q114　銀行から変動金利で借入をしている法人が、当該変動金利と固定金利との交換契約（金利スワップ取引）を行った場合、どのように支払利子を算定すればよいですか？

A　当該金利スワップ取引が、法人税法上の特例金利スワップ取引に該当する場合には、取引の対象となった資産等と特例金利スワップ取引との間に一体性があるものと認められることから、特例金利スワップ取引に係る受払額のうち、対象資産等に係る支払利子の額又は受取利子の額に対応する部分の金額を加算又は減算した後の金額を基礎として支払利子又は受取利子の額を算定します。（通知4の3の3）

＜例＞

　A社は、変動金利で金融機関から借入れを行っているが、金利上昇を懸念。

　B社は、固定金利で金融機関から借入れを行っているが、金利下降を懸念。

　このような見通しから、A社とB社は金利スワップ取引を行った。

　　　　　　　　※特例金利スワップ取引に該当するものとします。

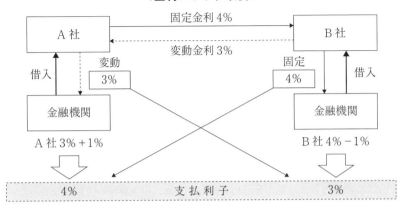

＜金利スワップ取引＞

　なお、特例金利スワップ取引に該当しない場合には、対象資産に係る利息のみが支払利子又は受取利子となります。

Q115　リース取引に係る利息相当額は、純支払利子に含めますか？

A　資産のリースを行った場合に、当該取引が法人税法上のリース取引（資産の売買があったものとされるリース取引又は金銭貸借とされるリース取引）に該当するときは、リース料のうち利息相当額として合理的に区分した金額は純支払利子に含めます。（通知4の3の5、4の3の6）

(参考)
■　法人税法上のリース取引と利息相当額
①　資産の売買があったものとされるリース取引
　　資産の賃貸借で、次に掲げる要件に該当するものを「リース取引」といい、リース取引の目的となる資産の賃貸人から賃借人への引渡しの時に当該リース資産の売買があったものとされます。（法法64条の2第1項、3項）
　　・リース期間の中途において契約を解除することができない。（中途

解約不能)
・賃借人が賃貸借に係る資産からもたらされる経済的利益を実質的に享受でき、かつ、当該資産の使用に伴って生ずる費用を実質的に負担する。(フルペイアウト)
　この場合、リース料の合計額のうち合理的に計算した利息相当額を当該リース料の合計額から控除して、リース資産の取得価額または譲渡価額として取り扱うことができます。(法法63条、法令124条、法基通7−6の2−9)

② 金銭貸借とされるリース取引
　譲受人から譲渡人に対するリース取引を条件に資産の売買を行った場合(いわゆるリースバック取引)に、当該資産の種類、当該売買から賃借に至るまでの事情その他の状況に照らし、一連の取引が実質的に金銭の貸借であると認められるときは、当該資産の売買はなかったものとされ、かつ、譲受人から譲渡人に対する金銭の貸付けがあったものとされます。(法法64条の2第2項、3項)
　この場合、元本返済額と利息相当額の区分は、通常の金融取引における元本と利息の区分計算の方法に準じて合理的に行うこととされていますが、当該リース料の額のうちに元本返済額が均等に含まれているものとして処理しているときはこれが認められます。(法基通12の5−2−2、12の5−2−3)

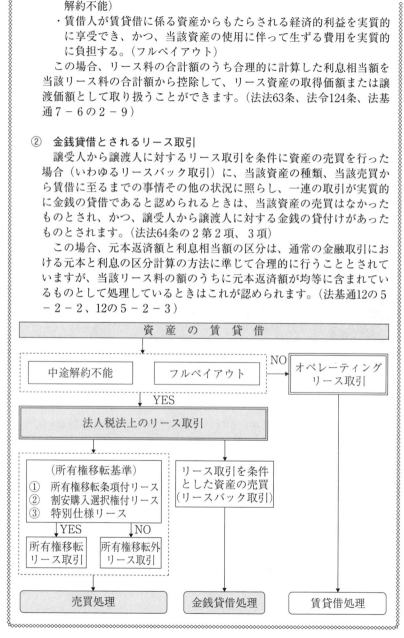

Q116　資産の売買があったものとされるリース取引における純支払利子の取扱いはどのようになりますか？

A　資産の売買があったものとされるリース取引においては、リース料の合計額のうち利息相当額を合理的に区分している場合に、当該利息相当額として当該事業年度の損金とされる額を支払利子に、益金とされる額を受取利子として取り扱います。（通知4の3の5）

Q117　金銭貸借とされるリース取引における純支払利子の取扱いはどのようになりますか？

A　いわゆるリースバック取引について、法人税でこれが金銭貸借とされる場合、各事業年度のリース料の合計額のうち通常の金融取引における元本と利息の区分計算の方法に準じて合理的に計算した利息相当額として当該事業年度の損金とされる額を支払利子に、益金とされる額を受取利子として取り扱います。（通知4の3の6）

Q118　ファイナンスリースに該当しないリース取引における純支払利子の取扱いはどのようになりますか？

A　ファイナンスリースに該当しないリース取引においては、リース料は支払利子及び受取利子に該当しません。当該リース取引が法人税法上賃貸借取引とされるもので、リース対象が土地又は家屋である場合のリース料は、支払賃借料及び受取賃借料に該当します。

Q119　借入金の返済が遅れたため、通常の利息に加え遅延損害金を支払いましたが、支払利子に含めますか？

A　借入金の返済に係る遅延期間に応じ、一定の利率によって算定される遅延損害金については、割増利息としての性質を有しているため、支払利子に含めます。（通知4の3の8）

Q120　売掛金などの金銭債権の支払が期日を過ぎた場合に、遅延期間に応じて一定の率に基づいて算定する遅延損害金は、支払利子及び受取利子に含めますか？

A　金銭の給付を目的とする債務の履行が遅れた場合の遅延損害金は、損害賠償金的性質を有する一方、金銭債務を元本とする一種の割増利息にあたり、負債の利子に該当することから、支払利子及び受取利子に含めます。

Q121　売掛債権を他の法人に譲渡しましたが、割引料を支払利子に含めますか？

A　売掛金などの金銭債権の譲渡については、譲渡した法人は債権金額と譲渡価額に差額が生じた場合であっても、当該差額を支払利子には含めません。これは当該差額が資産の譲渡から生じるものであって、負債から生じる利子とは性質が異なるからであると解されます。

　一方、当該契約により債権を取得した法人は、債権金額と取得価額との差額のうち、当該差額の範囲内において、債権の支払期日までの金利の調整にあたる金額を受取利子に算入します。（通知4の3の11）

E 社の仕訳

① 令和 3 年 4 月 1 日
　現金　　　　　　190 万円　/　貸付金（未収金）　200 万円
　債権売却損　　　 10 万円

支払利子に
含めない

　　　　　　F 社の仕訳

① 令和 3 年 4 月 1 日
　貸付金（未収金）190 万円　/　現金　　190 万円

② 令和 4 年 3 月 31 日
　貸付金（未収金）2 万円　/　貸付金（未収金）利息　2 万円
　※R4 年度、R5 年度、R6 年度も、
　　期末において②と同様の仕訳を行う。

受取利子に
含める

③ 令和 8 年 3 月 31 日
　貸付金（未収金）2 万円　/　貸付金（未収金）利息　2 万円
　現金　　　　　　200 万円　/　貸付金　　　　　　　200 万円

Q122　売掛債権をファクタリング会社に譲渡したときのファクタリング費用は、支払利子に含めますか？

A　　売掛債権をファクタリング会社に譲渡したときのファクタリング費用は、資産の譲渡から生じるものであり、負債から生じる利子とは性質が異なるため、原則として、支払利子には該当しません。

　ただし、譲渡の対象となる債権に償還請求権が付されている場合には債権の消滅にあたらず、当該債権を担保とした金融取引に相当することから、ファクタリング費用のうち金利の調整とされる部分の金額は、支払利子に含めます。

　なお、ファクタリング会社においては、金銭債権を取得金額により資産

計上し、取得差額のうち利息法又は定額法により金利の調整として期間の経過に応じて法人税において益金とされた部分の金額は、受取利子になります。（通知4の3の11）

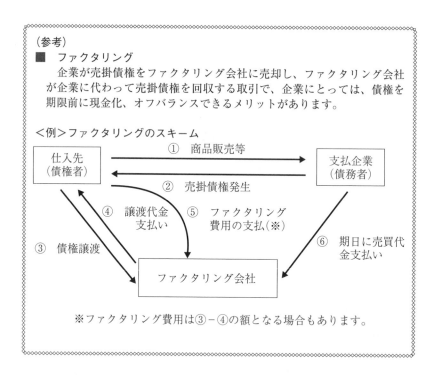

（参考）
■ ファクタリング
　企業が売掛債権をファクタリング会社に売却し、ファクタリング会社が企業に代わって売掛債権を回収する取引で、企業にとっては、債権を期限前に現金化、オフバランスできるメリットがあります。

＜例＞ファクタリングのスキーム

① 商品販売等
仕入先（債権者）
支払企業（債務者）
② 売掛債権発生
④ 譲渡代金支払い
⑤ ファクタリング費用の支払(※)
⑥ 期日に売買代金支払い
③ 債権譲渡
ファクタリング会社

※ファクタリング費用は③－④の額となる場合もあります。

Q123　銀行から受け取る預金利息を受取利子に算入する際、源泉所得税を含めた金額を算入しますか？

A　銀行などの預貯金利息については、源泉所得税を差し引く前の金額で受取利子とします。

Q124 金融業を営む法人ですが、売上に計上されている受取利息なども、「受取利子」として支払利子から控除してよいのですか？

A 　支払利子、受取利子とも、計上される勘定科目を問わず負債に係る利子としての経済的性質を備えていれば、すべて支払利子又は受取利子に算入します。また、法人の業種によって課税標準算入を異にする特段の取扱いもありません。

Q125 受取手形を期日前に現金化した際の手形の割引料は支払利子に含めますか？

A 　受取手形を支払期日前に現金化することにより金融機関等が差し引く手形割引料は、経済的な性質が利子に準ずるものとして支払利子となります。（令20条の2の6）

　ただし、無担保裏書譲渡の場合には、支払及び引受の担保がないため、割引による差額には負債の利子の性質はなく、金銭債権の譲渡損失であることから支払利子には含めません。

Q126 親会社が銀行から融資を受けていますが、グループ会社全体に必要な資金であるとして、子会社各社は親会社に当該融資に係る利息相当分を分担して支払っています。この場合、親会社に支払う金額は、子会社において支払利子に含めますか？

A 　親会社が銀行と金銭貸借契約を締結していることから、親会社が銀行に支払う利息は支払利子に含めます。

　ご質問の場合、親子会社間で具体の金銭貸借がなく、単に親会社が銀行に支払う利子をグループ全体で費用負担しているのであれば、子会社が親会社に支払う金額は、支払利子には含めず、また親会社も受取利子に含めません。

Q127　コミットメント・ライン契約における手数料等は、純支払利子の対象となりますか？

A　一般に、特定融資枠契約（コミットメント・ライン契約）は、銀行等が一定期間にわたり一定の融資枠を設定・維持し、その範囲内であれば顧客の請求に基づき融資を実行することを約束する契約です。この契約締結の対価として、顧客から銀行等に対し手数料（コミットメント・フィー）が支払われますが、融資枠の設定に係る手数料は実際の元本から生じる利子とは異なるため、純支払利子の対象とはなりません。

　設けられた枠内で実際に融資を受けた場合、これに係る利息は純支払利子の対象となります。

Q128　現在建設中のビルに入居する予定で、家主となる建築主に建設協力金を預託しています。家主から返還されるまでの期間において、支払家賃と受取利息が計上されますが、これらは支払賃借料及び受取利子に含めますか？

A　建設協力金とは、建物の建設に際し、入居予定者（賃借人）から建築主に出資される建設資金で、差入預託保証金の一種です。

　一定期間据え置かれた後に、低利の金利が付されて分割返済される場合が一般的です。

　建設協力金は、金銭債権として時価評価した額（将来キャッシュフローの現在価値）が実際の支払額を下回る場合の当該差額は「長期前払家賃」として計上し、預託期間である各事業年度の費用として配分されます。

　これは、損金の額に算入される事業年度の支払賃借料となります。

　また、建築主より返還される額の合計額と、当初の時価評価額との差額は、「受取利息」として各事業年度に収益計上します。この金額は、各事業年度の受取利子となります。

Q129　「過少資本税制」により損金算入を否認された負債の利子は、支払利子となりますか？

　支払利子は、法人税の所得の計算上、損金算入されるものが対象となります。

　したがって、ご質問のような損金算入を否認された負債の利子は、支払利子とはなりません。

　なお、対象となる「負債の利子」に債務の保証料や債券の使用料といった支払利子の性質のない金額が含まれる場合、どのような方法で会計上の支払利子から控除すべきかが問題となりますが、計算の結果、「損金不算入額」とされた金額を会計上の支払利子から控除する方法で差し支えありません。

> (参考)
> ■　「過少資本税制」
> 　内国法人が海外の関連会社などの国外支配株主等から資金提供を受ける場合に、出資として資金提供を受けることに代えて借入れを多くすることによる租税回避を防止するための制度です。
> 　一定割合を超える支払利子は、損金算入が認められません。（措置法66条の5）

Q130 「過大支払利子税制」の適用があった場合の純支払利子はどのように取り扱うのですか？

A 法人税において過大支払利子税制により損金不算入となった超過利子額は、当該事業年度の支払利子とはなりません。

また、過大支払利子税制の適用により法人税で前事業年度以前から繰り越されて損金算入された超過利子額は、当事業年度の利子とは認められないため支払利子とはなりません。

なお、超過利子額には債務保証料や債券使用料といった利息の性質のない金額が含まれ、かつ、受取利子との純額となりますが、これらを区分して純支払利子を計算することは困難であることから、超過利子額の全額を支払利息として会計上の支払利子から控除する方法で課税標準の計算を行って差し支えありません。

＜超過利子額を3とした場合の例＞

付加価値割内訳	X事業年度 損金不算入の超過利子額	X＋1事業年度 繰り越されて損金算入 された超過利子額
単年度損益	＋3 （損金不算入のため、 単年度損益に含まれる）	±0 （単年度損益の額から 減算しない）※
純支払利子	△3 （損金不算入のため、 支払利子に該当しない）	±0 （支払利子に含めない）
付加価値額の合計	±0	±0

※ 所得計算では減算されているため、単年度損益の計算において加算することとなります。

（参考）
■ 「過大支払利子税制」
　所得金額に比して過大な利子を法人の関連者間で支払うことで、税負担を軽減することを防止するための制度です。
　一定割合を超える支払利子等（超過利子額）を損金不算入とし、翌事業年度以降に繰り越して損金算入を認めるものです。（措置法66条の5の2、66条の5の3）

Q131　販売店が、クレジットカード会社と加盟店契約を結んでいます。顧客がクレジットカードで商品を購入した場合、代金がクレジットカード会社から支払われますが、この際、「加盟店手数料」として「決済代金×3％」が控除されます。
　この加盟店手数料は、商品の販売店の支払利子、クレジットカード会社の受取利子となりますか？

A　加盟店手数料は、加盟店割引料ともいい、その料率は、リスク費用や利息等様々な要因によって設定され、金利部分があることは否定できません

　しかし、実際には金利部分が区分されることはなく、その全体が販売店に対する金銭的な信用の供与（与信の対価）と解されますので、支払利子、受取利子とはなりません。

　なお、消費税法上は利子として非課税取引とされています。

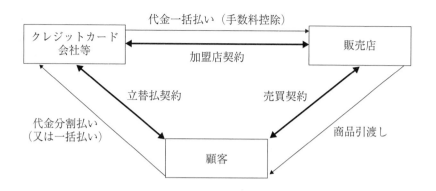

第4　純支払賃借料

　純支払賃借料とは、各事業年度の支払賃借料の合計額から、当該合計額を限度として各事業年度の受取賃借料の合計額を控除した金額をいい、法人の事業活動によって生み出された収益の、その生産要素である土地、家屋への配分額としての性格を表します。

　なお、受取賃借料は他の法人が生み出した収益の配分であり、これを受け取る法人が生み出した収益ではないために支払賃借料から控除することになっており、控除対象について支払賃借料の合計額を限度とするのは、他の生産要素への配分である報酬給与額、純支払利子を侵食しないためです。（法72条の17）

| 純支払賃借料 | = | 支払賃借料 | − | 受取賃借料 |

（支払賃借料を限度に受取賃借料を控除）

賃借料	土地又は家屋の使用又は収益を目的とする権利の対価の額	
	土地・家屋と一体となって効用を果たす構築物及び附帯設備を含みます。	存続期間が一月以上であるものに限ります。

【1　純支払賃借料の対象】

Q132　純支払賃借料の対象となるのは、どのようなものですか？

A　支払賃借料及び受取賃借料の対象となるものは、土地又は家屋及びこれらと一体となって効用を果たす構築物及び附属設備の賃借権、地上権、永小作権その他の土地又は家屋の使用又は収益を目的とする権利で、その存続期間が連続1月以上のものの対価として支払う（又は受け取る）金額となります。（法72条の17）

　このため、契約形態や法人における会計科目が「賃貸借契約」「賃借料」でないものであっても、土地又は家屋の連続1月以上の使用又は収益を目的とする権利の対価として受払いされる金額であれば、純支払賃借料に含めます。

　なお、対象となる土地又は家屋とは、原則として固定資産税における土地又は家屋の全部又は一部の使用の対価ですが、例外として立体駐車場等、固定資産税において土地又は家屋に該当しないものであっても、一部対象となる場合があります。（通知4の4の9(2)）

（参考）
■　民法における賃貸借（民法601条）
　当事者の一方がある物の使用及び収益を相手方にさせることを約し、相手方がこれに対してその賃料を支払うこと及び引渡しを受けた物を契約が終了したときに返還することを約することによって、その効力を生ずる。

〈固定資産税における土地・家屋〉

土　地	項目	田、畑、宅地、塩田、鉱泉地、池沼、山林、牧場、原野、墓地、境内地、運河用地、水道用地、用悪水路、ため池、堤、井溝、保安林、公衆用道路、公園、雑種地、鉄軌道用地、学校用地（土地登記簿上の地目23種類）
	性質	原則として陸地を指しますが、公有水面（海、河川の水道直下等）でないため池や池沼も含まれます。（不動産登記事務取扱手続準則）
家　屋	項目	住家、店舗、工場（発電所と変電所を含む）、倉庫その他の建物をいい、分譲マンション等の区分所有家屋や非木造建築物（鉄骨、鉄筋、軽量鉄骨、プレハブ等）も含まれます。（不動産登記法でいう建物の定義に準拠）
	性質	土地に定着して建てられ（土地定着性）、屋根・周壁を有し、外界から遮断され独立して風雨をしのぎ得るもので（外気分断性）、その目的とする用途に使用し得る状況にあるもの（用途性）を有するもの

	〈家屋の特殊な例〉	
家　屋	家屋としてみるもの	家屋としてみないもの
	・停車場の乗降場及び荷物積卸場（上屋を有する部分に限る） ・野球場、競馬場の観覧席（屋根を有する部分に限る） ・ガード下を利用して築造した店舗、倉庫等の建造物 ・地下停車場、地下駐車場及び地下街の建造物 ・園芸、農耕用の温床施設（半永久的と認められるもののみ） ・高速道路上の料金徴収所 ・規格型の仮設建物で1年以上存在するもの（ただし、建物建設工事等のために工事現場内に建設された倉庫、飯場、材料置場等は家屋としてみない） ・その他構造及び利用状況等により一般家屋との均衡上、家屋として取り扱うことが適当と認められるもの	・容易に運搬し得る切符売場、入場券売場等 ・鶏舎、堆肥舎など簡易な構造、規模のもの ・機械上に建設した構造物（地上に基脚を有し、又は支柱を施したものを除く） ・ガスタンク、石油タンク、給水タンク

【2　土地・家屋】

Q133 不動産賃貸業を営む法人ですが、売上に計上されている受取家賃なども、「受取賃借料」として支払賃借料から控除してよいのですか？

A 連続1月以上の土地又は家屋の使用又は収益の対価の額として受払される額であれば、計上される勘定科目を問わず、すべて支払賃借料又は受取賃借料に含めます。また、法人の業種による課税標準算入についての特段の取扱いもありません。

Q134 コピー機などのリースを受けており、リース料は「賃借料」として計上しています。支払賃借料に含めますか？

A 純支払賃借料の対象となるのは、土地又は家屋の使用に限られます。コピー機などの動産については、支払賃借料に含めません。

Q135 石油やガスを貯蔵するタンクを借りています。支払賃借料に含めますか？

A タンク（貯そう、油そう）は構築物であり、土地又は家屋には該当しませんが、土地又は家屋と一体となって効用を果たし、かつ一体となって取引されている場合には、構築物及び附属設備の賃借料も、純支払賃借料に含めることになります。（通知4の4の1）

　ご質問のタンクについては、タンクが土地に定着しており、土地をあわ

せて賃借している場合は、一つの契約による取引であれば、契約で金額区分があったとしても、一体効用として、タンクの分もあわせて支払賃借料となります。

　一方、タンクと土地とが一体性があるとはいえず、タンク等を設置する土地の地代と、タンク自体の賃借料とが別個独立の契約によって受払されている場合や、貯蔵のためにタンクのみを貸借している場合には、当該タンクに係る賃借料は支払賃借料に含めません。

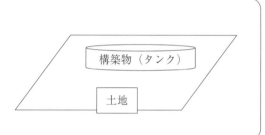

①物理的な一体性
　（定着・附属）
②経済的な一体性
　（一つの契約）
　↓
土地・構築物あわせて
支払賃借料に含めます。

Q136　建物の一室とエレベーターをあわせて賃借していますが、それぞれ別契約になっています。建物の賃借料のみを支払賃借料に含めますか？

A　土地又は家屋及び構築物又は附属設備が、物理的に一体であり、一体の取引（一つの契約）で賃貸借されている場合には、構築物等の賃借料もあわせて支払賃借料となります。（**Q135**参照）

　独立して賃貸借されないと認められる構築物等については、土地等と構築物等が別個独立に契約されていても、構築物等の賃借料をあわせて支払

賃借料に含めます。（通知4の4の1）

　ご質問のエレベーター設備のように建物との分離が容易でなく、その使用において建物の使用と一体不可分と考えられる附属設備については、別個の賃貸借契約を結んでいても、エレベーター設備に係る賃借料を支払賃借料に含めます。

Q137 貸金庫を借りていますが、この貸金庫の使用料は、支払賃借料に含めますか？

A 　土地又は家屋だけではなく、土地又は家屋と一体となって効用を果たす構築物及び附属設備を一体として利用する場合、当該構築物及び附属設備の賃借料相当額についても支払賃借料に含めます。（通知4の4の1）（**Q135**、**Q136**参照）

　貸金庫が家屋の附属設備となるような設備であっても、賃借の対象が貸金庫の一つのケースの保管のみで、家屋の賃貸借契約がない場合は、土地又は家屋と一体の取引とはいえないため、支払賃借料に含めません。

Q138 A社から土地を借り、その上にB社から収納用コンテナボックスを賃借して設置しました。この場合、支払賃借料の取扱いはどのようになりますか？

A 　A社に支払う地代は、支払賃借料に含めます。
　一方、B社に支払う構築物等に係る賃借料は、法人が保有又は賃借している土地に構築物又は附属設備を別途賃借して設置した場合、支払賃借料に含めません。（通知4の4の9(3)）

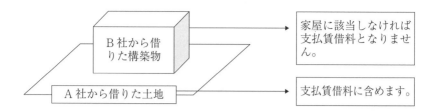

<法人税における構築物・附属設備の例>

(「減価償却資産の耐用年数等に関する省令」より)

構築物	鉄軌道、まくら木、信号機、橋りょう、トンネル、鉄塔・鉄柱、送電線、地中電線路、通信ケーブル、アンテナ、競技場のスタンド、ネット、プール、すべり台、ぶらんこ、緑化施設、庭園、コンクリート敷、アスファルト敷、ダム、橋、つり橋、岸壁、さん橋、堤防、防壁、やぐら、サイロ、下水道、煙突、焼却炉、高架道路、防壁、貯そう、ドック、浮きドック、へい、街路灯、ガードレール　等
建物附属設備	電気・照明設備、給排水設備、衛生設備、ガス設備、冷暖房設備、通風設備、ボイラー設備、昇降機設備、消火設備、排煙設備、ドアー自動開閉設備、アーケード、可動間仕切り　等

Q139 住宅メーカーが、住宅展示場に自社のモデル住宅を展示していますが、主催者に対して支払う出展料は支払賃借料に含めますか？

A 純支払賃借料となる賃借料は、賃借権、地上権等の土地または建物（一体効用の構築物または附属設備を含む。）の使用または収益を目的とする権利の対価の額で、使用または収益できる期間が連続して1月以上であるものとされています。

　ご質問の場合、契約期間が連続して1月以上ある場合は、広報費や管理費等などと明確かつ合理的に区分できる部分を除き、純支払賃借料に含めます。

なお、モデル住宅の展示とともに当該施設で従業者が販売活動等を行っており、事業の継続性が認められる場合は、事業所等に該当することになります。

Q140 立体駐車場を構成する資材等のリース料は、純支払賃借料に含めますか？

A 　立体駐車場等の賃借料については、当該立体駐車場等が固定資産において家屋に該当しないものであっても、土地と一体となっていると認められる場合には純支払賃借料に含めます。（通知4の4の9(2)）

ここでいう土地と一体となっていると認められる場合とは、土地の上に駐車場等として使用可能な状態で設置されている場合をいいます。

したがって、資材等のみのリースは土地と一体となっていると認められないため、純支払賃借料に含めません。

【3 対象となる権利】

Q141 自社の敷地内に通信会社のケーブルが設置されており、安全確保の観点から、周辺における建物設置等が制限されています。このため通信会社から補償料を受け取っていますが、受取賃借料に含めますか？

A 　純支払賃借料の対象となるのは、土地又は家屋の使用又は収益の対価の額ですが、賃貸借契約などにより実際に土地又は家屋の利用が伴うものに留まらず、当該土地又は家屋の他目的への利用を制限す

る行為の対価も含めます。

　ご質問のケーブル設置に係る補償料についても、ケーブル周辺の建物設置など土地の利用が制限されていることから、実質的に土地の使用の対価としての性質を有するため、受取賃借料に含めます。

（参考）
■　土地又は家屋の使用又は収益を目的とする権利（通知4の4の2）

　例：地上権、地役権、永小作権、土地又は家屋に係る賃借権、土地又は家屋に係る行政財産を使用する権利等（鉱業権、土石採取権、温泉利用権、質権、留置権、抵当権等は含まれない。）

■　民法における物権
　①　地上権
　　建物、道路等の所有や林業等のために他人の土地を利用する権利
　　使用料や存続期間は当事者間の取り決めによる。区分地上権（土地の空中や地下のみの利用）も含まれます。
　②　地役権
　　自分の土地の便益のために、契約によって他人の土地を利用する権利（例：他人の土地を利用して道路へ出る　等）
　③　永小作権
　　耕作や牧畜のために他人の土地を利用する権利。小作料の支払義務が発生します。
　④　担保物権
　　債権の担保のために他人の物に権利を行使できる権利。質権、留置権、抵当権、先取特権があります。

Q142　出向者を受け入れていますが、当該出向者は出向元法人が用意した借り上げ社宅を継続して賃借しています。出向元法人に対して当該出向者に係る社宅費用の負担金を支払っていますが、支払賃借料となりますか？

A 当該社宅費用の負担金相当額は、出向先法人の支払賃借料となります。

当該社宅は、出向元法人が自己の従業者のために賃借しているものですが、当該従業者の出向に伴い、出向元法人から出向先法人に対して、事実上の転貸借があったものと認められます。出向先法人が出向元法人に対して支払う社宅費用の負担金は、出向先法人の支払賃借料、出向元法人の受取賃借料となります。

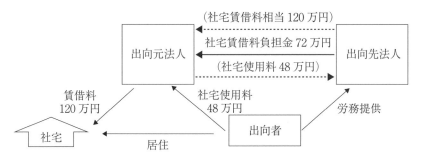

出向先法人：支払賃借料72万円（120万円−48万円）
出向元法人：支払賃借料120万円、受取賃借料120万円

Q143 他の法人が所有している建物の壁面に、自社の看板を設置しています。設置場所の使用料は、支払賃借料に含めますか？

A 純支払賃借料の対象となるのは、土地又は家屋の使用又は収益の対価の額ですが、その使用の形態については土地又は家屋の全部であるか一部であるかを問いません。したがって、看板を設置するために家屋の壁面のみを使用する場合であっても、その設置場所使用料は支払賃借料となります。

　ただし、家屋にあらかじめ設置されている看板等に、社名や広告物等を掲示するための使用料等は家屋の賃借料ではないため支払賃借料となはりません。

＜純支払賃借料における看板の取扱い＞

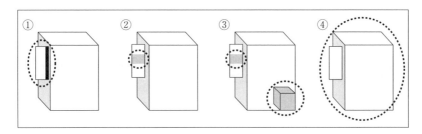

① 看板を設置するために、家屋の一部（壁面）を借りる場合

　……家屋の一部使用であり、支払賃借料に該当します。

② 家屋に設置されている看板に広告物等を掲示するために、当該看板（掲示場所）を借りる場合

　……構築物等の賃借であり、支払賃借料とはなりません。

③ 家屋の一室を借りるにあたり、看板もあわせて借りる場合

　……家屋の一室と看板は物理的に一体とは言えず、独立して賃貸借されるものであるため、一の契約であっても看板の賃借料は支払賃借料とはなりません。

④ 看板が設置された家屋一式を借りる場合

　……看板は家屋に定着付属し、一体となって効用を果たすと認められるため、支払賃借料に含めます。

Q144　不動産投資信託における分配金などは、受取賃借料に含めますか？

A　土地又は家屋を使用させることについて得た収益ではなく、投資の結果に基づく配当に当たることから、受取賃借料に含めません。

Q145　所有している建物を信託銀行に信託し、受益権を有しています。この建物から生じる賃借料は受取賃借料に含めますか？

A　ご質問のように不動産の管理等を目的とした信託は、実質的には信託の受益者が信託財産を有しているものとみなして、課税所得等の計算を行う、「受益者等課税信託」に当たります。（次ページ参照）

「受益者等課税信託」は、信託財産に帰せられる収益及び費用を信託の受益者の収益及び費用とみなして法人税及び法人事業税を計算しますので、信託財産である建物から生じる賃借料は、所得の計算に当たっては信託の受益権を有している受益者の収益（益金）となり、付加価値額の計算に当たっては、信託の受益者の受取賃借料となります。

なお、不動産投資信託は、投資信託を購入し、その運用成果としての収益の分配を得るものであり、受益者が不動産を実質的に所有する意味合いはありませんので、当該信託の分配金には、受取賃借料の性質はありません。課税の方式については、不動産投資信託は、集団投資信託又は法人課税信託に当たります。

（参考）

■　信託税制

信託の種類	課税方式	課税所得等の計算方法
受益者等課税信託 ・不動産・動産の管理等の一般的な信託	受益者段階課税 （発生時課税） 　信託収益の発生時に受益者等に課税	信託財産に属する資産及び負債は受益者等が有するものと、信託財産に帰せられる収益及び費用は受益者等の収益及び費用とみなして法人税法の規定を適用します。
集団投資信託 ・合同運用信託、証券投資信託等の一定の投資信託 ・特定受益証券発行信託 退職年金等信託 特定公益等信託	受益者段階課税 （受領時課税） 　信託収益を現実に受領した時に受益者に課税	受託者段階では課税されず、受益者に信託収益が分配された段階で課税されます。
法人課税信託 ・特定受益証券発行信託以外の受益証券発行信託 ・受益者等が存しない信託 ・委託者を法人とする一定の信託 ・国内公募投資信託以外の投資信託 ・特定目的信託	信託段階法人課税 　信託段階において受託者を納税義務者として法人税を課税	受託者段階で、受託者の固有財産に帰属する所得とは区分して課税所得を計算します。

※　法人課税信託の受託法人の事業税は、所得割のみ課税されます。（法72条の2の2第8項）

Q146　道路空中を占有するものとして、自治体に占用料を支払っています。支払賃借料に含めますか？

A　土地上空の使用は区分地上権にあたることから、空中のみの占有であっても、土地の使用の対価として支払賃借料に含めます。

なお、当該占有許可申請に伴う手数料等は、支払賃借料に含めません。

Q147　海や川などについて、国や自治体に支払う占用料は、支払賃借料に含めますか？

A　河川占用、港湾占用及び海岸占用は原則として土地の使用にあたりますので、河川占用料、港湾占用料、海岸占用料は、土地の使用を目的とした権利の対価として支払賃借料の対象となります。

　ただし、流水使用・土石採取等の対価との金額区分がある場合には、土地の使用対価部分が対象となります。

　なお、公有水面の利用は純支払賃借料の対象外ですが、土地・水面双方の使用を対象とし、かつその金額区分がないものについては、全額が支払賃借料となります。

Q148　他の法人の倉庫に荷物や書類を預かってもらい、保管料を支払っています。支払賃借料に含めますか？

A　契約等において 1 月以上荷物を預け、一定の土地又は家屋を使用又は収益していると認められる場合、保管料についても支払賃借料となります。（通知 4 の 4 の 9(5)）

　荷物の保管料には、倉庫の全体、又はある一定スペースを排他的に使用する賃借権はもちろん、いわゆるトランクルーム等へ自社の荷物を預ける寄託契約に基づいて支払う保管料も含みます。

> （参考）
> ■ 賃貸借契約
>   貸主が借主に有償で物を貸し、借主が利用する契約
>
> ■ 寄託契約
>   自分のものを誰かに保管してもらう契約

Q149 仕入れた商品を他社の倉庫に保管し出荷しているため、保管料を売上原価に計上していますが、純支払賃借料に含めますか？

A 賃借料や保管料を売上原価、製造原価に計上している場合であっても、純支払賃借料に含めます。

Q150 電算システムの保守・管理のためにコロケーションサービス業務を委託しています。この契約に伴い自己のサーバを委託先法人のデータセンターに設置していますが、支払賃借料の対象となりますか？

A 契約において、サーバの設置場所や保守管理等の作業場所など、土地又は家屋の一定の区画を賃借していることが明確である場合には、当該賃借に係る対価を支払賃借料とします。

コロケーションサービス又はハウジングサービス等は、災害やセキュリティ対策上、自社以外の場所にシステムサーバを設置する目的を有しますが、保守管理や電源の供給等附帯するサービスも多様であり、かつ、サーバの設置もオープンスペースを提供するものや、サーバラック（棚）を一段単位で提供するもの、サーバ自体を貸借するものなど、必ずしも家屋の

賃借とは認められないものもあり、その形態は様々です。

　純支払賃借料の対象となるかどうかについては、個々の契約内容を確認のうえ判断することになります。

Q151　シェアオフィスの使用料は、支払賃借料の対象となりますか？

A　複数の企業や個人でオフィスを共有するシェアオフィスの使用料は、特定のブースや席を月単位で利用する契約や、フリー席であっても常に利用可能として席等が確保されている場合は、支払賃借料の対象となります。1 月以上使用可能な契約や、実質的に 1 月以上使用した場合は、支払賃借料に含めます。

　なお、バーチャルオフィスの料金は、原則として住所等の利用のみを想定しているため、施設の使用を伴う契約でなければ、支払賃借料の対象とはなりません。

Q152　ショッピングセンター内に店舗を借りています。家賃として毎月の売上の 5 ％相当額を支払っていますが、支払賃借料に該当しますか？

A　賃借料の全部又は一部が契約等において、賃借人の事業に係る売上高に比例して算定される場合又は土地又は家屋を使用する面積などに比例して算定される場合であっても、土地又は家屋の使用の対価と認められる限り、支払賃借料に含めます。（通知 4 の 4 の 6）

Q153 建物の所有者と店舗の賃貸借契約を結んでいますが、当該店舗を使用貸借させる形態で個人事業主とフランチャイズ契約を結び、ロイヤリティ（商標使用料）を受け取っています。ロイヤリティは受取賃借料に含めますか？

A 一般的にロイヤリティは、土地又は家屋の使用の対価ではなく、著作権や商標等の使用の対価にあたるとされていることから、受取賃借料に含めません。

　ただし、当該フランチャイズ契約に基づいて支払われる金額の中に、店舗の使用の対価の額が含まれる場合には、その分のみ受取賃借料となります。

Q154 建物や駐車場等の一画を使用し、自社製品を販売するための自動販売機設置契約を結んでいます。建物等の所有者に支払う設置料は支払賃借料に該当しますか？

A 製品を販売する法人が自動販売機を設置するための場所を借りていると認められる場合には、支払賃借料に該当します。

　この場合、自動販売機の設置行為そのものに土地又は家屋の使用又は収益が伴うため、その対価の名称が設置料や手数料であったとしても、支払賃借料となります。

　ただし、これとは逆に建物等の使用者が自動販売機を借りている場合には、土地又は家屋の使用にはあたらないため、純支払賃借料の対象とはなりません。

Q155 他の法人が所有している電柱に通信回線ケーブルを架設していますが、電柱を所有している法人に支払う電柱の利用料（共架料）は、支払賃借料に該当しますか？

A すでに設置されている電柱（構築物）への架設は、土地又は家屋の貸借とは認められませんので、支払う利用料（共架料）は支払賃借料には該当しません。

【4　使用期間】

Q156 時間貸しによる駐車場の駐車料金は、支払賃借料に含めますか？

A 純支払賃借料の対象となる土地又は家屋を使用又は収益できる期間については、「連続 1 月以上」とされています。

この期間は原則として契約で定める期間とされていますが、実質的に使用又は収益できる期間が連続して 1 月以上であると認められる場合には、契約に定める期間にかかわらず純支払賃借料に含めます。（法72条の17、通知 4 の 4 の 3 ）

したがって、当該駐車料金が時間単位のみの使用で、連続 1 月以上の使用がない場合には、支払賃借料に含めません。

なお、消費税において駐車場の賃貸借は、土地又は家屋ではなく、「施設の貸し付け」とされていますが、純支払賃借料においては土地の使用と

とらえ、連続 1 月以上の使用であれば対象に含めます。

Q157	1年契約で駐車場を借りていますが、駐車する区画が決まっておらず、場内の空いている区画を使用できる場合、当該駐車料金は支払賃借料に含めますか？

A	Q156のとおり、連続 1 月以上使用している場合には、駐車料金も支払賃借料に含めます。

　ご質問の場合、駐車する区画が決められていないとのことですが、同じ駐車場内の範囲であれば、使用期間は通算して 1 月以上となり、支払賃借料に含めます。

Q158	建物の一室を借りていますが、契約期間は10日間となっています。この契約を連続して更新し、同じ部屋を 3 ヶ月間使用した場合、契約期間は 1 月に満たないため、支払賃借料には含めないのですか？

A	土地又は家屋の使用可能な期間の判断は、原則として契約に定める期間ですが、ご質問のように、 1 月未満の契約を連続して締

結し、実質的な使用期間が 1 月以上となる場合には、支払賃借料に含めます。（通知 4 の 4 の 3）

Q159 社員の出張のため、あるホテルと20日間の宿泊契約を結びましたが、出張先の業務の都合上、期間が延長され合計2ヶ月の宿泊期間となった場合、宿泊料金は支払賃借料に含めますか?

A 当初は1月未満の契約期間であっても、延長等により結果として使用期間が1月以上となった場合、当該宿泊料金も純支払賃借料に含めます。

なお、ホテル等の宿泊料金も、宿泊期間(家屋の使用期間)が連続1月以上であれば純支払賃借料の対象となりますが、社員に対して渡しきりの形で支払う宿泊手当については、宿泊契約を結ぶのは法人ではなく社員であるため、法人の純支払賃借料に含めません。(当該宿泊手当が所得税で給与所得とされれば、報酬給与額に算入します。)

Q160 荷物の保管契約を結び保管料を支払っていますが、個々の荷物の保管状況につき「1月以上」預けているかどうかを把握することは困難です。この場合も純支払賃借料に含めますか?

A 荷物の保管料については、「契約等において1月以上荷物を預け、一定の土地又は家屋を使用又は収益していると認められる場合」に、純支払賃借料に含めます。(通知4の4の9(5))

この場合の「1月以上」とは、個々の荷物の保管期間をいうものではなく、荷物の保管行為(実際の保管だけでなく、契約等によりいつでも保管できる状態を含みます。)全体の期間をいいます。

ご質問の保管料についても、荷物の保管行為が「1月以上」継続してい

ると認められれば、個々の荷物の保管期間如何に関わらずに、純支払賃借料に含めます。次図③のように、中途で荷物の保管のない期間があっても同様です。

＜荷物の保管期間の例＞

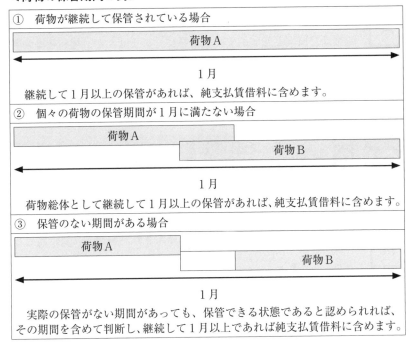

① 荷物が継続して保管されている場合

荷物A

1月

継続して1月以上の保管があれば、純支払賃借料に含めます。

② 個々の荷物の保管期間が1月に満たない場合

荷物A
荷物B

1月

荷物総体として継続して1月以上の保管があれば、純支払賃借料に含めます。

③ 保管のない期間がある場合

荷物A
荷物B

1月

実際の保管がない期間があっても、保管できる状態であると認められれば、その期間を含めて判断し、継続して1月以上であれば純支払賃借料に含めます。

【5　付随費用等】

Q161　賃貸借契約に係る更新料は、支払賃借料に含めますか？

A　更新料を含め、権利の設定の対価や保証金等の性質を有する一時金は、原則として純支払賃借料に含めませんが、権利金等の名目であっても、契約等において賃借料の前払相当分が含まれている場合には、当該前払相当分を純支払賃借料に含めます。（通知4の4の4）

Q162　事務所を賃借しましたが、フリーレント契約のため入居月から6ヶ月分の賃料が無料でした。この場合の支払賃借料はどのようになりますか？

A　当事業年度の賃借料として損金算入された額が支払賃借料となります。

フリーレント契約により一定期間の賃料が無料であった場合の費用計上方法には、次のものが考えられます。

①　フリーレント期間は費用を認識せず、実際の賃料が発生してから費用計上する方法

……フリーレントを賃料の免除、値引きと考えるもの

②　契約による賃貸借期間を通じた賃料総額を、賃借期間にわたって均等にあん分して各事業年度の賃料を費用計上する方法

……中途解約が不能の場合に、賃料総額が確定していると考えるもの

（参考）
■ フリーレント
不動産を賃貸する場合において、契約書に定めた契約期間のうち契約日より一定期間の賃料を無料とする特約を備えた賃貸借契約のことをいいます。
入居を促進するにあたり、既存入居者との関係等を鑑み、設定賃料を下げずに実質的な値下げ効果を得る手法として用いられます。

Q163 製品の保管及び運搬について、業務委託契約により運送会社に委託しています。この場合、支払賃借料の算定はどのようになりますか？

A 　土地又は家屋の賃借権等に係る役務の提供の対価の額について、賃借料相当額と明確かつ合理的に区分されていれば、性質が賃借料と異なることから、純支払賃借料に含めず、金額の区分がなければ、役務の提供の対価の額を含めた総額を純支払賃借料に含めます。（法72条の17、令20条の2の9、通知4の4の5）

役務の提供の対価の具体例としては、荷物の保管に伴う出入庫や、賃貸オフィスの清掃、宿泊料金に食事代等が込みになっている場合等が挙げられます。

ご質問のように、土地又は家屋の使用が混在した契約においては、製品の保管（土地又は家屋の使用）が契約等において明らかにされて「1ヶ月以上一定の場所を使用」という純支払賃借料の要件に合致するようなものであれば、賃借料に相当する額を純支払賃借料に含めます。

Q164 2年間建物を賃貸借する契約を結びましたが、家賃を一括して前払いした場合、前払いの家賃の全額を支払った事業年度で支払賃借料としますか？

A 　収益配分額の算入事業年度は、原則として法人税で損金算入される事業年度となります。（**Q15**参照）

　法人税の所得の計算においては、役務の提供を受けた期間に応じて各事業年度の損金に算入されることから、一括前払いをした事業年度で全額を支払賃借料として算入せず、各事業年度において支払うべき金額を支払賃借料に含めます。

Q165 違約金は支払賃借料に含めますか？

A 　当該違約金が土地又は家屋の賃借権等の対価としての性質を有する場合には、支払賃借料に含めます。（通知4の4の7）

＜違約金の性質について＞

明渡しの遅滞による違約金等	賃借人が契約条件に従わないため、賃貸人が退去を命じるが、退去期限を過ぎても賃借人が退去しない場合 （例）　契約では規定の3倍相当の賃借料を支払うことになっている。	左記のような違約金等は、土地又は家屋の賃借権等の対価としての性質を有するものに限り、純支払賃借料に算入するものとしています。 　規定の3倍に相当する額であっても、契約に基づき、賃借期間に応じて支払うもので、実質的に土地又は家屋の賃借権等の対価であると考えられる場合には、純支払賃借料に含めます。

| 中途解約による違約金等 | 賃借人が契約期間終了以前に解約を申し出る場合
（例）　契約では賃借料の6ヶ月分を支払うことになっている。 | 左記のような違約金等は、契約期間の終了以前に中途解約されることにより、賃貸人がこうむる逸失利益を補てんするために受払いされる、損害賠償金に近い性質を有します。
　よって、純支払賃借料に算入しないものと考えられますが、本来支払うべき賃借料相当分がここに含まれている場合は、賃借料相当分のみを純支払賃借料に算入します。 |

Q166　家賃の支払いが遅れたため、規定の家賃に遅滞日数及び利率を乗じた遅延損害金を支払っていますが、支払賃借料に含めますか？

A　家賃（不動産賃借料）の支払が遅滞した場合の損害金は、損害賠償金や割増家賃ではなく、遅延利息に該当します。

したがって、支払賃借料とはならず、支払利子に含めます。（**Q104**参照）

Q167　契約書では家賃相当額と共益費等の金額区分がありませんが、毎月の請求書では金額区分がある場合、どのように支払賃借料を算定しますか？

A　土地又は家屋の貸借権等に係る契約等において、水道光熱費、管理人費その他の維持費を共益費等として支払っており、賃借料と当該共益費等とが明確かつ合理的に区分されている場合には、当該共益費等は純支払賃借料に含めません。（通知4の4の9(7)）。

一方、契約等で明確かつ合理的に区分されていない場合は、共益費等も純支払賃借料に含めます。

ただし、「契約書」では金額区分がされていなくとも、請求書などで客

観的に金額区分が確認できれば、共益費は支払賃借料に含めません。

| Q168 | 関西等の商慣習にみられる「敷引」（解約控除金）は、退去時に返還されないので、家賃の前払い的性質として支払賃借料に該当しますか？ |

A　「敷引」とは、入居時に保証金として預け入れる金額のうち、退去時に返還しないものとしてあらかじめ定められた金額をいいます。

その性質は、賃借物件の償却費用や原状回復費用であり、土地・家屋の使用・収益の対価にはあたりません。

したがって、支払賃借料には該当しないことになります。

| Q169 | 百貨店内の区画にて自社の商品を販売していますが、いわゆる消化仕入契約により、売上の一定割合を控除した残額が百貨店から支払われます。商品の販売にあたり百貨店の売り場を使用していますが、支払賃借料の対象となりますか？ |

A　自己の商品を他の法人の店舗等で販売するにあたり、いわゆる消化仕入契約に基づき販売している場合に、純支払賃借料の対象となるのは次の二つの要件に該当する場合となります。（通知4の4の9(6)）

①　売り場の使用が賃借権等に該当し、百貨店が売上から控除する金額に当該賃借権等の対価の額が含まれる場合

……百貨店との契約において、売り場の使用権・占有権等が認められており、その対価の額が定められているような場合には、これに該当します。

② 当該賃借権等の対価の額について、

　ア　商品を販売する法人にあっては、損金の額に算入されている場合

　イ　百貨店にあっては、益金の額に算入されている場合

　なお、令和3年4月から適用されることとなった改正企業会計基準第29号「収益認識に関する会計基準」において、消化仕入で百貨店が代理人にあたる場合は、履行義務の識別により手数料や賃貸料等を収益として純額計上します。

Q170　A社からコールセンター業務を受託し、この業務を行うためにB社から建物を賃借しています。B社へ支払う建物賃借料を、委託料の一部としてA社から受け取っていますが、この金額は自社の受取賃借料となりますか？

A　受託業務の履行のために建物を賃借し、当該建物を使用しているのは受託法人の貴社であるため、当該建物賃借料は貴社の支払賃借料となります。

　また、業務委託契約において当該建物賃借に要した費用を委託料に含めて委託法人A社が負担している場合であっても、A社が当該建物を賃借するものとは認められませんので、委託料に含まれる当該建物賃借料相当額は賃借権等の対価の額には該当せず、A社の支払賃借料及び貴社の受取賃借料とはなりません。

第5 単年度損益

　単年度損益とは、各事業年度の益金の額から損金の額を控除した金額を
いい、法令に特別の定めがある場合を除くほか、法人税の課税標準である
所得の計算の例によって算定します。(法72条の18)

　法人の各事業年度における事業活動によって生み出された収益(単年度
の損益)であることから、繰越欠損金の控除は行いません。

　この収益と収益の生産要素に対する配分(収益配分額)とを合算したも
のが、付加価値額となります。

Q171　単年度損益は、どのように計算しますか?

A　単年度損益は、所得割の課税標準である所得と同様に、原則と
して法人税の所得計算の例によって計算しますが、以下の点で法
人税の所得計算と相違します。

① 当該事業年度における事業活動規模を適切に表すために、繰越欠損
　金の控除を行いません。青色欠損金、災害による損失金の繰越控除を
　行う前の所得金額となります。

② 法令の特別の定めに該当する場合は、法人税の所得(繰越欠損金控
　除前)に所要の加減算を行います。

（加算項目）	（減算項目）
・損金の額に算入した所得税額 ・損金の額に算入した海外投資等損失準備金勘定への繰入額 ・通算法人における被合併法人等の最終の事業年度の欠損金の損金算入額	・益金の額に算入した海外投資等損失準備金勘定からの戻入額 ・外国の事業に帰属する所得以外の所得に対して課された外国法人税額（控除対象外国法人税として法人税で損金不算入したものに限る）

③　特定内国法人や収入金額課税事業・非課税事業をあわせて行う法人（Q258、Q262参照）については、法人事業税の対象とならない金額等を除外します。

④　過大支払利子税制における超過利子額の損金算入（措置法66条の5の3）の適用を受けません。

なお、単年度損益が欠損の場合には収益配分額から減算して付加価値額を計算しますが、欠損金額が大きく付加価値額がマイナスとなる場合には、当該事業年度の付加価値額はゼロとなります。

Q172　単年度損益の金額が収益配分額を上回る欠損の場合、翌期の付加価値額から控除できるのですか？

A　単年度損益が欠損の場合には収益配分額からこれを減算して付加価値額を計算するため、付加価値額がマイナスとなることがあります。しかし、付加価値額は当該事業年度の事業活動規模を表す付加価値割の課税標準であるため、当該事業年度の付加価値額はゼロとなり、マイナス金額を翌事業年度以降の付加価値額から控除することはできません。

Q173　会社更生による債務免除等があった場合であっても、単年度損益から欠損金額を控除できないのですか？

A 　単年度損益は当該事業年度の事業活動規模を表すものであるため、原則として過年度に生じた欠損金額の繰越控除は行わないこととされています。

　しかし、会社更生による債務免除等があった場合など、法人税法59条に掲げる事実があった場合には、過年度に生じた欠損金額のうち所要の金額を損金の額に算入することが可能です。（令20条の2の12、法法59条）

　法人が会社更生や民事再生等を行うにあたり、役員や株主等から私財提供を受けたり、債務免除を受ける場合には、これを益金としたまま単年度損益として課税対象とすると、当該債務免除等の目的である企業の再建等に影響を与えてしまう恐れがあることから、単年度損益においても一部欠損金控除を行うものです。

　なお、この取扱いは法人税において当該制度の適用を受けない場合（青色欠損金、災害による損失金の繰越控除を適用した場合）であっても適用されます。（通知4の5の3）

事　　由		控除額（いずれか少ない金額）
更生手続開始決定があった場合	①	私財提供益、債務免除益及び資産評価益の合計額
	②	適用年度末における前事業年度以前の事業年度から繰り越された欠損金額（期間制限なし）
再生手続開始決定等があった場合	①	私財提供益、債務免除益及び資産評価益の合計額
	②	適用年度末における前事業年度以前の事業年度から繰り越された欠損金額（期間制限なし）
	③	適用年度の青色欠損金、災害損失金繰越控除及びこの制度を適用しないで計算した所得金額
解散し、残余財産がないと見込まれる場合（H22.10.1以後の解散に限る）	①	適用年度末における前事業年度以前の事業年度から繰り越された欠損金額（期間制限なし）（適用事業年度終了時の資本金等の額がマイナスの場合は、当該資本金等の額を減算した額）
	②	適用年度の青色欠損金、災害損失金繰越控除を行う前の所得金額

Q174　外国法人税が課されましたが、単年度損益はどのように計算しますか？

A　法人税において外国税額控除の適用を受ける場合、外国の法人税に相当する税の額は損金不算入となり、法人税の所得の計算上加算されます。法人事業税付加価値割の単年度損益においては、当該外国の法人税に相当する税の額は減算しますが、減算する金額は控除対象外国法人税の額として適用を受ける額に限ります。（令20条の２の17）

Q175　外国法人税が減額されました。単年度損益はどのように計算しますか？

A　外国法人税のうち、外国の事業に帰属する所得以外の所得に対して課されたもの（利子、配当、使用料に課された外国法人税等）が減額となった場合は、当期に法人税の税額控除の対象としたために法人税で損金不算入とした外国法人税の額から当該減額された外国法人税の額を控除した金額を、単年度損益の計算上、損金算入します。

　なお、当期に法人税の税額控除の対象としたために法人税で損金不算入とした外国法人税の額を、減額された外国法人税の額が上回る場合は、単年度損益の計算上、当該上回る金額を加算します。また、減額された外国法人税が法人税の所得計算上、後続の事業年度において益金算入された場合について、減額があった事業年度の付加価値割の単年度損益において当該金額がすでに加算されている場合には、後続の事業年度の単年度損益では同額を減算します。

Q176 「過大支払利子税制」の適用があった場合の単年度損益はどのように取り扱うのですか？

　　　過大支払利子税制により、当事業年度の超過利子額は法人税で損金不算入となりますので、単年度損益も同様に取り扱います。

　一方、法人税において前事業年度以前から繰り越されて損金算入された超過利子額は、過年度の事業活動に伴うものであるため、単年度損益の計算上は当該損金算入額を加算します。（**Q130**参照）

＜超過利子額を3とした場合の例＞

付加価値割内訳	X事業年度 損金不算入の超過利子額	X＋1事業年度 繰り越されて損金算入 された超過利子額
単年度損益	＋3 （損金不算入のため、 単年度損益に含まれる）	±0 （単年度損益の額から 減算しない）※
純支払利子	△3 （損金不算入のため、 支払利子に該当しない）	±0 （支払利子に含めない）
付加価値額の合計	±0	±0

※　所得計算では減算されているため、単年度損益の計算において加算することとなります。

第6　雇用安定控除

　雇用安定控除は、報酬給与額の比率の高い法人に対し、雇用等への影響を配慮して創設された制度です。

　雇用安定控除の制度により、事業活動規模が同じであっても収益配分額のうちに占める報酬給与額の割合が70％を超える場合には、雇用や給与水準を維持又は増加した方が税負担が抑制されることになります。（法72条の20）

Q177　雇用安定控除は、どのような場合に適用があるのですか？

A　報酬給与額が収益配分額の70％相当額を超える場合に適用され、当該超える額（雇用安定控除額）を付加価値額から控除します。

Q178　雇用安定控除の計算は、どのように行うのですか？

A　「付加価値額及び資本金等の額の計算書」（第6号様式別表5の2）により、収益配分額のうちに報酬給与額の占める割合を計算し、これが70％を超える場合に収益配分額の70％相当額を算出して、報酬給与額よりこれを控除した金額が、雇用安定控除額となります。

第 7　給与等の支給額が増加した場合の付加価値額の控除

　平成27年度税制改正により、雇用者給与等支給額が増加した場合に、付加価値割の課税標準より、一定の金額を控除する「雇用者給与等支給額が増加した場合の付加価値額の控除」が導入されました。

　これは、法人税における特別控除（いわゆる「所得拡大促進税制」）に対応したもので、法人課税の成長志向型への構造改革の一環として、企業の収益力向上と賃上げへの動き出しを一層後押しする目的で導入されたものです。

　その後、税制改正により要件、適用期間等が変更されています。

| 平成27年度税制改正「所得拡大促進税制」 | 雇用者給与等支給額が増加した場合の付加価値額の控除
（平成27年 4 月 1 日から平成30年 3 月31日までの間に開始される各事業年度が対象） |

| 平成30年度税制改正「賃上げ・生産性向上のための税制」 | 給与等の引上げ及び設備投資を行った場合の付加価値額の控除
（平成30年 4 月 1 日から令和 3 年 3 月31日までの間に開始される各事業年度が対象） |

| 令和 3 年度税制改正「人材確保等促進税制」 | 国内新規雇用者に対する給与等の支給額が増加した場合の付加価値額の控除
（令和 3 年 4 月 1 日から令和 4 年 3 月31日までの間に開始される各事業年度が対象） |

| 令和 4 年度税制改正「賃上げ促進税制」 | 給与等の支給額が増加した場合の付加価値額の控除
（令和 4 年 4 月 1 日から令和 6 年 3 月31日までの間に開始される各事業年度が対象） |

　なお、本書では令和4年4月1日から令和6年3月31日までの間に開始する各事業年度に適用される「給与等の支給額が増加した場合の付加価値額の控除」（いわゆる「賃上げ促進税制」）について説明しています。（法附則9条13項〜16項）

付加価値額	−	給与等の支給額が増加した場合の 付加価値額の控除額	=	付加価値割 の課税標準

※マイナスの場合は零

Q179　「給与等の支給額が増加した場合の付加価値額の控除」は、どのような場合に適用されるのですか？

A　継続雇用者給与等支給額の前事業年度に対する増加割合が3％以上である場合に適用を受けます。なお、この適用要件は法人税における「給与等の支給額が増加した場合の法人税額の特別控除」と原則同じ取扱いとなっています。（法附則9条13項、通知4の2の17）

$$\frac{継続雇用者給与等支給額 - 継続雇用者比較給与等支給額}{継続雇用者比較給与等支給額} \geq 3\%$$

　また、資本金が10億円以上で、かつ常時使用する従業員の数が1,000人以上の法人については、マルチステークホルダーに配慮した経営への取組を宣言し、自社ウェブサイトに宣言内容を公表し、経済産業大臣に届出を行うことが要件として追加されています。（法附則9条13項、令附則6条の2第4項、5項）

■用語の解説

名　称	内　容	根拠条文
設立事業年度	設立の日を含む事業年度	措置法42条の12の5第3項1号
継続雇用者給与等支給額	雇用者給与等支給額のうち継続雇用者に対する当該適用年度の給与等の支給額（その給与等に充てるため他の者から支払を受ける金額（雇用安定助成金額を除く。）がある場合には、当該金額を控除した金額）	措置法42条の12の5第3項4号
継続雇用者比較給与等支給額	継続雇用者に対する前事業年度の継続雇用者給与等支給額	措置法42条の12の5第3項5号
控除対象雇用者給与等支給増加額	雇用者給与等支給額から比較雇用者給与等支給額を控除した金額（調整雇用者給与等支給増加額が限度）	措置法42条の12の5第3項6号
国内雇用者	法人の使用人（役員、特殊関係者及び使用人兼務役員を除く。）のうち、国内の事業所に勤務する雇用者（国内の事業所で作成された賃金台帳に記載された者）	措置法42条の12の5第3項2号 措置法令27条の12の5第5項・6項
給与等	所法28条1項に規定する給与等	措置法42条の12の5第3項3号
継続雇用者	適用年度及び前事業年度の期間内の各月分のその法人の給与等の支給を受けた国内雇用者	措置法42条の12の5第3項4号
調整雇用者給与等支給増加額	以下のイからロを控除した金額 イ　雇用者給与等支給額（当該雇用者給与等支給額の計算の基礎となる給与等に充てるための雇用安定助成金額がある場合には、当該雇用安定助成金額を控除した金額） ロ　比較雇用者給与等支給額（当該比較雇用者給与等支給額の計算の基礎となる給与等に充てるための雇用安定助成金額がある場合には、当該雇用安定助成金額を控除した金額）	措置法42条の12の5第3項6号
雇用者給与等支給額	適用年度の所得の金額の計算上損金の額に算入される国内雇用者に対する給与等の支給額	措置法42条の12の5第3項9号

| 比較雇用者給与等支給額 | 前事業年度の所得の金額の計算上損金の額に算入される国内雇用者に対する給与等の支給額（前事業年度の月数と適用年度の月数とが異なる場合には、その月数に応じ政令で定めるところにより計算した金額） | 措置法42条の12の5第3項10号 |
| 雇用安定助成金額 | 国又は地方公共団体から受ける雇用保険法62条1項1号に掲げる事業として支給が行われる助成金その他これに類するものの額 | 通知4の2の17
措置法42条の12の5第3項6号 |

Q180　控除額の計算はどのように行うのですか？

A　控除対象雇用者給与等支給増加額（雇用者給与等支給額から比較雇用者給与等支給額を控除した金額）が控除額となります。ただし、調整雇用者給与等支給増加額を超える場合には当該調整雇用者給与等支給増加額が控除額となります。

また、雇用安定控除の適用を受ける場合には、控除対象雇用者給与等支給増加額に、報酬給与額から雇用安定控除額を控除した額を当該報酬給与額で除して計算した割合を乗じて控除額を計算します。（法附則9条13項）

■具体例

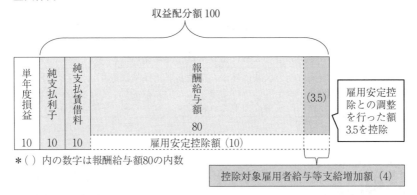

収益配分額 100

| 単年度損益 | 純支払利子 | 純支払賃借料 | 報酬給与額 80 | (3.5) | 雇用安定控除との調整を行った額 3.5 を控除 |
| 10 | 10 | 10 | 雇用安定控除額 (10) | | |

＊（ ）内の数字は報酬給与額80の内数

控除対象雇用者給与等支給増加額 （4）

雇用安定控除額：

　　報酬給与額(80) − ｛収益配分額(100)×70%｝ = 10

給与等の支給額が増加した場合の付加価値額の控除額：

$$\text{控除対象雇用者給与等支給増加額}(4) \times \frac{(\text{報酬給与額}（80）−\text{雇用安定控除額}（10）)}{\text{報酬給与額}（80）} = 3.5$$

※　労働者派遣をした法人、非課税事業又は収入金額課税事業をあわせて行う法人については別途調整を行う必要があります。（**Q193**、**Q195**参照）

Q181　この控除は、いつからいつまで適用されるのですか？

A　「給与等の支給額が増加した場合の付加価値額の控除」は、令和 4 年 4 月 1 日から令和 6 年 3 月31日までの間に開始する各事業年度において適用されます。

　ただし、設立事業年度、解散（合併による解散を除きます。）の日を含む事業年度及び清算中の事業年度の申告、期限後申告においては適用できません。（法附則 9 条13項、16項）

Q182 決算期変更により、適用年度の月数と前事業年度の月数が異なる場合、控除額をどのように計算しますか？

A 　適用年度の月数と前事業年度の月数が異なる場合には適用事業年度の月数に換算します。（措置法42条の12の5第3項10号、措置法令27条の12の5第18項）

　なお、月数は暦に従って計算し、1月に満たない端数を生じたときは1月とします。（措置法42条の12の5第4項）

Q183 新設法人であっても、控除の適用を受けることができますか？

A 　本制度において、設立事業年度は対象となりません。（法附則9条13項）

Q184 欠損のため、法人税の特別控除を受けていませんが、この場合も控除の適用を受けることができますか？

A 　当該事業年度が欠損であるため法人税における特別控除の適用がない法人であっても、要件（**Q179**参照）を満たしていれば付加価値額の控除を受けることができます。（通知4の2の17）

Q185 仮決算による中間申告を行う場合にも、この控除の適用を受けることができますか？

A 　「給与等の支給額が増加した場合の付加価値額の控除」は、仮決算による中間申告納付（法72条の26第 1 項ただし書きによる、事業年度開始の日から 6 月の期間を一事業年度とみなして行う申告納付）についても適用があります。（法附則 9 条16項）

　この場合の控除額の計算は、「適用年度の月数と前事業年度の月数が異なる場合」の方法により行います。（**Q182**参照）

Q186 外国で勤務する従業者がいますが、この者に支払った給与等も雇用者給与等支給額等に含めますか？

A 　この控除の計算対象となる雇用者は「国内雇用者」です。「国内雇用者」とは国内の事業所に勤務する雇用者（国内の事業所で作成された賃金台帳に記載された者）ですので、外国で勤務する従業者は含まれず、この者に支払った給与等は雇用者給与等支給額等には含めません。

　報酬給与額の計算においては、外国で勤務する従業者であっても、当該勤務地が恒久的施設に該当しない場合にはその給与等を課税標準額に含めますが、「給与等の支給額が増加した場合の付加価値額の控除」においては含めないこととなりますのでご注意ください。

Q187 他社からの出向者につき、給与負担金を出向元に支払っています。この給与負担金は雇用者給与等支給額等に含めますか？

A　　出向に伴い、出向元に給与負担金を支払っている場合には、出向先法人でその出向者を賃金台帳に記載している場合には、当該給与負担金の額は出向先法人の雇用者給与等支給額等に含めます。（措置通42の12の 5 - 3 ）

Q188　出向させている社員に対し、給与等を支払っていますが、出向先より給与負担金を受け取っています。雇用者給与等支給額等はどのように算定しますか？

A　　出向に伴い、出向先より給与負担金を受け取っている場合には、当該給与負担金は出向元法人の雇用者給与等支給額等から控除します。（措置法42条の12の 5 第 3 項 4 号、措置通42の12の 5 - 2 (3)）

　なお、この場合に出向先法人において当該給与負担金を雇用者給与等支給額等に含めているかどうか（**Q187**参照）は問いません。

Q189　雇用安定助成金を受け取っていますが、控除額の計算上除く必要がありますか？

A　　雇用安定助成金額がある場合には、控除の要件の判定に使用する継続雇用者給与等支給額等からは控除しませんが、控除額の限度となる調整雇用者給与等支給増加額の計算における雇用者給与等支給額からは控除することとされています。

　なお、出向に係る給与負担金等、他の者から支払いを受けた金額はどちらにおいても控除することとされているのでご注意ください。（通知 4 の 2 の17）

区分	支給額の名称	雇用安定助成金額	他の者から支払いを受けた金額
控除要件の判定のために用いる給与等支給額	継続雇用者給与等支給額	控除しない	控除する
	継続雇用者比較給与等支給額		
調整雇用者給与等支給増加額の算出に用いる給与等支給額	雇用者給与等支給額	控除する	
	比較雇用者給与等支給額		

Q190　所得税が非課税とされる通勤手当や在勤手当は、「給与等の支給額が増加した場合の付加価値額の控除」における給与等には含めないのですか？

A　「給与等の支給額が増加した場合の付加価値額の控除」における「給与等」とは、所得税法28条1項に規定する給与等をいいますので、原則として通勤手当や在勤手当は、所得税が非課税とされるものもあわせてこの給与等に含まれることになります。

　しかし、これらを含めないことについて、合理的な方法により継続して計算している場合には、これを認めるものとされています。（措置通42の12の5-1の4）

Q191　報酬給与額となる企業年金の掛金等は、「給与等の支給額が増加した場合の付加価値額の控除」における給与等に含めますか？

A　付加価値額の控除における「給与等」とは、所得税法28条1項に規定する給与等をいいます。

　企業年金の掛金等は、その拠出段階では所得税における給与とはならな

いことから、本制度の給与等には含めません。

報酬給与額の取扱いとは異なることにご注意ください。（**Q70**参照）

Q192 適用年度に支払った給与等のうち、棚卸資産として資産計上したものも「給与等の支給額が増加した場合の付加価値額の控除」における給与等に含めますか？

A　雇用者給与等支給額等の対象となる給与等は、適用年度、前事業年度の所得の計算上損金算入されるものであるため、棚卸資産等として資産計上される給与等は、原則として支払った事業年度の給与等には含めず、実際に損金算入された事業年度の給与等に含めます。

しかし、これらを継続して支払った事業年度の給与等に含めることとしている場合には、これを認めるものとされています。（措置通42の12の5－4）

Q193 労働者派遣事業を行っている場合はどのように計算しますか？

A　労働者派遣又は船員派遣をした法人に係る雇用者給与等支給額が増加した場合の付加価値額の控除額の計算にあたっては、雇用者給与等支給増加額に所要の調整を行います。（法附則9条14項）

これは、派遣労働者等に係る給与等が、報酬給与額では派遣を受けた法人に計上されるのに対し、雇用者給与等支給額等の計算では派遣をした法人の給与等となることから、このまま控除額を計算することは当該法人の付加価値額を正しく表さないこととなることから、調整を行うものです。

なお、控除の適用要件の判定においては特段の調整は行いません。

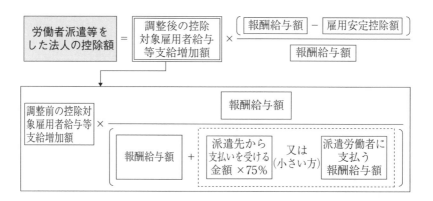

Q194　人材派遣を受けている場合はどのように計算しますか？

A　派遣労働者等に係る給与は派遣元法人が給与を支払っていることから、派遣を受けている法人の控除の適用要件の判定や控除額の算定においては、派遣労働者分は含めずに計算します。

Q195　非課税事業等（非課税事業又は収入金額課税事業）とそれ以外の事業をあわせて行っている場合はどのように計算しますか？

A　非課税事業等とそれ以外の事業をあわせて行う法人の場合は、非課税事業等とそれ以外の事業を区分して控除額を計算すべきことになります。

　しかし、控除額計算のすべてを区分計算することは困難であることから、雇用者給与等支給額を非課税事業等に係る額とそれ以外の事業に係る額に区分し、その割合によって控除対象雇用者給与等支給増加額をあん分して

控除額を計算します。(法附則 9 条15項)

　この場合に、雇用者給与等支給額の区分計算が困難であるときは、従業者数あん分によって非課税事業等以外の事業に係る雇用者給与等支給額を計算して、上記控除額の計算を行います。(令附則 6 条の 2 第 6 項)

　なお、控除の適用要件の判定においては特段の調整は行いません。

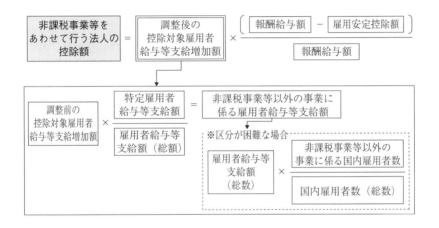

Q196 　所得等課税事業（ 1 号事業）、収入金額等課税事業（ 3 号事業）又は特定ガス供給業（ 4 号事業）のうち複数の事業をあわせて行っている場合はどのように計算しますか？

A 　所得等課税事業、収入金額等課税事業又は特定ガス供給業のうち複数の事業をあわせて行う法人の場合、付加価値額については事業ごとに算定するものですから、当該控除額についても事業ごとに区分して計算すべきことになります。

　しかし、控除額計算のすべてを区分計算することは困難であることから、

雇用者給与等支給額のうちそれぞれの事業に係る金額の割合によって控除対象雇用者給与等支給増加額をあん分して控除額を計算します。(通知4の2の17(1))

この場合に、雇用者給与等支給額の区分計算が困難であるときは、従業者数あん分によって雇用者給与等支給額を計算して、上記控除額の計算を行います。

なお、控除の適用要件の判定においては特段の調整は行いません。

また、非課税事業等と、所得等課税事業、収入金額等課税事業及び特定ガス供給業のうち複数の事業とをあわせて行う法人の場合は、Q195と同様に計算しますが、この場合における特定雇用者給与等支給額は、非課税事業等以外の事業について事業ごとに計算することになります。(通知4の2の17(2)(3))

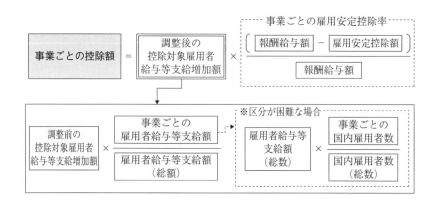

Q197　控除額を計算するための様式はありますか？

A　「給与等の支給額が増加した場合の付加価値額の控除」制度の創設にあわせて、「給与等の支給額が増加した場合の付加価値額の控除に関する明細書」（第6号様式別表5の6の3）が制定されました。（347ページ参照）

確定申告書（仮決算による中間申告書を含む）、修正申告書又は更正請求書にこの明細書の添付があった場合に、この明細書に記載された額を限度として控除が適用されます。（法附則9条16項）

また、資本金が10億円以上で、かつ常時使用する従業員の数が1,000人以上の法人については、マルチステークホルダーに配慮した経営への取組についての宣言内容を公表していることを経済産業大臣に届出たことを証する書類の写しを添付することになっています。（令附則6条の2第5項）

なお、所得等課税事業（1号事業）、収入金額等課税事業（3号事業）又は特定ガス供給業（4号事業）のうち複数の事業を行う法人は、事業ごとに明細書を作成する必要があります。

第3章

資本割

第1　資本割総論

　資本割の課税標準となる資本金等の額は、法人が株主等から出資を受けた金額であり、法人税法に規定する資本金等の額を基礎として、地方税法による加減算や限度額等の計算を行った金額です。

　資本金等の額は、法人の事業活動の規模・担税力を一定程度表すものとされ、外形標準課税の課税標準とされていますが、法人税法に規定する資本金等の額は、そのままでは法人の事業活動の規模を適切に反映しない場合があるため、所定の計算を行うことになっています。（法72条の21）

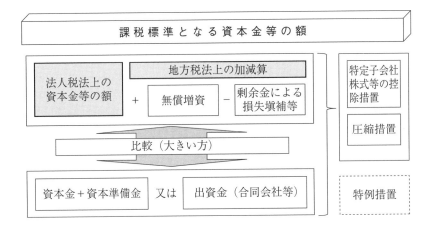

■　本書では、資本割の解説に当たり、次のとおり用語を定義しています。

用　　語	定　　義
課税標準となる資本金等の額	法人税法に規定する資本金等の額を基礎として、地方税法による加減算や限度額等の計算を行った額
法人税法上の資本金等の額	法人税法2条16号に規定する資本金等の額
地方税法上の加減算	法72条の21第1項各号に規定する以下の加減算 ・無償増資があった場合の加算 ・剰余金による損失の填補等があった場合の減算
資本金と資本準備金の合算額との比較	法72条の21第2項に規定する、同条1項の規定により計算した金額が、資本金の額と資本準備金の額の合算額又は出資金の額に満たないかどうかの比較
特定子会社株式等の控除措置	法72条の21第6項に規定する、いわゆる持株会社を対象とした特例措置としての控除
圧縮措置	法72条の21第7項及び第8項に規定する、資本金等の額（特定子会社株式等の控除措置適用後の金額）が1千億円を超える場合の圧縮計算
特例措置	法附則9条1項～7項、11項、12項及び17項に規定する、特定の法人を対象とした課税標準の特例

Q198　資本金等の額の計算はどのような順序で行うのですか？

A　内国法人の資本金等の額は、次の順序で計算を行います。

①　事業年度終了の日現在の法人税法上の資本金等の額を算定する。

②　①の額に地方税法上の加減算を行う。（法72条の21第1項）

③　事業年度終了の日現在の資本金の額と資本準備金の額の合計額（合同会社の場合は出資金の額）を算出する。

④　②と③の比較をして数値の大きい額を用いる。（法72条の21第2項）

⑤ 収入金額課税事業（2号事業）とそれ以外の事業をあわせて行う法人は従業者数あん分を行う。（令20条の2の26第1項、通知4の6の3⑴、第6号様式別表5の2の3）

⑥ 事業年度が1年に満たない場合は、④又は⑤の金額に当該事業年度の月数を乗じて得た額を12で除す。（法72条の21第3項〜5項、第6号様式別表5の2）

⑦ 特定子会社株式等の控除措置の適用がある場合は、控除額を算出し、これを控除する。（法72条の21第6項、令20条の2の22、20条の2の23、通知4の6の3⑵、第6号様式別表5の2の3）

⑧ 外国に支店等国外PEを有する場合は、控除額を算出し、これを控除する。（法72条の22第1項、令20条の2の24、通知4の6の3⑶、第6号様式別表5の2の3）（Q247参照）

⑨ 非課税事業をあわせて行う場合は、控除額を算出し、これを控除する。（令20条の2の26、通知4の6の3⑷、第6号様式別表5の2の3）（Q264参照）

⑩ 圧縮措置の適用がある場合は、圧縮措置の計算を行う。（法72条の21第7項、8項、通知4の6の3⑸、第6号様式別表5の2）（Q232参照）

⑪ 所得等課税事業（1号事業）、収入金額等課税事業（3号事業）又は特定ガス供給業（4号事業）のうち複数の事業をあわせて行う法人は、それぞれの事業に係る資本割の課税標準となる金額を従業者数あん分により算出する。（令20条の2の26第6項、通知4の6の3⑹、第6号様式別表5の2）（Q234参照）

Q199　資本割の課税標準となる資本金等の額は、いつの時点のものをいうのですか？

A　資本割は、各事業年度終了の日における、課税標準となる資本金等の額により算定します。（法72条の21）

Q200　清算中の法人ですが、資本割はどのように計算しますか？

A　清算中の法人は、解散後の事業年度においては、資本割の申告は不要となります。（法72条の21第1項）

なお、通算子法人の解散の日を含む事業年度に係る申告については、解散の日までの期間の資本割について、また、清算中の通算子法人が継続した場合は、継続した日以後の期間の資本割について申告する必要があります。（法72条の21第4項、5項）

Q201　事業年度が1年に満たない場合も、事業年度末日における資本金等の額に税率を掛けて、資本割の税額を算出しますか？

A　事業年度が1年に満たない場合には、事業年度終了の日の資本金等の額（地方税法上の加減算及び資本金と資本準備金の合算額との比較をした後の金額）に、当該事業年度の月数を乗じて得た額を12で除した額を、特定子会社株式等の控除措置等適用前の資本金等の額とします。この場合における月数は、暦にしたがって計算し、1月に満たないときは1月とし、1月に満たない端数を生じたときは切り捨てます。（法72条の21第3項）

Q202　仮決算による中間申告納付を行う場合、資本割はどのように計算しますか？

A　当該事業年度開始の日から6月の期間を一事業年度とみなして確定申告と同様に計算します。特定子会社控除についても、総資産の帳簿価額及び特定子会社株式等の帳簿価額について当該6月の期間の末日現在の金額と前事業年度の確定した決算に基づく金額の合計額により、適用判定及び控除計算をすることになります。

第2　法人税法上の資本金等の額

Q203　法人税法上の資本金等の額とは、どのような金額をいいますか？

A　法人税法2条16号の規定により法人税法施行令8条で定める金額とされています。

　法人税法上の資本金等の額は当該事業年度終了の日の資本金の額又は出資金の額と、前事業年度までの資本金の額又は出資金の額以外の資本金等の額の増減額及び当該事業年度の資本金の額又は出資金の額以外の資本金等の額の増減額を合計した金額とされています。

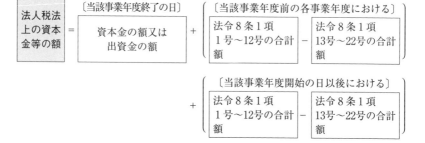

　なお、これらの増減項目は、増減の原因となる資本等取引が行われた時点に適用される法令の規定により計算しますので、過去の資本等取引については、その時点の法令を確認してください。また、法改正時の経過措置規定により計算が必要な場合もありますので、詳細については、法人税法及び法人税法施行令の改正経過をご確認ください。

（参考）
■　法人税法上の資本金等の額の増減の概要
　　法人税法施行令 8 条 1 項柱書に規定する「資本金の額又は出資金の額」を含めて、増減する金額は次の表のとおりです。

		項　　　　　　　　目	条　文
(1) 増加する金額（計算結果がマイナスの場合は減少）	①	株式の発行及び出資又は自己の株式の譲渡をした場合（一定の場合を除く。）に払い込まれた金銭の額及び給付を受けた金銭以外の資産の価額その他の対価の額に相当する金額	法令 8 条 1 項 1 号
	②	役務の提供の対価として自己の株式を交付した場合（事後交付等の場合を除く。）の当該役務の提供に係る費用の額のうち既に終了した事業年度において受けた役務の提供に係る部分の金額（当該株式が法法54条 1 項に規定する特定譲渡制限付株式である場合には、同項の規定の適用がないものとした場合の当該金額）に相当する金額	法令 8 条 1 項 1 号 の 2
	③	新株予約権の行使によりその行使をした者に自己の株式を交付した場合のその行使に際して払い込まれた金銭の額及び給付を受けた金銭以外の資産の価額（新株予約権が付された新株予約権付社債についての社債にあっては、その行使の直前のその社債の帳簿価額）並びにその直前の新株予約権の帳簿価額に相当する金額の合計額	法令 8 条 1 項 2 号
	④	取得条項付新株予約権（取得条項付新株予約権が付された新株予約権付社債を含む。）についての取得事由の発生による取得の対価として自己の株式を交付した場合のその取得の直前の取得条項付新株予約権の帳簿価額（新株予約権付社債にあっては、その直前の新株予約権付社債の帳簿価額）に相当する金額	法令 8 条 1 項 3 号
	⑤	合併により移転を受けた資産及び負債の純資産価額（適格合併の場合は、当該適格合併に係る被合併法人の当該適格合併の日の前日の属する事業年度終了の時における資本金等の額に相当する金額）から当該合併により被合併法人の株主等に交付した金銭並びに当該金銭及び当該法人の株式以外の資産の価額の合計額と抱合株式の合併直前の帳簿価額（非適格合併の場合は、抱合株式に係るみなし配当額を含む。）を減算し	法令 8 条 1 項 5 号

(1) 増加する金額（計算結果がマイナスの場合は減少）	⑤	た金額（被合併法人の全て又は当該法人が資本又は出資を有しない法人である場合には、ゼロ）	法令8条1項5号
	⑥	分割型分割により移転を受けた資産及び負債の純資産価額（適格分割型分割にあっては、下記(3)①の金額）から分割法人に交付した金銭並びに当該金銭及び当該法人の株式以外の資産の価額の合計額（無対価分割に該当する適格分割型分割の場合は、分割純資産対応帳簿価額）を減算した金額	法令8条1項6号
	⑦	分社型分割により移転を受けた資産及び負債の純資産価額（適格分社型分割にあっては簿価純資産価額）	法令8条1項7号
	⑧	適格現物出資により移転を受けた資産及びその資産と併せて移転を受けた負債の純資産価額	法令8条1項8号
	⑨	非適格現物出資で資産調整勘定又は負債調整勘定の計上が認められる場合には、現物出資法人に交付した被現物出資法人の株式の価額	法令8条1項9号
	⑩	株式交換により移転を受けた株式交換完全子法人の株式の取得価額（取得に要する費用が含まれている場合には、その費用を控除した金額）	法令8条1項10号
	⑪	株式移転により移転を受けた株式移転完全子法人の株式の取得価額（取得に要する費用が含まれている場合には、その費用を控除した金額）	法令8条1項11号
(2) 増減なし	①	資本金の額又は出資金の額を減少した場合（資本又は出資を有する法人が資本又は出資を有しないこととなった場合を除く。）	法令8条1項12号
	②	準備金の額若しくは剰余金の額を減少して資本金の額若しくは出資金の額を増加した場合又は株式会社以外の法人については、再評価積立金を資本に組み入れた場合	法令8条1項13号
(3) 減少する金額（計算結果がマイナスの場合は増加）	①	分割法人の分割型分割の日の前日の属する事業年度終了の時の資本金等の額に分割移転割合を乗じて計算した金額	法令8条1項15号
	②	現物分配法人が適格株式分配において株主に交付した完全子法人株式の税務上の帳簿価額	法令8条1項16号
	③	資本の払戻し等（資本の払戻し及び解散による残余財産の一部の分配をいう。）に係る減資資本金額（当該資本の払戻し等の直前の資本金等の額に払戻し割合を乗じた金額をいい、当該計算した金額が当該資本の払	法令8条1項18号

（3）減少する金額（計算結果がマイナスの場合は増加）	③	戻し等により交付した金銭の額及び金銭以外の資産の価額（適格現物分配に係る資産にあっては、その交付の直前の帳簿価額）を限度とする。）	法令8条1項18号	
	④	自己の株式の取得等をした場合（法法24条1項5号から7号までに掲げる事由により金銭その他の資産を交付した場合）の取得資本金額	法令8条1項20号	
	⑤	自己の株式の取得（適格合併又は適格分割型分割による被合併法人又は分割法人からの引継ぎ及び株式割当等を受けたものとみなされた場合のその株式割当等による取得を含むものとし、上記④の自己株式の取得等を除く。）の対価の額に相当する金額又は法令に定める金額	法令8条1項21号	
	⑥	当該法人（内国法人に限る。）がみなし配当事由により当該法人との間に完全支配関係がある他の内国法人から金銭その他の資産の交付を受けた場合又は当該みなし配当事由により当該他の内国法人の株式を有しないこととなった場合（当該他の内国法人の残余財産の分配を受けないことが確定した場合を含む。）の、みなし配当金額及び当該みなし配当事由（当該残余財産の分配を受けないことが確定したことを含む。）に係る対価の額から当該金銭の額及び当該資産の価額（適格現物分配に係る資産にあっては、税務上の帳簿価額）の合計額を減算した金額に相当する金額（当該みなし配当事由が非適格合併の場合は、ゼロ）	法令8条1項22号	

※　外形標準課税の対象とならない法人に係る事項は除いています。
※　資本金の額又は出資金の額の増減（法令8条1項柱書）を含めた記載としています。（根拠条文欄では法令8条1項柱書を省略しています。）
※　種類株式を発行している法人の種類資本金額の計算方法は別に規定があります。（法令8条2項～7項）
※　三角組織再編時の計算については省略しています。

Q204 A社とB社は、A社を営業者とする匿名組合契約を締結しており、B社から出資を受けています。B社からの出資金はA社の資本金の額に含めますか？

A 　組合員に対して返済義務を有し、営業者の貸借対照表の負債の部に表示される匿名組合出資は、営業者の資本金の額には含めません。

Q205 自己株式を取得した場合、法人税法上の資本金等の額はどのように計算しますか？

A 　自己株式を取得した場合、その取得の類型に応じて、取得の対価に相当するものとして計算した金額を、法人税法上の資本金等の額から減算します。（法令8条1項20号、21号）

取得の類型	減算する金額	条　　文
みなし配当の額が生じる場合に該当する取得	取得資本金の額として計算した金額（下記　例1）	法令8条1項20号
適格組織再編による取得	法令に規定された金額を減算	法令8条1項21号イ、ロ
上記以外の場合の取得	対価に相当する金額（下記　例2）	法令8条1項21号柱書

　みなし配当に係る所得税が所得税法に係る租税特別措置や租税条約などによって非課税となる場合であっても、法人税法上の資本金等の額の計算においては、次の例1の「みなし配当の額が生じる場合に該当する取得」の計算方法によりますので、留意してください。

＜自己株式を取得した時の法人税法上の資本金等の額の計算例＞

例1　相対取引により自己株式を購入した場合等（みなし配当の額が生じる場合に該当する取得）

　法人税法上、自己株式を取得した場合は、取得時に株主に対して交付した金銭等の額のうち、対応する資本金等の額分（取得資本金額）については、直接資本金等の額を減算し、その金額を超える部分については「みなし配当」として利益積立金額を減算します。（法令8条1項20号、9条1項14号）

【取得資本金額の計算】

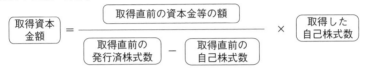

　＊計算した額が、交付した金銭等の額を超える場合は、交付した金銭等の額とします。
　＊種類株式を発行している法人は、種類株式に係る種類資本金額ごとに計算します。

例2　証券取引市場等で購入した場合等（みなし配当の額が生じない場合の取得）

　対価の額に相当する額を資本金等の額から減算します。（法令8条1項21号）

（参考）
■　自己株式を処分した場合の法人税法上の資本金等の額の計算
　ア　平成18年4月1日以後に自己株式の処分をした場合については、次の計算をします。

内　容	加減算する額	条　文
自己株式の消却	計算は不要	（規定なし）
自己株式の譲渡（組織再編等による交付を除く。）	払い込まれた金銭の額、給付を受けた金銭以外の資産の価額、その他対価の額に相当する金額を加算	法令8条1項柱書、1号

　イ　平成18年3月31日以前の自己株式の処分については、次の計算をします。

内　容	加減算する額	条　文
自己株式の消却	当該自己株式の税務上の帳簿価額を減算	平成18年改正前法法2条17号ナ
自己株式の譲渡（組織再編等による交付を除く。）	譲渡益（受領した金銭又は金銭以外の資産の価額から当該自己株式の税務上の帳簿価額を控除した金額）を加算し、譲渡損を減算	平成18年改正前法法2条17号ロ

■　平成18年法人税法改正時の経過措置

　平成18年3月31日時点で自己株式を保有していた場合は次の計算をします。

内　容	加減算する額	条　文
平成18年3月31日時点で自己株式を保有している	当該自己株式の税務上の帳簿価額を減算	平成18年法令改正令附則4条

■　平成18年法人税法改正前における自己株式の取得時の税務上の帳簿価額

　平成18年法人税法改正前においては、自己株式は税務上の資産である有価証券とされていましたので、取得の時点では、資本積立金額（平成18年法人税法改正前の用語で、現行の資本金以外の資本金等の額と同じ範囲です。）を減算することなく、次のとおり税務上の取得価額を計算しました。

内　容	自己株式の税務上の取得価額	条　文
みなし配当の額が生じる場合に該当する購入（平成13年10月1日以後平成18年3月31日までの取得）	取得価額として計算された金額（みなし配当額以外の部分）※計算方法は、上記例1と同様ですが次の2点が異なります。①分母において自己株式数を除かない、②取得費用を加算	平成18年改正前法令119条1項1号、平成18年改正前法法2条18号カ
みなし配当の額が生じる場合に該当しない購入（平成13年10月1日以後平成18年3月31日までの取得）	対価の額（取得費用の額を加算）	平成18年改正前法令119条1項1号

Q206 完全支配関係のある子会社に自己株式を取得させた親会社の法人税法上の資本金等の額はどのように計算しますか？

A 　平成22年度の法人税法改正により、平成22年10月1日からグループ法人税制が導入された結果、完全支配関係のある子会社（内国法人に限ります。）に自己株式を取得させて、金銭及び金銭以外の資産の価額の交付を受けた親会社（内国法人に限ります。）においては、次の加減算を行います。（法令8条1項22号）

加算額	子会社の資本金等の額のうち、交付の基因となった当該子会社の株式に対応する部分の金額（自己株式を取得させることと引き換えに子会社から交付を受けた金銭及び金銭以外の資産の価額を上限とする。）	法法24条1項5号、法令8条1項22号、23条1項6号
減算額	譲渡した子会社株式の税務上の帳簿価額（※）	法令8条1項22号、法法61条の2第17項

※　平成22年10月1日から令和4年3月31日までの間に連結子法人に自己株式を取得させた場合には当該事由による連結子法人株式の投資簿価修正を行った後の金額となります。（令和2年改正前法令119条の3第5項）

（参考）
■　完全支配関係のある子会社に自己株式を取得させた親会社の法人税法
上の資本金等の額の計算

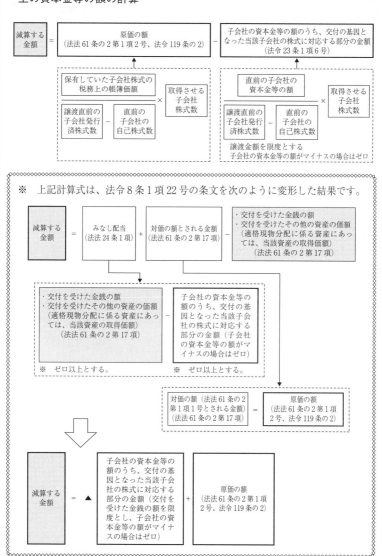

（参考）
■　完全支配関係
　次の関係にあるものをいいます。（法法2条12の7の6、法令4条の2第2項）
　①　一の者が法人の発行済株式等の全部を直接若しくは間接に保有する関係
　②　一の者との間に当事者間の完全支配関係がある法人相互の関係

例ア

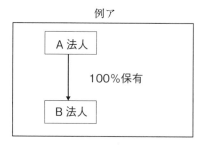

例イ

例ウ

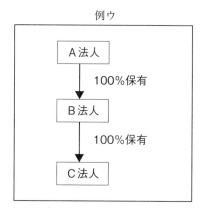

例エ

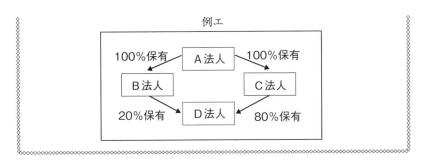

Q207　新株予約権の行使があった場合の法人税法上の資本金等の額はどのように計算しますか？

A　新株予約権の行使により、新株を発行した場合には、払い込まれた金銭の額及び給付を受けた金銭以外の資産の価額その他対価の額を加算します。（法令8条1項柱書、1号）

　また、新株予約権の行使によりその行使をした者に自己の株式を交付した場合には、その行使に際して払い込まれた金銭の額及び給付を受けた金銭以外の資産の価額並びに当該法人の当該直前の当該新株予約権の帳簿価額に相当する金額の合計額を加算します。（法令8条1項柱書、2号）

　なお、新株予約権が税制適格ストック・オプションに該当するという理由によっては、新株予約権の税務上の帳簿価額がゼロになることはなく、権利行使の際に資本金等の額に加算する金額は税制非適格ストック・オプションと同じとなります。

（参考）
■　新株予約権の付与・権利行使に係る税務上の仕訳（新株発行の場合）

付与時　前払費用	200	／新株予約権債務	200

権利行使時（非適格）

新株予約権債務	200	／資本金等	300
現金	100		
役員給与等	200	／前払費用	200

権利行使時（適格）

新株予約権債務	200	／資本金等	300
現金	100		
その他流出	200	／前払費用	200

〔財務省広報資料：平成18年度「税制改正の解説」より抜粋〕

・報酬給与の取扱いについては、**Q64**参照

Q208　株式報酬制度を導入した場合に、法人税法上の資本金等の額はどのように計算しますか？

A　株式報酬については、多様な態様のものがあるため、実際の給与規定や信託契約、報酬決議などによって判断されますが、計算例は次のとおりです。

＜株式交付信託を利用した事後交付の場合の例＞

	会計上の処理（決算処理も含む）	法人税法上の資本金等の額
信託が自己株式を外部から買い付けたとき	買い付け価額による株式の取得とされ、期末における信託保有分は、会社の株主資本自己株式としてマイナスで計上します。	買い付け価額により自己株式を取得したものとして資本金等の額を減算します。（**Q205**参照）

会社保有の自己株式を信託に譲渡したとき	自己株式の帳簿価額と信託に譲渡したときの価額の差額を自己株式譲渡損益としてその他資本剰余金に計上します。 期末における信託保有分は会社の株主資本の自己株式としてマイナスで計上します。	変動しません。
対象勤務期間	株式報酬費用／引当金	変動しません。
信託から従業員又は役員に自己株式を交付したとき	勤務期間に対応してあらかじめ株式報酬費用を認識して引当金として計上していたものを、信託が取得した時点の価格により取り崩します。 自己株式／引当金	株式交付時の株価×交付した株式数の金額を自己株式譲渡の対価の額として資本金等の額に加算します。 (法令8条1項1号)(※)

※　法法34条に規定する確定数給与に該当する役員給与の場合は、その定めをした日における株式時価（交付決議時の株式の価額×株式数）を加算します。（法令71条の3第2項）
・報酬給与の取扱いについては、**Q66**参照

＜特定譲渡制限付株式の事前交付で報酬債権の現物出資に該当する場合の例＞

	会計上の処理	法人税法上の資本金等の額
新株又は会社保有の自己株式を譲渡制限を付して従業員又は役員に交付したとき	（新株を発行して交付したとき） 前払費用／資本金・資本準備金 （自己株式を交付したとき） このときの価格により自己株式の譲渡があったものとして譲渡損益をその他資本剰余金に計上します。 前払費用／自己株式 　　　　／その他資本剰余金 　　　（自己株式譲渡損益）	自己株式譲渡の対価となる報酬債権の価額を資本金等の額に加算します。（法令8条1項1号、111条の2第4項）（※）
対象勤務期間	株式報酬費用／前払費用	変動しません。
譲渡制限が解除されたとき	会計処理はありません。	変動しません。

条件未達成により無償で会社が没収したとき	（新株発行だった場合） 会計処理はありません。（自己株式の数が増加します。） （自己株式の交付だった場合） その他資本剰余金／自己株式	変動しません。

※　法法34条に規定する確定数給与に該当する役員給与の場合は、その定めをした日における株式時価（交付決議時の株式の価額×株式数）を加算します。（法令71条の3第2項）
・報酬給与の取扱いについては、**Q62**参照

<役員に対する特定譲渡制限付株式の無償発行又は自己株式の無償交付を事前交付型で行う場合の例>

	会計上の処理	法人税法上の資本金等の額
新株又は会社保有の自己株式を譲渡制限を付して交付したとき	（新株を発行して交付する場合） 会計処理はありません。（株式発行数は増加します。） （自己株式を交付する場合） その他資本剰余金／自己株式	変動しません。
対象勤務期間（譲渡制限期間中）	公正な評価単価により計算します。 （新株の発行だった場合） 株式報酬費用／資本金・資本準備金 （自己株式を交付していた場合） 株式報酬費用／その他資本剰余金	費用に計上された交付株式に係る役務の提供額に相当とする金額（すなわち、会計と同額）を加算します。（法令8条1項1号イ、1号の2）（※）
給与等課税額が生ずることが確定した日（譲渡制限解除決議日）	会計処理はありません。	変動しません。
条件未達成により無償で会社が没収したとき	（新株の発行だった場合） 会計処理はありません。（自己株式の数が増加します。） （自己株式を交付していた場合） 自己株式／その他資本剰余金	変動しません。

※　法法34条に規定する確定数給与に該当する役員給与の場合は、その定めをした日における株式時価（交付決議時の株式の価額×株式数）を加算します。（法令71条の3第2項）
・報酬給与の取扱いについては、**Q63**参照

＜事後交付により役員に対する株式の無償発行又は自己株式の無償交付を行う場合＞

	会計上の処理	法人税法上の資本金等の額
対象勤務期間	株式報酬費用／株式引受権	変動しません。
権利確定日に新株を発行して割り当て、又は自己株式を交付したとき	（新株を発行して交付したとき）株式引受権として計上した額を資本金又は資本準備金に振り替えます。 株式引受権／資本金・資本準備金 （自己株式を交付したとき） 自己株式の帳簿価額と株式引受権の帳簿価額の差額を自己株式譲渡損益としてその他資本剰余金に計上します。 株式引受権／自己株式 　　　　　／その他資本剰余金 　　　　（自己株式処分差損益）	株式を交付したときに、その株式に係る株式引受権の額に相当する金額を加算します。（法令8条1項1号）（※）

※　法法34条に規定する確定数給与に該当する役員給与の場合は、その定めをした日における株式時価（交付決議時の株式の価額×株式数）を加算します。（法令71条の3第2項）
・報酬給与の取扱いについては、**Q63**参照

Q209　適格合併があった場合の合併法人の法人税法上の資本金等の額はどのように計算しますか？

A　合併法人の法人税法上の資本金等の額に次の加減算を行います。

加算額	被合併法人の法人税法上の資本金等の額	法令8条1項柱書、5号ハ
減算額	抱合株式（合併法人が保有していた被合併法人株式又は複数の被合併法人がある場合に、被合併法人が保有していた他の被合併法人株式）の合併直前の税務上の帳簿価額	法令8条1項5号柱書
	被合併法人が保有していた合併法人株式の税務上の帳簿価額	法令8条1項21号ロ、123条の3第3項
	合併の際に被合併法人株主に合併法人の親法人の株式を交付するいわゆる三角合併の場合には、交付した親法人株式の合併直前の税務上の帳簿価額	法令8条1項柱書、5号

（注）　平成22年10月施行の法人税法及び法人税法施行令改正前の適格合併では、これらを規定する条文番号と表現は異なりますが、計算した結果の加減算額は現行の条文と同じ計算結果となります。（平成18年4月1日以後の合併）（平成22年改正前法令8条1項5号、21号）

(参考)
■　平成18年改正前の適格合併での合併法人の法人税法上の資本金等の額

加算額	被合併法人の法人税法上の資本金等の額	平成18年改正前法法2条16号、17号
減算額	抱合株式（合併法人が保有していた被合併法人株式又は複数の被合併法人がある場合に、被合併法人が保有していた他の被合併法人株式及び被合併法人自身が保有していた自己株式）の合併直前の税務上の帳簿価額	平成18年改正前法法2条17号ム
	合併に際して、合併法人の保有していた自己株式又は被合併法人の保有していた合併法人株式を被合併法人株主に交付した場合、当該代用交付した合併法人株式の合併直前の税務上の帳簿価額	平成18年改正前法法2条17号ニ、平成18年改正前法令8条の2第2項2号

Q210　適格株式交換があった場合の完全親法人の法人税法上の資本金等の額はどのように計算しますか？

A　法人税法上の資本金等の額に加減算する金額は次のとおりです。

加算額	移転を受けた株式交換完全子法人の株式の取得価額（取得費用部分は含みません。）	法令8条1項柱書、10号
	完全子法人の株主が50人未満の場合 　株式交換完全子法人の株主が有していた当該株式交換完全子法人の株式の当該適格株式交換の直前の税務上の帳簿価額	法令119条1項10号イ
	完全子法人の株主が50人以上の場合 　株式交換完全子法人の簿価純資産価額（当該適格株式交換の直前に当該株式交換完全子法人の株式を有していた場合には、当該金額に当該株式交換完全子法人の当該適格株式交換の直前の発行済株式の総数のうちに当該適格株式交換により取得をした当該株式交換完全子法人の株式の数の占める割合を乗ずる方法その他財務省令で定める方法により計算した金額）	法令119条1項10号ロ
減算額	当該株式交換完全子法人の当該適格株式交換により消滅をした新株予約権に代えて株式交換完全親法人の新株予約権を交付した場合の当該株式交換完全子法人のその消滅の直前のその消滅をした新株予約権の帳簿価額に相当する金額	法令8条1項10号イ

（注）　平成18年10月以後の株式交換について適格株式交換の規定が導入されました。これ以前の株式交換における計算は、当時の法令によります。

（参考）
■　適格株式交換における完全親法人の法人税法上の資本金等の額

〔例1〕　株主が50人未満の場合

| 加算する金額 | = | 完全子法人の株主における株式交換直前の完全子法人株式の税務上の帳簿価額（取得費用部分を除く。） | の合計額 |

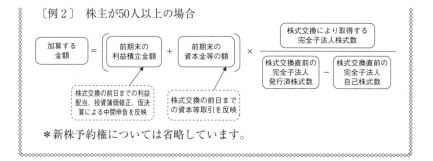

〔例 2〕　株主が50人以上の場合

＊新株予約権については省略しています。

Q211 完全支配関係にある子会社の残余財産が確定した場合の親会社の法人税法上の資本金等の額はどのように計算しますか？

A　平成22年の法人税法改正によりグループ法人税制が導入された結果、完全支配関係のある子会社（内国法人に限ります。）が平成22年10月1日以後に解散し、残余財産が確定した場合には、その株主である法人においては、当該子会社の株式の持分割合に応じて、法人税法上の資本金等の額に次表の加減算を行います。残余財産の分配を受けないことが確定した場合は、減算だけを行います。（法令8条1項22号）

加算額	子会社（内国法人に限る。）の資本金等の額に持分割合を乗じた金額（残余財産確定時に分配を受けた残余財産の価額（適格現物分配に係る資産の場合は、当該資産の帳簿価額）が上限）	法法24条1項4号、法令8条1項22号、23条1項4号
減算額	当該親会社が保有していた子会社株式の税務上の帳簿価額(注)	法令8条1項22号
	残余財産に含まれる親会社株式の税務上の帳簿価額	法令8条1項21号

(注)　平成22年10月1日以後に解散した連結法人が連結事業年度中に残余財産確定した場合、連結グループから離脱することとなるため、子会社株式の税務

　上の帳簿価額について、離脱に伴う投資簿価修正を行った金額となります。投資簿価修正により子会社株式の税務上の帳簿価額がマイナスとなる場合は、マイナス額を減算することから、結果として資本金等の額が増加します。（令和 2 年改正前法令119条の 3 第 5 項）

　なお、平成22年10月 1 日から平成25年 3 月31日までに解散した連結法人についても平成25年法人税法改正の経過措置規定により、平成25年改正後の投資簿価修正の計算をさかのぼって行うか、または、平成25年 4 月 1 日以後に開始する最初の事業年度に当該計算を行うこととされています。（平成25年改正法附則 2 条）

　通算法人が、残余財産確定した場合、通算法人グループから離脱することとなるため、子会社株式の税務上の帳簿価額は、通算終了事由による投資簿価修正を行った後の金額となります。投資簿価修正により、子会社株式の税務上の帳簿価額がマイナスとなる場合は、マイナス額を減算することから、結果として資本金等の額が増加します。（法令119条の 3 第 5 項）

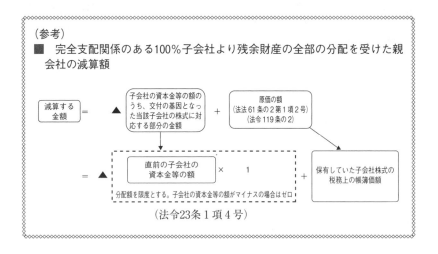

（参考）
■　完全支配関係のある100％子会社より残余財産の全部の分配を受けた親会社の減算額

（法令23条 1 項 4 号）

| Q212 | 資本剰余金からの配当を行った場合の法人税法上の資本金等の額はどのように計算しますか？
　また、完全支配関係を有する子会社から資本剰余金の配当を受領した親会社の法人税法上の資本金等の額はどのように計算しますか？ |

A　　　配当を行った法人においては、資本の払い戻し等に係る減資資本金額を計算し、その金額を減算します。（法令 8 条 1 項18号）

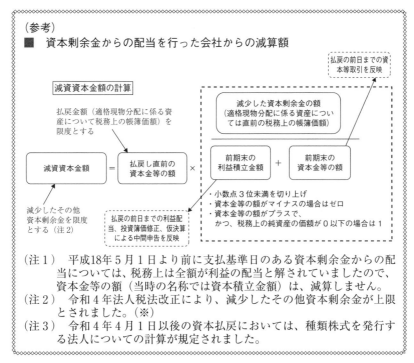

（参考）
■　資本剰余金からの配当を行った会社からの減算額

（注 1 ）　平成18年 5 月 1 日より前に支払基準日のある資本剰余金からの配当については、税務上は全額が利益の配当と解されていましたので、資本金等の額（当時の名称では資本積立金額）は、減算しません。
（注 2 ）　令和 4 年法人税法改正により、減少したその他資本剰余金が上限とされました。（※）
（注 3 ）　令和 4 年 4 月 1 日以後の資本払戻においては、種類株式を発行する法人についての計算が規定されました。

※　「最高裁判所令和 3 年 3 月11日判決を踏まえた利益剰余金と資本剰余金の双方を原資として行われた剰余金の配当の取扱いについて」（令和 3 年10月25日国税庁のお知らせ）により、この改正は過去にさかのぼって適用されます。

　平成22年10月 1 日以後に、完全支配関係のある子会社（内国法人に限ります。）から資本剰余金を原資とする配当を受領した場合には、その株主である法人においては、当該子会社の株式の持分割合と払戻割合に応じて、資本金等の額に次の加減算を行います。（法令 8 条 1 項22号）

加算額	払戻をした子会社の法人税法上の資本金等の額×払戻割合×持分割合（払戻した金銭の額又は金銭以外の資産の価額（適格現物分配に該当する場合は、当該資産の税務上の帳簿価額）が上限）	法法24条1項4号、法令8条1項22号、23条1項4号
減算額	親会社が保有していた子会社株式の配当直前の税務上の帳簿価額(注1)×払戻割合(注2)	法法61条の2第17項、18項、法令8条1項22号、23条1項4号、119条の9
	配当財産が親会社株式の場合の、子会社が保有していた当該株式の配当直前の税務上の帳簿価額	法令8条1項21号

（注1）　平成22年10月1日以後に連結子法人が資本の払戻しを行った場合、子会社株式の税務上の帳簿価額について、投資簿価修正を行った金額となります。（令和2年改正前法令119条の3第5項）
（注2）　払戻割合は、上記子会社におけるものと同じ計算方法となります。

(参考)
■　完全支配関係のある子会社より資本剰余金からの配当を受けた親会社
　の減算額

減算する金額	＝	▲ 子会社の資本金等の額のうち、交付の基因となった当該子会社の株式に対応する部分の金額（子会社の資本金等の額がマイナスの場合はゼロ）	＋	原価の額（法法61条の2第1項2号）（法令119条の2）

$$= ▲ \frac{配当直前の子会社の資本金等の額}{配当直前の子会社発行済株式数 - 子会社の自己株式数} × 保有している子会社株式数 × 割合$$

この計算式で
計算した割合

配当を受けた金銭及び金銭以外の資産の価額を限度とする
（子会社の資本金等の額がマイナスの場合はゼロ）

配当の前日までの
資本等取引を反映

$$+ 保有していた子会社株式の税務上の帳簿価額 × \frac{減少した資本剰余金の額（適格現物分配に係る資産については直前の税務上の帳簿価額）}{前期末の利益積立金額 + 前期末の資本金等の額}$$

配当の前日までの利益
配当、投資簿価修正、
仮決算による中間申告
を反映

・小数点3位未満を切り上げ
・資本金等の額がマイナスの場合はゼロ
・資本金等の額がプラスで、
　かつ、税務上の純資産の価額が0以下の場合は1
　1が上限

第3　課税標準となる資本金等の額

　法人税法上の資本金等の額は、法人の事業活動規模を表すものとして課税標準の基礎となっていますが、事業規模に比べて資本金等の額が過大又は過少になっている場合があるため、それに配慮して地方税法上の加減算や、資本金と資本準備金の合算額との比較、特定子会社株式等の控除措置や圧縮措置の規定が設けられています。

　また、地方税法附則で規定されている特例措置があります。

＜地方税法上の加減算の概要＞

対　　象	内　　容	条　　文
無償増資（利益の資本組入れによる増資）を行った場合	平成22年4月1日以後に行った無償増資額を加算します。	法72条の21第1項1号
資本金の額又は資本準備金の額を減少して計上した剰余金を損失の塡補に充てた場合	平成18年5月1日以後の減資等による剰余金のうち、その他資本剰余金として計上した日から起算して1年以内に損失の塡補にあてた金額を減算します。	法72条の21第1項3号
資本（出資）の減少による欠損塡補又は資本準備金による資本の欠損塡補を行った場合	平成13年4月1日以後平成18年5月1日前に行った無償減資等による資本の欠損塡補額を減算します。	法72条の21第1項2号

<**資本金と資本準備金の合算額との比較**>（法72条の21第2項）

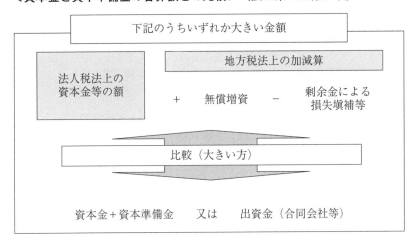

<**特定子会社株式等の控除措置・圧縮措置の概要**>

名　称	内　容	条　文
特定子会社株式等の控除措置	総資産の帳簿価額に占める特定子会社の株式の帳簿価額の割合が50％超の場合、資本金等の額にその割合を乗じた金額を控除します。	法72条の21第6項
資本金等の額が1千億円を超える場合の圧縮措置	資本金等の額が1千億円を超える場合、1千億円を超え5千億円以下の金額については50％に、5千億円を超え1兆円以下の金額については25％に圧縮します。（1兆円を超える場合、超える部分は算入しない。）	法72条の21第7項、第8項

＜特例措置の概要＞

特例対象法人	内　　容	期　　間	条　文
北海道旅客鉄道株式会社 四国旅客鉄道株式会社 九州旅客鉄道株式会社	資本金に2を乗じて得た額を法72条の21第1項の資本金等の額とします。（同条2項を適用しません。）	平成16年4月1日から令和6年3月31日までの間に開始する各事業年度	法附則9条1項
預金保険法に規定する承継銀行及び協定銀行	法72条の21第1項の資本金等の額を、銀行法における銀行の最低資本金（20億円）とみなします。（同条2項を適用しません。）	平成16年4月1日から令和6年3月31日までの間に開始する各事業年度	法附則9条2項
銀行等保有株式取得機構	法72条の21第1項及び2項の規定にかかわらず、資本金等の額を10億円とします。	平成21年4月1日から令和5年3月31日までの間に開始する各事業年度	法附則9条3項
新関西国際空港株式会社及び関西国際空港及び大阪国際空港の一体的かつ効率的な設置及び管理に関する法律に規定する指定会社	資本金等の額の6分の5に相当する金額を資本金等の額から控除します。	平成24年4月1日から令和6年3月31日までの間に開始する各事業年度	法附則9条4項
中部国際空港の設置及び管理に関する法律に規定する指定会社	資本金等の額の3分の2に相当する金額を資本金等の額から控除します。	平成16年4月1日から令和6年3月31日までの間に開始する各事業年度	法附則9条5項
大都市地域における宅地開発及び鉄道整備の一体的推進に関する特別措置法に規定する特定鉄道事業者	資本金等の額の3分の2に相当する金額を資本金等の額から控除します。	平成16年4月1日から令和6年3月31日までの間に開始する各事業年度	法附則9条6項

特例対象法人	内　容	期　間	条　文
東京港横断道路の建設に関する特別措置法に規定する東京港横断道路建設事業者	資本金等の額に総資産のうちに東京港横断道路の建設に係る未収金の帳簿価額の占める割合を乗じて得た金額を資本金等の額から控除します。	平成16年4月1日から令和6年3月31日までの間に開始する各事業年度	法附則9条7項
株式会社地域経済活性化支援機構	法72条の21第1項の資本金等の額を、銀行法における銀行の最低資本金（20億円）とみなします。（同条2項を適用しません。）	平成21年4月1日から令和6年3月31日までの間に開始する各事業年度	法附則9条11項
株式会社東日本大震災事業者再生支援機構	法72条の21第1項の資本金等の額を、銀行法における銀行の最低資本金（20億円）とみなします。（同条2項を適用しません。）	平成23年4月1日から令和8年3月31日までの間に開始する各事業年度	法附則9条12項
株式会社民間資金等活用事業推進機構	法72条の21第1項の資本金等の額を、銀行法における銀行の最低資本金（20億円）とみなします。	平成29年4月1日から令和4年3月31日までの間に開始する各事業年度	令和4年改正前法附則9条18項
	資本金等の額に事業年度ごとに規定された割合を乗じた金額を資本金等の額から控除します。	令和4年4月1日から令和9年3月31日までの間に開始する各事業年度	法附則9条17項

【1　地方税法上の加減算】

Q213 無償増資（利益の資本組入れ）を行った場合は、課税標準となる資本金等の額はどのように算定しますか？

A　平成22年4月1日以後に、利益準備金の額又はその他利益剰余金の額を減少して資本金を増加させた場合、法人税法上の資本金等の額は、資本金が増加する（法令8条1項柱書）一方、同額を減算する規定がある（法令8条1項12号）ため増資前後で変動はありませんが、地方税法上の資本金等の額は、法人税法上の資本金等の額に、当該増資相当額を加算します。（法72条の21第1項1号、規3条の16第1項、会社計算規則29条2項1号）

　地方税法上の加算をする場合は次のとおりです。

項　目	加算する金額	条　文
平成22年4月1日以後に、その他利益剰余金を資本金とした場合（会社法450条1項）	その他利益剰余金を減少させて増加させた資本金の額	法72条の21第1項1号
平成22年4月1日以後に、利益準備金を資本金とした場合（会社法448条1項2号）	利益準備金を減少させて増加させた資本金の額	

Q214 剰余金による損失の塡補を行った場合は、課税標準となる資本金等の額はどのように算定しますか？

一定の要件を充たす場合に、損失の填補に充てた金額を減算します。

地方税法上の減算をする場合は次のとおりです。

項　　目	減算する金額	条　　文
平成18年5月1日以後、資本金を減少して増加させたその他資本剰余金を損失の填補に充てた場合（会社法447条1項、452条）	その他資本剰余金として計上した日から起算して1年以内に損失の填補に充てた金額	法72条の21第1項3号、規3条の16第2項、3項
平成18年5月1日以後、資本準備金を取り崩して増加させたその他資本剰余金を、会社法第452条の規定により損失の填補に充てた場合（会社法448条1項、452条）		

（参考）
■　法人税法上の資本金等の額
　1　減資し、損失の填補に充てた場合
　　資本金が減少する（法令8条1項柱書）一方、減資額を加算する規定がある（法令8条1項12号）ため、変動がありません。
　2　資本準備金を取り崩して払い戻しをせずに、損失の填補に充てた場合
　　資本金等の額については、計算をする規定がないため、変動がありません。（法令8条）

■　会社法における損失の填補の手続き等

対　　象	手続き等	条　　文（会社法）
減資による損失の填補	定時株主総会の普通決議、減資の効力発生日は、株主総会の決議の際に効力発生日として定めた日。その時点で債権者保護手続きが終了していない場合には、債権者保護手続きが終了した日。減資した額のその他資本剰余金が増加し、その他資本剰余金を処分して損失を処理	309条2項9号、447条1項、449条6項

資本準備金の減少による損失の填補	株主総会の普通決議による準備金の減少	準備金を減少させる場合、原則として株主総会の普通決議が必要	448条1項
	取締役会の決議による準備金の減少	以下の要件をすべて満たす会社が、準備金を減少させて剰余金のみを増加させる場合で、かつ、減少額が欠損金以下である場合には、定款に定めることにより、取締役会の決議により準備金を減少することが可能 ア　会計監査人を設置する会社 イ　取締役の任期が一年以内の会社 ウ　委員会設置会社または監査役会を設置する会社	448条3項、459条1項2号
		準備金を減少させるときは、債権者保護手続きが必要。定時株主総会で減少の決議をし、かつ、減少額が欠損の額を超えないときは債権者保護手続きは不要 　準備金減少の効力発生日は、債権者保護手続きの完了した時点と、減少の効力を生ずる日として決議された日のどちらか遅い日 　資本準備金の減少によるその他資本剰余金の増加が先に決議され、準備金減少効力発生日後にその他資本剰余金の処分による損失の処理が決議された場合には、その他資本剰余金の処分による損失の処理の決議日が、損失の填補に充てた日	448条、449条

　なお、旧商法の時代に、資本の減少や資本準備金による資本の欠損の填補を行っていた場合にも一定の要件を充たす場合に、資本の欠損に充てた金額を減算します。

　地方税法上の要件と金額は次のとおりです。

要　　件	金　　額	減算規定
平成13年4月1日以後平成18年4月30日までに資本金を減少し、資本の欠損に填補した場合（旧商法375条）	資本の欠損に充てた金額	法72条の21第1項2号
平成13年4月1日以後平成18年4月30日までに資本準備金を取り崩し、資本の欠損に填補した場合（旧商法289条1項又は289条2項2号）		

（参考）
■　旧商法における資本の欠損の填補の手続き

対　　象		手続き及び確定のタイミング	条　文（旧商法）
資本の欠損の填補のための無償減資		臨時又は定時株主総会の特別決議による承認後、債権者保護手続きが完了した時点をもって、無償減資及び資本の欠損の填補の効力が法的に確定	375条
資本の欠損の填補のための資本準備金の使用	資本の欠損の填補のための資本準備金の使用	定時株主総会における普通決議による承認が必要であり、資本の欠損の填補への充当を内容とする損失処理案が同時に提出され、承認されることで、資本準備金を使用した資本の欠損の填補が確定	289条1項
	資本金の4分の1を超える資本準備金を使用した資本の欠損填補	臨時又は定時株主総会における普通決議による承認が必要であり、一般の減資と同様に、債権者保護手続が完了した時点をもって、資本準備金を使用した資本の欠損の填補が確定。決議においては、欠損の填補に充てること及びその金額を定める必要	289条2項

Q215 「損失」とは、何を意味しますか？

A 損失の塡補があった日におけるその他利益剰余金の額がゼロを下回る場合における当該ゼロを下回る額をいいます。（法72条の21第1項3号、規3条の16第4項、会社計算規則29条）

なお、旧商法時代における「資本の欠損」とは、純資産が資本金及び法定準備金の合計額に満たない場合における当該ゼロを下回る額をいいます。（法72条の21第1項2号、旧商法289条）

Q216 減資により未処理損失を処理する際に、任意積立金があった場合は、地方税法上の減算額の計算はどのようになりますか？

A 繰越利益剰余金がマイナスとなるものの、任意積立金がある場合は、その他資本剰余金による塡補の対象となる損失は、繰越利益剰余金のマイナス額全額ではなく、その他利益剰余金のマイナス部分に限られ、地方税法上の減算の対象となる金額もこれに限られます。

平成13年4月1日以後平成18年4月30日までの資本の欠損の塡補の場合も同様で、任意積立金を含めた純資産の額が資本金と法定準備金の合計額を下回る場合の、その下回る金額である資本の欠損に塡補した部分のみが減算の対象となります。

```
利益剰余金
  利益準備金
  その他利益剰余金    ←その他利益剰余金のマイナス額への塡補が減算の
    任意積立金          対象となる。
    繰越利益剰余金
```

Q217　期中に臨時決算を行い臨時決算書類に記載した純損失について、地方税法上の減算の対象とすることはできますか？

A　減算の対象とすることはできません。

　会計上、その他資本剰余金による損失の塡補の対象となる利益剰余金は、各事業年度決算時の負の残高に限られています。（自己株式及び準備金の額の減少等に関する会計基準61）

　その他利益剰余金の額は期末の決算において、当期純損失が生じた場合にその額が減少します。（会社計算規則29条）

　したがって、期末ではない臨時決算書類に記載した純損失は、その他利益剰余金を減少させないため、地方税法上の減算の対象とすることはできません。

Q218　会社法施行前に、目的を定めずに資本準備金を取り崩し、資本の欠損に塡補した額は、地方税法上の減算の対象となりますか？

A　会社法施行前に行った資本準備金を使用した欠損塡補による地方税法上の減算の対象となるのは、旧商法289条1項及び2項2

号の規定に基づき、資本の欠損塡補に充てるために使用する場合に限られます。（法72条の21第1項2号）

　したがって、会社法施行前に目的を定めずに資本準備金を取り崩し、欠損塡補に充てた場合には、地方税法上の減算の対象とはなりません。

Q219 剰余金による損失の塡補による地方税法上の減算を行う場合、提出すべき書類はありますか？

A　法人事業税の確定申告書提出の際、減算の要件を満たすことを証する書類を添付します。（通知4の6の2）

　提出書類の例は以下のとおりです。

(1)　減資又は資本準備金を取り崩してその他資本剰余金を増加させた日付と金額がわかる書類

(2)　減資又は資本準備金を取り崩して増加させたその他資本剰余金を損失に塡補した日付と金額がわかる書類

(3)　塡補のあった日における損失の金額（前事業年度末のその他利益剰余金のマイナス額）がわかる書類

（具体例）　株主総会議事録、取締役会議事録、登記事項証明書、貸借対照表、損益計算書　等

　なお、旧商法の時代に無償減資等による資本の欠損の塡補を行った法人の提出書類の例は以下のとおりです。

(1)　資本の欠損に充てるために減資又は資本準備金を取り崩した金額がわかる書類

(2)　減資又は資本準備金を取り崩して資本の欠損に充てた日付と金額がわかる書類

(3)　塡補のあった日における資本の欠損の金額がわかる書類

（具体例）　前述の具体例に挙げられている書類に加え、損失処理案（承認
　　　済のもの）

Q220 合併前に剰余金による損失の塡補を行った法人が被合併法人となる適格合併が行われた場合、合併法人の課税標準となる資本金等の額の計算において、被合併法人がかつて損失の塡補に充てた額により地方税法上の減算をすることができるのですか？

A　合併法人の資本割の課税標準である資本金等の額から、被合併法人が損失の塡補に充てた額により地方税法上の減算をすることはできません。（旧商法の時代に被合併法人が減資等による欠損塡補を行っていた場合も同様です。）

Q221 剰余金による損失の塡補を行い、その後会社分割を行った場合、地方税法上の減算は分割法人、分割承継法人の双方において適用となるのですか？

A　分割承継法人は、法人税法上の資本金等の額から損失の塡補に充てた額を減算することはできません。損失の塡補の減算規定は分割法人においてのみ適用となります。（旧商法の時代に分割法人が減資等による欠損塡補を行っていた場合も同様です。）

【2　資本金と資本準備金の合算額との比較】

Q222　資本金の額と資本準備金の額の合算額又は出資金の額が、資本金等の額より大きくなる場合とはどのような場合ですか？

A　　資本金の額と資本準備金の額の合算額又は出資金の額が、法人税法上の資本金等の額及びそれに地方税法上の加減算を反映させた額より大きくなる資本等取引の例としては、次のような場合があります。

①　自己株式を取得し、保有したままでいる場合又は消却した場合は、資本金等の額の計算上は、取得資本金額又は取得の対価の額を減算しますが、会計上の資本金・資本準備金は変動しませんので、資本金等の額より大きくなる場合があります。

②　業績が好調な会社の株式を時価で取得して子会社化したのちに適格合併により吸収合併した場合、合併法人の資本金等の額に、子会社の資本金等の額を加算し、抱合株式の税務上の帳簿価額を減算することになりますので、抱合株式の税務上の帳簿価額が子会社の資本金等の額より大きかった場合は、合併法人の資本金等の額が大きな減算となる場合があります。

③　子会社が親会社を吸収合併した場合は、親会社の保有していた合併法人株式の帳簿価額を合併法人である子会社の資本金等の額から減算することになりますので、合併法人の資本金等の額は大きな減算となります。

④　完全支配関係にある子会社が清算結了し、分配する残余財産がない場合には、親会社の資本金等の額から、直前の子会社株式の税務上の帳簿価額を減算することになりますが、会計上の資本金・資本準備金

は変動しませんので、資本金等の額より大きくなる場合があります。

【3　特定子会社株式等の控除措置】

Q223　特定子会社株式等の控除措置は、どのような場合に適用となるのですか？

A　次の２つの要件を満たす場合、特定子会社株式等の控除措置が適用されます。

① 　内国法人であること（外国法人の場合には、特定子会社株式等の控除措置は適用されません。）

② 　総資産の会計上の帳簿価額のうちに、特定子会社の株式等の法人税の帳簿価額の占める割合が50％を超えていること（割合が50％を超えるかどうかは、当該事業年度と前事業年度の金額の合計額で判定します。）

いわゆる持株会社を対象とした措置です。持株会社は、子会社株式を保有するため資本金が事業活動に比べて大きくなっていることから、資本金等の額が持株会社の事業活動規模を適切に表しているとはいえないため、事業活動に見合った資本金等の額を算出するために、この措置が設けられています。（法72条の21第6項）

$$\frac{\text{特定子会社株式等の帳簿価額}}{\text{内国法人の総資産の帳簿価額}} > 50\% \longrightarrow \boxed{\text{控除措置の適用あり}}$$

Q224　特定子会社株式等の控除措置でいう「特定子会社」とはどのような法人ですか？

A　内国法人が発行済株式又は出資（以下「株式等」といいます。）の総数の50％を超える数の株式等を直接又は間接に保有する他の法人は、内国法人の特定子会社となります。発行済株式等の総数は、発行済株式等総数から他の法人が保有する自己株式等数を控除したものとします。（通知4の6の8）

なお、外国法人は特定子会社株式等の控除を受けることはできませんが、特定子会社には外国法人も含みます。

＜特定子会社となる例＞

①　A社はB社の発行済株式の51％を保有しているため、図の場合、B社はA社の特定子会社となります。

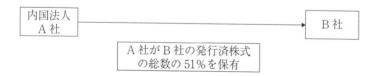

②　D社は自己株式30を保有しているため、発行済株式総数から30を控除した上で、C社が保有するD社株式の割合を判断します。したがって、図の場合、D社はC社の特定子会社となります。

③　保有の形態は直接保有に限らず、図の場合、E社はG社の株式の50％を超える数を間接に保有しているものとして、G社はE社の特定子会社となります。（E社はG社株式を直接保有していませんので、特定子会社株式等の控除措置の計算上、分子である株式の帳簿価額には含まれませんが、分母である総資産の帳簿価額から減算する特定子会社の貸付金の判定に影響します。）

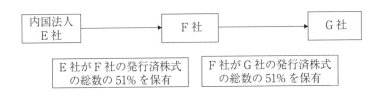

　一方、下図の場合は、H社が50％を超えない数を保有するI社を経由したK社株式の間接保有分は含めず、H社が50％超を保有する子会社J社を経由して保有するK社株式10％のみが間接保有分になりますので、K社はH社の特定子会社となりません。

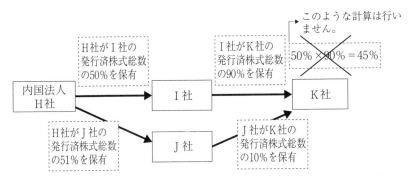

Q225 特定子会社株式等の控除措置の要件にある総資産の帳簿価額はどのように計算しますか？

A 　　特定子会社株式等の控除措置は、総資産の帳簿価額に占める子会社株式の割合が50％を超える場合に適用となります。この場合の「総資産の帳簿価額」は、貸借対照表に計上されている総資産の帳簿価額に下記内容の加算又は減算を行って算出します。なお、貸借対照表に計上されている繰延税金資産の額があるときは、当該繰延税金資産の額は、総資産の帳簿価額に含まれます。（法72条の21第6項1号、令20条の2の22、通知4の6の5〜7）

	金　額	根拠条文等
加算	金銭債権から控除する方法により取立不能見込額として貸借対照表に計上されている場合又は注記の方法により取立不能見込額として貸借対照表に計上されている場合の、貸倒引当金の額	通知4の6の5(2)
	退職給付信託における信託財産の額が、退職給与引当金勘定の額と相殺されて貸借対照表の資産の部に計上されず、注記の方法により貸借対照表に計上されている場合の、当該信託財産の額	通知4の6の5(3)
減算	固定資産の帳簿価額を損金経理により減額することに代えて損金経理により引当金勘定に繰り入れ、又は利益若しくは剰余金の処分により積み立てている金額	令20条の2の22第1号、通知4の6の6、4の6の7
	措置法52条の3の規定により特別償却準備金として積み立てている金額	令20条の2の22第2号
	土地の再評価に関する法律の規定により再評価を行った土地の再評価差額に相当する金額	令20条の2の22第3号
	法72条の21第6項2号に規定する特定子会社に対する貸付金及び保有する特定子会社の発行する社債の金額	令20条の2の22第4号
	支払承諾見返勘定又は保証債務見返勘定のように、単なる対照勘定として貸借対照表の資産及び負債の部に両建経理されている金額	通知4の6の5(1)

貸借対照表に計上されている返品債権特別勘定の金額（売掛金から控除する方法により計上されているものを含む。）	通知4の6の5(4)
金銭債権から控除する方法により取立不能見込額として貸借対照表に計上されている貸倒損失	通知4の6の5(5)
貸借対照表に計上されている補修用部品在庫調整勘定又は単行本在庫調整勘定の金額	通知4の6の5(6)

(注)　その他有価証券に係る評価損益等相当額に係る調整は平成28年地方税法改正により廃止されたため、平成28年4月1日以後に開始する事業年度以後は行いません。

＜法人が税効果会計を適用している場合＞

内　　容	根拠条文等
貸借対照表に計上されている繰延税金資産の額があるときは、当該繰延税金資産の額は総資産の帳簿価額に含まれます。	通知4の6の6
総資産の帳簿価額から控除する剰余金の処分による圧縮積立金又は特別償却準備金の金額は、貸借対照表に計上されている圧縮積立金勘定又は特別償却準備金勘定の金額とこれらの勘定に係る繰延税金負債の合計額となります。 　なお、当該繰延税金負債が繰延税金資産と相殺されて貸借対照表に計上されている場合には、その相殺後の残高となります。この場合、その相殺については、圧縮積立金勘定又は特別準備金勘定に係る繰延税金負債の額が繰延税金資産の額とまず相殺されたものとして扱います。	通知4の6の7

Q226　特定子会社株式等の控除措置の計算で用いる「総資産の帳簿価額」とは税務上の帳簿価額ですか？

A　税務上の金額ではなく、貸借対照表に計上されている総資産の帳簿価額（会計上の帳簿価額）に、政令及び通知で示される項目を加算又は減算して算出します。（令20条の2の22、通知4の6の5〜7、Q225参照）

Q227 資産の部にマイナス表記されている投資等損失引当金は、総資産の帳簿価額に加算しますか？

A　投資等損失引当金は、子会社株式等に係る損失見込としての引当金であり、会計基準では「投資その他の資産に係る引当金」にあたります。

　この投資等損失引当金は、将来の特定の損失の計上に係る引当金項目であり、会計上、金銭債権に係る損失の見込みである貸倒引当金と同一の性格を持っています。

　したがって、投資等損失引当金も貸倒引当金と同様に総資産の帳簿価額に加算することになります。

　具体的には、資産の部にマイナス表記されている投資等損失引当金は、マイナス額をそのまま控除せず、総資産の帳簿価額に加算します。取扱通知4の6の5(2)で、「貸倒引当金」について、総資産の帳簿価額に加算するのと同じ取扱いです。

Q228 特定子会社株式等の控除措置の計算に用いる特定子会社株式は、会計上の価額、税務上の価額、いずれを用いて計算しますか？

A　計算上の分母となる「総資産の帳簿価額」は会計上の金額となることから、これに含まれる特定子会社株式（有価証券）も会計上の価額となります。一方、分子となる「特定子会社株式の帳簿価額」は税務上の金額となります。（通知4の6の8）

　特定子会社の株式の税務計算上の帳簿価額は、一般的には、貸借対照表に計上されている価額と同額ですが、適格組織再編により取得した場合や、

通算グループや連結納税の離脱等による投資簿価修正があった場合、株式の価額が著しく下落し近い将来その価額の回復が見込まれないと判断し会計上の帳簿価額を減額する場合等、税務上調整が行われる場合等には貸借対照表に計上されている価額と異なる金額となります。

＜特定子会社株式の評価減を行った場合の例＞

取得価額1,000、時価400の有価証券の強制評価減を行った。

有価証券評価損　600　／　特定子会社株式　600

① 法人税で当該評価損が損金認容される場合

P／L		B／S			
収益	10,000	現金	1,440	資本金	1,000
その他費用	8,000	特定子会社株式	400	当期利益	840
評価損	600		1,840		1,840
税引前利益	1,400				
法人税等	560				
当期利益	840				

特定子会社株式等の控除措置では、特定子会社株式400として計算します。

② 法人税で当該評価損が損金否認される場合（有税処理し、繰延税金資産を計上した場合）

		B／S ※法定実効税率は40％として計算			
収益	10,000	現金	1,200	資本金	1,000
その他費用	8,000	特定子会社株式	400	当期利益	840
評価損	600	繰延税金資産	240		
税引前利益	1,400		1,840		1,840
法人税等	800				
法人税等調整額	240				
当期利益	840				

特定子会社株式等の控除措置は、特定子会社株式400に税務否認額600を加算した1,000により計算します。

③　法人税で当該評価損が損金否認される場合（有税処理し、繰延税金資産が計上できない場合）

P／L
収益	10,000
その他費用	8,000
評価損	600
税引前利益	1,400
法人税等	800
当期利益	600

B／S
現金	1,200	資本金	1,000
特定子会社株式	400	当期利益	600
	1,600		1,600

> 特定子会社株式等の控除措置は、特定子会社株式400に税務否認額600を加算した1,000により計算します。

※　なお、①～③のいずれの例においても総資産の帳簿価額は、貸借対照表上の数字に政令や通知で規定される項目を加算又は減算し、控除措置の計算を行います。

Q229　特定子会社株式等の控除措置の計算において、特定子会社株式の一部について税務上の帳簿価額がマイナスである場合、どのように計算しますか？

A　過去に、連結納税や通算グループからの離脱などによって法人税法の規定による税務上の帳簿価額の修正を行った結果、一部の特定子会社株式の税務上の帳簿価額がマイナスとなっている場合も、ゼロにすることなく、マイナスのまま他の特定子会社株式の税務上の帳簿価額と合算します。

Q230　特定子会社株式等の控除措置は2事業年度の総資産の帳簿価額などの合計により算定するとのことですが、前事業年度が外形標準課税の対象外だった場合でも2事業年度の合計により計算を行うのですか？
また、設立初年度の場合はどうすればよいのですか？

A　　　前事業年度は外形標準課税の対象外であった法人が、増資等により外形標準課税の対象となった場合であっても、特定子会社株式等の控除措置は2事業年度の合計額により計算を行います。

　なお、設立初年度の場合は、1事業年度の数字により計算を行います。

【4　圧縮措置】

Q231　資本金等の額の圧縮措置とはどのようなものですか？

A　　　資本金等の額が1千億円を超える場合、その超える金額に一定の算入率を乗じて課税標準を圧縮する措置です。資本金等の額に比例して税負担を求めた場合、資本金等の額が特に大きな法人については、事業活動の規模に比べて税負担が過大となるとの観点から設けられています。

　事業年度が1年に満たない場合の圧縮措置の計算方法は**Q233**を参照してください。

資本金等の額	算入率
1千億円以下の部分	100%
1千億円を超えて5千億円以下の部分	50%
5千億円を超えて1兆円以下の部分	25%
1兆円超の部分	0%

＜例：資本金等の額が7,000億円の場合の資本割の課税標準額＞

資本金等の額	算入率	資本金等の額の計算	
1千億円以下の部分	100%	1,000億円×100％＝	1,000億円
1千億円超5千億円以下の部分	50%	4,000億円×50％＝	2,000億円
5千億円超1兆円以下の部分	25%	2,000億円×25％＝	500億円
課税標準となる資本金等の額			3,500億円

Q232　資本金等の額の圧縮措置と、その他の地方税法上の計算規定はどのような順番で計算しますか？

A　　圧縮措置の対象となる資本金等の額は、法人税法上の資本金等の額に、地方税法上の加減算をし、資本金と資本準備金の合算額との比較を行った結果の大きい方の額に対して、特定子会社株式等の控除措置を行った後の金額が1,000億円超の場合に適用となります。

　また、課税標準の区分が必要な法人にあっては、収入金額課税事業（2号事業）に係る金額、特定内国法人の場合の外国の事業規模等を勘案して計算した金額、非課税事業に係る部分の金額を控除した後の金額が1,000億円を超えている場合に適用となります。（Q198、Q247、Q260、Q264参照）

　外国法人の場合には、外国の事業規模等を勘案して計算した金額、収入金額課税事業（2号事業）・非課税事業に係る部分の金額を控除した後の金額が1,000億円を超えている場合に適用となります。（Q270参照）

Q233　事業年度が1年に満たない場合、資本金等の額が1,000億円を超える場合の圧縮措置は、どのように計算しますか？

A　資本金等の額の圧縮措置を適用する際、事業年度が 1 年に満たない場合は、算入率区分ごとの金額を月割りします。この場合における月数は、暦に従って計算し、 1 月に満たない場合は 1 月とし、 1 月に満たない端数を生じたときは切り捨てます。（法72条の21）

　計算例については、**Q231**を参照してください。

【 5 　所得等課税事業（ 1 号事業）、収入金額課税事業（ 2 号事業）、収入金額等課税事業（ 3 号事業）又は特定ガス供給業（ 4 号事業）のうち複数の事業をあわせて行う場合】

Q234　所得等課税事業（ 1 号事業）、収入金額課税事業（ 2 号事業）、収入金額等課税事業（ 3 号事業）又は特定ガス供給業（ 4 号事業）のうち複数の事業をあわせて行う場合や非課税事業をあわせて行う場合には、資本割の課税標準をどのように計算しますか？

A　非課税事業又は収入金額課税事業（ 2 号事業）には資本割が課税されませんので、それぞれの事業に係る資本金等の額に相当する金額は除外します。所得等課税事業（ 1 号事業）、収入金額等課税事業（ 3 号事業）及び特定ガス供給業（ 4 号事業）については、それぞれ資本割の税率が異なりますので、それぞれの事業ごとに区分する必要があります。事業ごとの資本金等の額は従業員あん分により計算しますが、次の点に留意してください。

・全体の計算の順序は、**Q198**を参照してください。

・あん分に用いる従業員数を算定するにあたって、複数の事業に共通の人

　員については、所得・付加価値額区分の際の算定に用いた最も妥当と認められる基準によってあん分します。（通知4の6の10(6)）（区分計算については、第4章を参照してください。）

・事業年度の中途にいずれかの事業を開始又は廃止した場合は、当該事業年度に属する各月の末日現在におけるそれぞれの事業の従業者数等を合計した数値を当該事業年度の月数で除した数値によります。（令20条の2の20第3項～5項、令20の2の26第2項～8項、通知4の6の10(4)(5)）（具体的な計算例はQ250を参照してください。）

第4　その他留意点

Q235　10年前に行った適格合併時の資本金等の額の計算や8年前の無償減資による欠損塡補による減算計算に誤りがあることが判明しましたが、5年の更正決定期間制限を過ぎていますから、対応はできないでしょうか？

A　10年前の計算誤りを是正して再計算した結果、過大申告又は過少申告があれば、法定納期限から5年以内の更正決定期間制限内においては、課税標準となる資本金等の額を正しい金額に是正して資本割を計算し直し、更正請求書又は修正申告を提出することができます。

資本割の課税標準となる資本金等の額は、過去事業年度の資本等取引による計算を積み上げて計算する規定となっており、過去事業年度における申告又は更正処分により確定した金額に対して加減算する、という規定にはなっていないためです。

なお、更正請求書には、過去から現在までの課税標準となる資本金等の額の計算過程を証する書類を添付して提出する必要があります。

第4章

課税標準の区分計算等を要する法人

第1　特定内国法人

■　特定内国法人とは

　内国法人で、地方税法の施行地外（外国）にその事業が行われる場所（恒久的施設）を有する法人を特定内国法人といいます。

　法人事業税は応益原則に基づいて課税することから、その課税対象は国内における事業に限られます。このため、特定内国法人に係る法人事業税の課税標準は、外国の事業に係るものを除きます。（法72条の19、72条の22、72条の24、72条の24の3）

※　平成26年度税制改正にて恒久的施設に係る諸規定が改正されました。
　この改正により、外国法人が国内に有する事業を行う場所が「恒久的施設」と定義され、内国法人が外国に有する事業を行う場所は「恒久的施設に相当するもの」と規定されています。なお、本章では便宜的にこれら双方の場所を「恒久的施設」又は「PE」（Permanent Establishment）と呼ぶとともに、外国法人の恒久的施設を「国内PE」、内国法人の恒久的施設を「国外PE」と呼んでいます。

【1　恒久的施設】

Q236　特定内国法人が有する恒久的施設（国外PE）とはどのようなものですか？

A　特定内国法人が有する恒久的施設（国外PE）とは、その設置国等に応じてそれぞれ次の場所をいいます。（令20条の2の19（法72条5号、令10条））

1　租税条約（※）を締結している条約相手国等

当該租税条約に定める恒久的施設に相当するもの

※　恒久的施設に関する定めを有するものに限ります。

2　上記1以外の国又は地域

支店等	支店、出張所その他の事業所若しくは事務所、工場又は倉庫（倉庫業者がその事業の用に供するものに限る。）
	鉱山、採石場その他の天然資源を採取する場所
	上記に準ずる場所
建設作業場	建設作業等（建設、据付け、組立てその他の作業又はその作業の指揮監督の役務の提供で一年を超えて行われるもの）を行う場所
代理人	国外において内国法人に代わって、その事業に関し、反復して次に掲げる契約を締結し、又は当該内国法人により重要な修正が行われることなく日常的に締結される次に掲げる契約の締結のために反復して主要な役割を果たす者 ・当該内国法人の名において締結される契約 ・当該内国法人が所有し、又は使用の権利を有する財産について、所有権を移転し、又は使用の権利を与えるための契約 ・当該内国法人による役務の提供のための契約

代　理　人	上記の業務を内国法人に対して独立して行い、かつ、通常の方法により行う者は契約締結代理人等に含まれません。ただし、当該者が、専ら又は主として一又は二以上の自己と特殊の関係のある者に代わって行動する場合は、この限りではありません。

上記に関わらず恒久的施設とされない場所

ア　物品又は商品の保管、展示又は引渡しのためにのみ使用する施設
イ　物品又は商品の在庫を保管、展示又は引渡しのためにのみ保有する場所
ウ　物品又は商品の在庫を事業を行う他の者による加工のためにのみ保有する場所
エ　事業のために物品若しくは商品を購入し、又は情報を収集することのみを目的として保有する場所
オ　事業のためにアからエ以外の活動を行うことのみを目的として保有する場所
カ　アからエの活動及びそれ以外の活動を組み合わせた活動を行うことのみを目的として保有する場所
キ　代理人が内国法人に代わって行う活動（その活動が複数の活動を組み合わせたものであるときは、その組み合わせによる活動の全体）が当該内国法人の事業の遂行にとって準備的又は補助的な性格のもののみである場合の者

アからカで行う活動が、事業の遂行にとって準備的又は補助的な性格である場合に限ります。

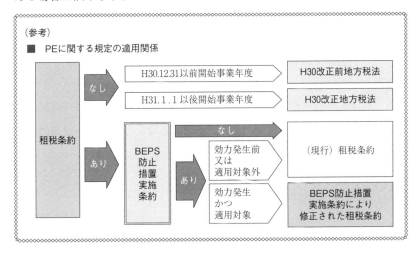

（参考）
■　PEに関する規定の適用関係

Q237　外国の支店がPEに該当すると思われます。この場合、都道府県に対し届出などを行うのですか？

A　東京都に申告納付義務のある法人が新たに国外PEを設置した場合には、条例により「異動届出書」を提出してください。（東京都都税条例26条）

　他の道府県における取扱いや、具体的な届出方法等については、申告を行う都道府県の取扱いを確認してください。

　なお、国外PEに該当するかどうかについては、別途確認させていただく場合があります。この場合、外国の事業内容について当該外国における営業許可証や税務申告書、決算書等に基づいて確認します。

Q238　外国に駐在員事務所がありますが、国外PEに該当しますか？

A　その名称だけでは判断できませんので、その場所における活動内容により判断することになります。

　設置国と租税条約を締結している場合には当該租税条約の規定、締結していない場合には地方税法の規定により国外PEに該当するかどうか判断します。

　当該駐在員事務所が市場調査等の補助的な業務を行うためにのみ使用する場所であり、設置国において営利活動を行っていないような場合には、国外PEには該当しません。

Q239　外国に子会社を設置して事業を行っています。この子会社は当社の国外PEに該当しますか？

A　子会社は、親会社とは別の法人格をもつ法人であり、子会社の事業所等は、親会社の事業を行う場所である支店や営業所等には当たりませんので、通常、親会社の国外PEには該当しません。

また、法人税で外国子会社合算税制（タックス・ヘイブン対策税制）の対象となる特定外国子会社も、親会社である内国法人とは別の法人です。法人税の所得計算において当該特定外国子会社の所得を親会社の所得に合算して課税しているからといって、そのことが、当該特定外国子会社と親会社が同一の法人格であることを示しているわけではないため、当該特定外国子会社も、通常、国外PEには該当しません。

【2　所得割】

Q240　特定内国法人の所得はどのように計算しますか？

A　　特定内国法人の所得割の課税標準となる所得は、法人の事業の所得の総額から外国の事業（国外PEを通じて行う事業）に帰属する所得を控除して計算します。（法72条の24）

　この場合において、外国の事業に帰属する所得の計算（区分計算）が困難であると認められるときには、従業者数により所得の総額をあん分して、外国の事業に帰属する所得を計算します。（令21条の9）

　なお、所得の総額が欠損である場合も、外国の事業に帰属する所得の計算を行う必要があります。

特定内国法人の所得の計算方法	
区分計算	所得の総額を国内及び国外PEの事業に帰属する所得に区分して計算します。 ※　国外PEを独立した企業とみなして、本社等との内部取引を認識します。（租税条約により範囲が異なる） ※　法人税において外国税額控除を適用している場合は原則として次のとおりです。 外国の事業に帰属する所得　＝　①国外事業所等帰属所得（法人税）　－　①で損金不算入とされた控除対象外国法人税等 法法69条の規定の計算の例による

従業者数 あん分	$$\boxed{\text{所得の総額}} - \left(\boxed{\text{所得の総額}} \times \dfrac{\text{PEの従業者数}}{\text{総従業者数※}} \right)$$

※　国内の事務所等の従業者数＋PEの従業者数

次に掲げる場合は、「区分計算が困難」とはみなされません。
①　法人税で法人税法69条の外国法人税の額の控除に関する事項を記載した申告書を提出している場合
②　当該外国に所在する事務所等の規模、従業者数、経理能力等から見て、国外所得を区分計算することが困難でないと認められる場合

Q241　外国の事業に帰属する所得を区分計算するための様式はありますか？

A　区分計算を行うための様式は特に定められていません。

法人税において外国税額控除を適用している場合は、法人税別表6(2)付表1「国外事業所等帰属所得に係る所得の金額の計算に関する明細書」25欄に記載すべき金額から同付表の7欄に記載すべき金額を減算して、外国の事業に帰属する所得を算定します。

〈法人税別表6⑵付表1　国外事業所等帰属所得に係る所得の金額の計算に関する明細書〉

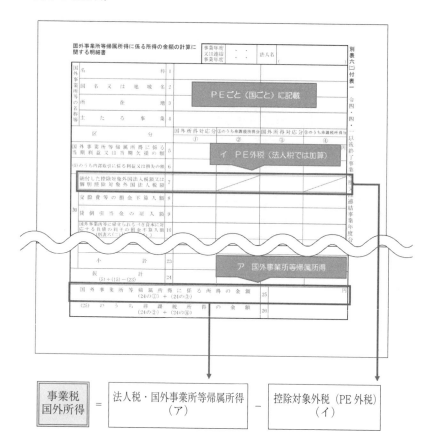

$$\boxed{\begin{array}{c}\text{事業税}\\\text{国外所得}\end{array}} = \boxed{\begin{array}{c}\text{法人税・国外事業所等帰属所得}\\(\text{ア})\end{array}} - \boxed{\begin{array}{c}\text{控除対象外税（PE外税）}\\(\text{イ})\end{array}}$$

　法人税において外国税額控除を適用していない場合は、法人の損益計算及び法人税・法人事業税の加減算項目のすべてを区分するため、次ページのような計算書（区分計算書）を作成し、申告書に添付してください。

〈区分計算書（例）〉

項　目	総　額	国　内	国　外	共　通
売上				−
売上原価				−
売 上 総 利 益				−
販売費及び一般管理費				
営 業 利 益				
営業外収益				
営業外費用				
経 常 利 益				
特別利益				
特別損失				
税引前当期純利益				
法人税・住民税及び事業税				
法人税等調整額				
当 期 純 利 益				
法人税加算				
法人税減算				
法 人 税 所 得				
事業税における加算項目				
事業税における減算項目				
計				
共 通 配 賦	−			−
合　　計				−

・国外とは恒久的施設に帰属する事業をいい、国内とはそれ以外の事業をいいます。
・各項目につき、その帰属が明確なものは「国内」又は「国外」に区分します。
・双方に関連するものや帰属判定が困難なものは「共通」とし、妥当と認められる基準で国内・国外に配賦します。
・販売費及び一般管理費や法人税加減算等は、別紙内訳明細を作成してください。
・受取利子、受取配当等については、その基因となる債権、株式等が国外事業所等に帰せられる資産である場合には国外に、それ以外の場合には国内に区分します。

Q242　国外PEの事業のために国内本社に生じた費用は、区分計算上どのように取り扱いますか？

A　所得の総額から控除する外国の事業に帰属する所得は、国外PEの事業に帰属するものですので、国外PE設置国以外で生じた費用であっても国外PEの事業に帰属するものであれば国外分の費用等となります。

　本社管理部門に生じた費用など、国内・国外双方の事業に帰属する損益は「共通」として、売上高や従業者数などの妥当と認められる基準により配賦して、外国の事業に帰属する所得を計算します。

　法人税法第69条による計算においても同様の規定があります。

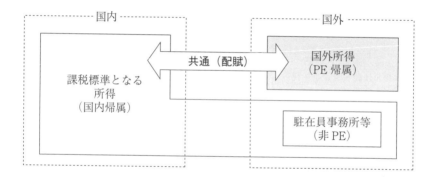

Q243　外国法人税が課された場合の外国の事業に帰属する所得はどのように計算しますか？

A　外国で課された法人税のうち、外国の事業に帰属する所得以外の所得に対して課されたもの（非PE外国法人税）は、課税所得の計算上損金の額に算入します。

　このため、区分計算では非PE外国法人税は国内分に区分し、従業者数あん分では、あん分の基礎となる所得の総額に非PE外国法人税の額を含めずに国外所得を計算し、これを非PE外国法人税を損金算入した所得の総額から控除して課税標準となる所得を計算します。

　一方、外国の事業に帰属する所得に対して課された外国法人税（PE外国法人税）は、課税所得の計算上損金の額に算入しません。

　このため、区分計算ではPE外国法人税は国外分に区分し、従業者数あん分では、所得の総額の計算上PE外国法人税の額を損金の額に算入しないで課税標準となる所得を計算します。（令21条の5、21条の9第2項）

【3　付加価値割】

Q244 特定内国法人の付加価値額はどのように計算しますか？

A　特定内国法人の付加価値額は、所得における区分計算の方法に準拠し、付加価値額の総額を国内及び国外PEの帰属ごとに区分計算したうえで、付加価値額の総額から外国の事業（国外PEを通じて行う事業）に帰属する付加価値額を控除して計算します。（法72条の19）

　この場合において、外国の事業に帰属する付加価値額の計算（区分計算）が困難であると認められるときには、従業者数により付加価値額の総額をあん分計算して、外国の事業に帰属する付加価値額を計算します。（令20条の2の20）

課税標準となる 付加価値額	=	付加価値額の総額	−	外国の事業に帰属する 付加価値額
		↑		↑
		全世界付加価値額		原則：区分計算 （困難な場合は従業者数あん分）

特定内国法人の付加価値額の計算方法	
区分計算	国外所得の区分計算にしたがって計算します。 所得を区分計算した場合は、付加価値額も区分計算することになります。
従業者数 あん分	$$付加価値額の総額 - \left(付加価値額の総額 \times \frac{PEの従業者数}{総従業者数※} \right)$$ ※　国内の事務所等の従業者数＋PEの従業者数 　所得を従業者数あん分で計算した場合は、付加価値額も従業者数あん分で計算することになります。 　次に掲げる場合は、「区分計算が困難」とはみなされません。 ①　法人税で法人税法69条の外国法人税の額の控除に関する事項を記載した申告書を提出している場合 ②　当該外国に所在する事務所等の規模、従業者数、経理能力等から見て、国外所得を区分計算することが困難でないと認められる場合

Q245 外国で勤務する従業者への給与は、報酬給与額の対象外ですか？

A　勤務する場所が外国であっても、報酬給与額の対象となります。
（Q54参照）

　報酬給与額の総額に含めたうえで、勤務地が国外PEに該当する場合等、当該給与が外国の事業に帰属する場合は、その金額を課税標準額から控除

します。

　後述する資本割の課税標準の計算で付加価値額総額及び国外付加価値額を用いる場合があるため、課税標準となる付加価値額（報酬給与額）とならない場合であっても、上記計算を行う必要があります。

　なお、勤務地が外国であっても、外国の事業に帰属しない場合は控除できません。

Q246　外国で発生した付加価値額はすべて課税標準額から控除できますか？

A　課税標準額から控除できるのは「外国の事業に帰属する付加価値額」となります。

　付加価値額の発生が外国であっても、国外PEに該当しない場所に帰属する場合は控除対象とはなりません。

　逆に、発生は国内であっても、国内・国外双方の事業に帰属するものや、性質上、帰属の判定が困難であるものは「共通」として、売上高や従業者数などの妥当と認められる基準で配賦して外国の事業に帰属する付加価値額を計算します。

　また、国外所得の区分計算においては国外PEを独立した企業として本店等との内部取引を認識しますが、これにより国外PEに計上される利子、賃借料は外国の事業に帰属する純支払利子、純支払賃借料となります。

（令20条の2の6第2号、20条の2の7第2号、20条の2の10、20条の2の11）

（租税条約により内部取引を認識する範囲が異なりますので、当該国との規定によります。）

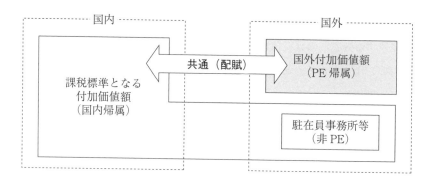

【4　資本割】

Q247　特定内国法人の資本金等の額はどのように計算しますか？

A　特定内国法人の資本割の課税標準となる資本金等の額は、当該法人の資本金等の額（法人税法上の資本金等の額に地方税法上の加減算、資本金と資本準備金の合算額との比較及び特定子会社株式等の控除措置を反映した後の金額をいいます。）から外国の事業規模等を勘案して計算した金額を控除して計算します。（法72条の22第1項、令20条の2の24）（Q198参照）

| 課税標準となる資本金等の額 | = | 資本金等の額 | − | 外国の事業規模等を勘案して計算した金額 |

特定内国法人の資本金等の額の計算方法		
付加価値額 あん分	資本金等の額 − (資本金等の額 × $\frac{国外付加価値額}{付加価値額の総額※}$) ※ 雇用安定控除適用前の金額	
従業者数 あん分	資本金等の額 − (資本金等の額 × $\frac{PEの従業者数}{総従業者数※}$) ※ 国内の事務所等の従業者数＋PEの従業者数 従業者数あん分によるのは、次に掲げる場合です。 ① 国外付加価値額 ≦ 0 ② 国内付加価値額 ≦ 0 ③ 付加価値額の総額に占める国内付加価値額の割合<50％	

Q248 付加価値額が次のような場合、課税標準となる資本金等の額はどのように計算しますか？

付加価値額の総額	10,000千円
外国の事業に帰属する付加価値額	5,100千円

A 国内付加価値額 10,000千円 − 5,100千円 = 4,900千円

付加価値額の総額に占める国内付加価値額の割合

4,900千円／10,000千円 = 49％ …50％未満

よって、従業者数あん分により資本金等の額を計算します。（令20条の2の24）

【5 あん分の基準となる従業者数】

Q249 特定内国法人の国外所得等の計算に用いる「従業者数」はどのように計算しますか？

A 特定内国法人の所得、付加価値額及び資本金等の額のあん分の基礎となる従業者数は、事業年度末日現在の以下の従業者数をいいます。（通知4の6の10、4の10）

なお、国外PEの従業者数には現地雇用者の数も含めますが、代理人PE（**Q236**参照）は従業者数に含めません。

あん分の基準となる従業者数	
(1) 原則	当該法人の事務所等（国内の事務所等及び国外PE）に使用される役員又は使用人。 原則として、当該法人から給与を支払われるものをいいますが、当該法人と雇用関係又はこれに準ずる関係に基づき労務の提供を行う者のすべてが含まれ、無給の役員もこれに該当します。
(2) 判定困難な者	① 派遣労働者又は派遣船員（②を除く） 派遣先法人
	② 派遣元法人の業務にも従事する派遣労働者等 派遣先及び派遣元法人
	③ 出向者 出向先法人
	④ 出向元法人の業務にも従事する出向者 出向先及び出向元法人
	⑤ 名目上の請負契約における請負法人の使用人 注文法人
(3) 従業者としない者	① 勤務すべき施設が事務所等に該当しない者
	② 連続1月以上、勤務すべき事務所等に勤務しない者
	③ PEに該当しない海外事務所等の従業者、代理人PE
(4) 判定の時期	従業者数は、事業年度終了の日（仮決算による中間申告の場合は、6月経過日の前日）現在におけるものとなります。

| (4)　判定の時期 | このため、期中にある国外PEを廃止した場合は、当該PEにおける期末の従業者数は 0 となります。
ただし、国外PEを有しない内国法人が事業年度の中途において国外PEを有することとなった場合又は特定内国法人が事業年度の中途において国外PEを有しないこととなった場合には、従業者数は当該事業年度に属する各月の末日現在における事業所等の従業者数を合計した数を当該事業年度の月数（ 1 月未満切上げ）で除して得た数（ 1 人未満切上げ）をいいます。 |
| (6)　区分困難な従業者 | ※　それぞれの事業に区分することが困難な従業者の数については、妥当な基準によってあん分します。
※　国外所得等を従業者数あん分により計算する場合は、区分困難な従業者は存在しないことになります。 |

上記(1)から(6)は、通知 4 の 6 の10(1)から(6)に対応します。

Q250　当社は、特定内国法人に該当する 3 月決算法人（外形標準課税対象）ですが、当期の11月10日に海外事務所をすべて廃止しました。例年の申告では資本割の計算時に外国の事業に係る資本金等の額を従業者数であん分していましたが、当期末において事務所は国内のみとなったため、当期の申告において資本割に係るあん分は不要となりますか？

A　あん分が必要となります。

原則として、資本割に係る従業者数あん分により計算する際に用いる従業者数は、事業年度終了の日現在における従業者数によりますが、次の①又は②の場合における従業者数は、当該事業年度に属する各月の末日現在における事業所等の従業者数を合計した数を当該事業年度の月数で除して得た数（ 1 人未満切上げ）となります。

①　年度途中で国外PEを初めて有することとなった場合

②　年度途中で国外PEを全く有しないこととなった場合

（令20条の 2 の20、令20条の 2 の24、総務省通知（事業税における国外所得

等の算定について）13(3)、17)

本事例では上記②に該当しますので、次のように計算します。

《例》3月決算の特定内国法人が11月10日ですべてのPEを廃止した場合

	4月	5月	6月	7月	8月	9月	10月	11月	12月	1月	2月	3月	合計	月数あん分	端数処理
国内の事務所等	90	90	90	90	90	90	90	100	100	100	100	100	1,130	94.2	95
国外PE	10	10	10	10	10	10	10	0	0	0	0	0	70	5.83	6
合計	100	100	100	100	100	100	100	100	100	100	100	100	1,200		101

　資本金等の額が1,000の場合、本事例における資本割の課税標準となる資本金等の額は、1,000 − **1,000 × 6** ／（**95 ＋ 6**）= 941となります。（※太字部の計算結果は小数点以下切捨て）

【6　国際運輸業】

Q251　国際運輸業を行う特定内国法人の所得等はどのように計算しますか？

A　国際運輸業（国際航空運送業、国際海運業）を行う法人は、その事業の性質上所得の帰属判定が困難であるため、所得の総額について総運賃収入金額中に占める外国から生じた運賃収入金額の割合により区分して国外所得を計算することが一般的です。

　ここでいう「外国から生じた運賃収入金額」とは、国外PEを通じた運

賃収入金額をいいます。

　国外所得をこの運賃収入割合により計算した場合は、国外付加価値額も同様に計算することになります。

　なお、資本金等の額については、他の特定内国法人と同様に計算します。（**Q247**参照）

$$\boxed{\substack{\text{控除する国外所得}\\ \text{・国外付加価値額}}} = \boxed{\substack{\text{所得の総額}\\ \text{付加価値額の総額}}} \times \frac{\text{外国から生じた運賃収入金額}}{\text{総運賃収入金額}}$$

Q252 国際運輸業を行う法人が、対外船舶運航事業者を対象とするトン数標準税制により法人税の申告を行った場合、所得等はどのように計算しますか？

A 　法人税の申告に当たって、租税特別措置法59条の2の規定（いわゆる「トン数標準税制」）による「みなし利益課税」を適用した場合、法人事業税所得割は、「みなし利益課税」を適用して計算した法人税の所得金額を基礎として計算します。

　一方、単年度損益（付加価値割）については「みなし利益課税」を適用せず、通常の法人税の計算による所得金額を基礎として計算することとなりますので、留意が必要です。（法72条の18第2項）

　国際運輸業を行う特定内国法人が、課税標準となる所得及び付加価値額を計算するときは、上記の方法に従って計算した所得の総額及び付加価値額の総額を、国内及び国外PEの帰属ごとに区分計算することになります。（**Q251**参照）

<参考>
■　トン数標準税制の概要

　　対外船舶運航事業者が、海上運送法35条１項に規定する日本船舶・船員確保計画を作成し、国土交通省の認定を受けた場合、日本船舶（特定基準日本船舶を含む。）に係る利益について、通常の所得課税による法人税に代えて、みなし利益課税を選択できる制度です。

　　海上運送法及び船員法の一部を改正する法律の施行日（平成20年７月17日）から令和２年３月31日までに認定を受けた計画について、計画期間内の日を含む各事業年度終了の時において、その計画に従って日本船舶及び船員の確保を実施している場合に、適用することとされています。（措置法59条の２第１項）

<みなし利益課税の税額計算のイメージ>

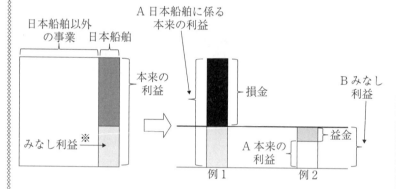

　※　みなし利益…その法人のその事業年度における日本船舶の純トン数に応じた利益の金額

　例１　A　日本船舶に係る本来の利益　＞　B　みなし利益の場合
　　　　A－Bの金額を損金算入する。
　例２　A　日本船舶に係る本来の利益　＜　B　みなし利益の場合
　　　　B－Aの金額を益金算入する。
　　　　（＝みなし利益の金額が課税対象となる。）

第2　所得等課税事業、収入金額課税事業、収入金額等課税事業及び特定ガス供給業のうち複数の事業をあわせて行う法人

■　本書では、次のとおり用語を定義して解説しています。詳細は書籍冒頭の〔用語の定義〕を参照してください。

用　　語		定　　義
所得等課税事業	1号事業	法72条の2第1項1号に掲げる事業（非課税事業を除く。） （以下の2号事業、3号事業、4号事業以外の事業）
収入金額課税事業	2号事業	法72条の2第1項2号に掲げる事業 （電気供給業（3号事業を除く。）、導管ガス供給業、保険業並びに貿易保険業）
収入金額等課税事業	3号事業	法72条の2第1項3号に掲げる事業 （電気供給業のうち、小売電気事業等、発電事業等及び特定卸供給事業）
特定ガス供給業	4号事業	法72条の2第1項4号に掲げる事業 （一部のガス供給業）
収入金額課税法人	—	収入金額課税事業（2号事業）を行う法人
収入金額等課税法人	—	収入金額等課税事業（3号事業）を行う法人
非課税事業	—	事業税が課されない事業
非課税事業等	—	非課税事業又は収入金額課税事業（2号事業）

【1　事業ごとの区分計算】

Q253　所得等課税事業（1号事業）、収入金額課税事業（2号事業）、収入金額等課税事業（3号事業）又は特定ガス供給業（4号事業）のうち複数の事業をあわせて行う法人の法人事業税の課税標準はどのように計算しますか？

A　所得等課税事業（1号事業）、収入金額課税事業（2号事業）、収入金額等課税事業（3号事業）又は特定ガス供給業（4号事業）のうち複数の事業をあわせて行う法人は、それぞれの事業に関する経理を区分し、それぞれの事業分の課税標準額を算定します。

　同じ割が課される場合も事業により税率が異なるため、経理を区分する必要があります。

	外形標準課税の対象法人	外形標準課税対象外の法人
所得等課税事業 （1号事業）	所得割・付加価値割・ 資本割の合算額	所得割
収入金額課税事業 （2号事業）	収入割	
収入金額等課税事業 （3号事業）	収入割・付加価値割・ 資本割の合算額	収入割・所得割の合算額
特定ガス供給業 （4号事業）	収入割・付加価値割・資本割の合算額	

　区分経理したところに従い、各割の課税標準額を計算しますが、両事業部門に共通する経費等がある場合には、これらを妥当と認められる基準によりあん分して、両事業部門に配賦します。

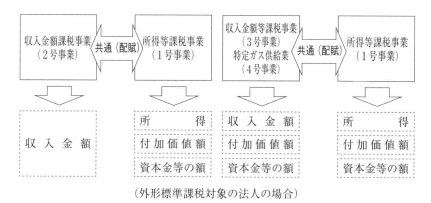

（外形標準課税対象の法人の場合）

　区分経理を行い、課税標準を計算した場合は、申告にあたっては、それぞれの事業に係る区分経理に係る計算書を添付してください。

Q254　所得等課税事業（1号事業）、収入金額課税事業（2号事業）、収入金額等課税事業（3号事業）又は特定ガス供給業（4号事業）のうち複数の事業をあわせて行う法人が、外形標準課税の対象となるかどうかの判定はどのように行うのですか？

A　課税方式や税率の異なる複数の事業をあわせて行う場合であっても、事業年度終了の日現在における全社ベースの資本金により、外形標準課税の対象判定を行います。（通知1の2）

　なお、特定ガス供給業（4号事業）に該当する場合は、資本金に関係なく外形標準課税の対象となります。

Q255　収入金額等課税事業（3号事業）に付随して、軽微な所得等課税事業（1号事業）を行っていますが、この場合も事業ごとの区分計算は必要ですか？

A　　一般に所得等課税事業（1号事業）、収入金額課税事業（2号事業）、収入金額等課税事業（3号事業）又は特定ガス供給業（4号事業）のうち複数の事業をあわせて行う法人の納付すべき事業税額は、原則として各事業部門の経理を区分し、事業ごとに課税標準額及び税額を計算することになります。

　ただし、従たる事業が主たる事業に比して社会通念上独立した事業部門とは認められない程度の軽微なものであり、したがって従たる事業が主たる事業と兼ねあわせて行われているというよりもむしろ主たる事業の附帯事業として行われていると認められる場合においては、事業部門ごとに別々に課税標準額及び税額を算定しないで従たる事業を主たる事業のうちに含めて主たる事業に対する課税方式によって課税して差し支えないとされています。（通知4の9の9）

課　税　方　式　の　選　択
従たる事業が主たる事業に比して社会通念上独立した事業部門とは認められない程度の軽微なもので、主たる事業の附帯事業として行われていると認められる場合

「主たる事業」に対する課税方式によって差し支えありません。

軽微なもの	当該事業の売上金額が主たる事業の売上金額の1割程度以下 かつ 売上金額など事業の経営規模の比較において従たる事業と同種の事業を行う他の事業者と課税の公平性を欠くことにならないもの
附帯事業	主たる事業の有する性格等によって、必然的にそれに関連して考えられる事業
	主たる事業の目的を遂行するため、又は顧客の便宜に資する等の理由によって当該事業に伴って行われる事業

Q256 発電事業を行うためのプラント建設中に事業年度末日を迎えました。資本金は１億円超ですが、課税方式はどのようになりますか？

A 　電気供給業として収入金額等課税事業（３号事業）の課税方式による法人事業税の対象となるのは、実際に電気の供給を開始してからとなります。したがって、電気供給を開始するまでの間は所得等課税事業（１号事業）の課税方式による法人事業税のみの対象となります。

　なお、事業年度の途中で電気供給を開始した場合には、収入金額等課税事業（３号事業）と所得等課税事業（１号事業）をあわせて行う法人に該当することになりますので、原則としてそれぞれの事業を区分したうえで各割の課税標準額等を計算します。（Q253、Q258、Q259、Q260参照）

【2　収入割】

Q257 収入割の課税標準となる収入金額はどのように計算しますか？

A 　所得等課税事業（１号事業）、収入金額課税事業（２号事業）、収入金額等課税事業（３号事業）又は、特定ガス供給業（４号事業）のうち複数の事業をあわせて行う法人は、それぞれの事業に関する経理を区分し、それぞれの事業分の課税標準額を算出することになります。

　収入金額課税事業（２号事業）、収入金額等課税事業（３号事業）又は特定ガス供給業（４号事業）に係る収入割の課税標準となる収入金額は、各事業年度においてその事業について収入すべき金額の総額から、当該各事

業年度において国等から受ける補助金等の収入金額（控除される金額）を
控除して計算します。（法72条の24の2第1項、令22条）

課税標準となる収入金額	=	その事業について収入すべき金額	−	控除される金額

収入すべき金額	各事業年度において、その事業年度の収入として経理されるべきその事業年度に対応する収入をいいます。 貸倒れ又は値引きが行われた時は、その金額を、その行われた日の属する事業年度の収入金額から控除します。
控除される金額	・国又は地方公共団体から受けるべき補助金 ・固定資産、有価証券、不用品の売却による収入金額 ・保険金、損害賠償金 ・工事負担金 ・他の電気供給業・ガス供給業を行う法人から電気・ガスの供給を受けて供給を行う場合の、当該供給を受けた電気・ガス代金相当額 ・託送供給に係る料金として支払う金額に相当する収入金額 …等

※　保険業については省略

【3　所得割】

Q258 所得等課税事業（1号事業）とそれ以外の事業をあわせて行う法人の所得はどのように計算しますか？

A　所得等課税事業（1号事業）とそれ以外の事業をあわせて行う
法人は、それぞれの事業に関する経理を区分し、所得等課税事業
（1号事業）に係る部分の所得割の課税標準となる所得を計算します。

この場合、複数の事業に共通する経費等があり、区分経理が困難な場合

は、これらを妥当と認められる基準によりあん分して所得を計算します。

　また、外形標準課税対象外の法人が、収入金額等課税事業（3号事業）をあわせて行う場合には、収入金額等課税事業（3号事業）に係る所得についても所得割の対象となります。

　なお、申告にあたっては、それぞれの事業に係る区分経理に係る計算書を添付してください。

【4　付加価値割】

> **Q259** 所得等課税事業（1号事業）、収入金額課税事業（2号事業）、収入金額等課税事業（3号事業）又は特定ガス供給業（4号事業）のうち複数の事業をあわせて行う法人の付加価値額はどのように計算しますか？

A　所得等課税事業（1号事業）、収入金額課税事業（2号事業）、収入金額等課税事業（3号事業）又は特定ガス供給業（4号事業）のうち複数の事業をあわせて行う法人は、それぞれの事業に関する経理を区分し、所得等課税事業（1号事業）、収入金額等課税事業（3号事業）又は特定ガス供給業（4号事業）のそれぞれに係る部分の付加価値額を計算します。

　この場合、複数の事業に共通する経費があり、区分経理が困難な場合は、これらを妥当と認められる基準によりあん分して付加価値額を計算します。

　なお、申告にあたっては、それぞれの事業に係る区分経理に係る計算書を添付してください。

【5　資本割】

Q260 所得等課税事業（1号事業）、収入金額課税事業（2号事業）、収入金額等課税事業（3号事業）又は特定ガス供給業（4号事業）のうち複数の事業をあわせて行う法人の資本金等の額はどのように計算しますか？

A 　収入金額課税事業（2号事業）とそれ以外の事業をあわせて行う法人については資本金等の額（法人税法上の資本金等の額に地方税法上の加減算、資本金と資本準備金の合算額との比較後の金額をいいます。）に、当該法人の総従業者数に占める収入金額課税事業（2号事業）以外の事業に係る従業者数の割合を乗じて、収入金額課税事業（2号事業）以外の事業に係る資本金等の額を算出します。（令20条の2の26第1項、第7項）

$$\boxed{\begin{array}{c}\text{収入金額等課税事業}\\\text{（2号事業）以外の}\\\text{事業の資本金等の額}\end{array}} = \boxed{\text{資本金等の額}} \times \frac{\text{収入金額課税事業以外の事業に係る期末の従業者数}}{\text{期末の総従業者数}}$$

　一方、所得等課税事業（1号事業）、収入金額等課税事業（3号事業）及び特定ガス供給業（4号事業）のうち複数の事業をあわせて行う法人の資本割の課税標準の額は、資本金等の額（内国法人の資本割計算後の額）をそれぞれの事業に係る従業者数であん分して計算します。（令20条の2の26第7項）

　下記の例は、所得等課税事業（1号事業）と収入金額課税事業（3号事業）をあわせて行う法人の計算方法です。

| 所得課税事業の課税標準となる資本金等の額 | = | 資本金等の額（内国法人の資本割計算後の額） | × | ①国内に係る所得等課税事業の期末の従業者数 ÷ (①+②) |

| 収入金額等課税事業の課税標準となる資本金等の額 | = | 資本金等の額（内国法人の資本割計算後の額） | × | ②国内に係る収入金等課税事業の期末の従業者数 ÷ (①+②) |

　なお、あん分の基準となる従業者数については、「第1　特定内国法人」のQ249を参照してください。

　それぞれの事業に区分することが困難な従業者の数については、所得等課税事業等の付加価値額及び所得の算定に用いた最も妥当と認められる基準によりあん分します。この場合において、それぞれの事業の従業者数についてその数に1人に満たない端数を生じた場合には、これを1人とします。

　資本割の課税標準額の計算の順序についてはQ198も参照してください。

Q261 これまで発電事業の準備をしていましたが、事業年度の途中で電気供給を開始しました。この場合、課税標準となる資本金等の額はどのように計算しますか？

A　実際に電気供給を行う事業が収入金額等課税事業（3号事業）に該当する電気供給業となり、準備期間は所得等課税事業（1号事業）に該当しますので、事業年度の途中で電気供給を開始した場合には、所得等課税事業（1号事業）を行う法人が事業年度の中途において収入金額等課税事業（3号事業）を開始した場合に該当することになります。

　それぞれの事業について、当該事業年度に属する各月の末日現在における当該事業の従業者数を合計した数を当該事業年度の月数で除して得た数

を、当該得た数と当該事業年度に属する各月の末日現在におけるその他の事業（非課税事業を除く。）の従業者数を合計した数を当該事業年度の月数で除して得た数とを合計した数で除して得た値であん分し、それぞれの事業に係る資本金等の額とします。（通知4の6の10(4)）

　なお、月数は、暦に従って計算し、1月に満たない端数を生じたときは、これを1月とします。（通知4の6の10(5)）（**Q250参照**）

第3　非課税事業をあわせて行う法人

■　非課税事業とは

法人事業税を課すことができない、以下の事業をいいます。（法72条の
4第2項、第3項）

林　　　業	土地を利用して養苗、造林、撫育及び伐採を行う事業をいいます。ただし、伐採のみを行う事業は含まれません。
鉱物の掘採事業	鉱業法3条に掲げる鉱物（金、銀、石油、石灰石、可燃性天然ガスなど）を掘採し、これを販売する事業をいいます。鉱物の掘採と製錬又は加工（製造）を一貫して行っているときは、精錬等の部分は課税事業となります。
農事組合法人が行う農業	農業のうち、農事組合法人で、農地法2条3項各号に掲げる要件のすべてを満たしているものが行う農業が非課税となります。

【1　所得割】

Q262　非課税事業とそれ以外の事業をあわせて行う法人の所得はどのように計算しますか？

A　非課税事業とそれ以外の事業をあわせて行う法人の所得割の課
税標準となる所得は、法人の事業の所得の総額から非課税事業に
係る所得を控除して計算します。（通知4の8の1～4の8の4）

非課税事業以外の事業において、所得等課税事業（1号事業）とそれ以

外の事業をあわせて行う場合は、上記第2（Q253〜Q261）を参照してください。

非課税事業をあわせて行う法人の所得の計算方法		
林業・農事組合法人が行う農業	区分計算	所得の総額を課税事業と非課税事業に区分して計算します。
	あん分計算	区分計算が困難である場合 　所得の総額を、それぞれの事業の売上金額等最も妥当と認められる基準によってあん分して計算します。
鉱物の掘採事業	あん分計算	鉱物の掘採事業と製錬事業とを一貫して行う場合 $$\text{所得の総額} \times \frac{\text{生産品について収入すべき金額} - \text{鉱産税の課税標準である鉱物の価格}}{\text{生産品について収入すべき金額}}$$ ※　区分計算可能な場合は、知事の承認を受けて区分計算の方法によることができます。
	分離計算	石灰石の採掘事業と加工（製造）事業とを一貫して行う場合 　採掘部門と加工（製造）部門とに分離して計算します。
	区分計算	その他の課税事業をあわせて行う場合 　所得の総額を、鉱物の掘採事業と課税事業に区分して計算します。

※　区分計算において、それぞれの事業に共通する損益は、妥当と認められる基準で双方に配賦します。

【2　付加価値割】

Q263　非課税事業をあわせて行う法人の付加価値額はどのように計算しますか？

A 　　　所得における計算方法と同じ方法により、付加価値額の総額から非課税事業に係る付加価値額を控除して課税標準となる付加価値額を計算します。（通知4の8の1～4の8の4）

　非課税事業以外の事業において、所得等課税事業（1号事業）、収入金額課税事業（2号事業）、収入金額等課税事業（3号事業）又は特定ガス供給業（4号事業）のうち複数の事業をあわせて行う場合は、上記第2（Q253～Q261）を参照してください。

【3　資本割】

Q264　　非課税事業をあわせて行う法人の資本金等の額はどのように計算しますか？

A 　　　当該法人の資本金等の額（法人税法上の資本金等の額に地方税法上の加減算、資本金と資本準備金の合算額との比較及び特定子会社株式等の控除措置を反映した後の金額をいいます。）に、当該法人の国内の従業者数に占める所得等課税事業に係る従業者数の割合を乗じて、課税標準となる資本金等の額を算出します。（令20条の2の26第3項）（**Q198**参照）

$$\boxed{\begin{array}{c}課税標準となる\\資本金等の額\end{array}} = \boxed{資本金等の額} \times \frac{所得等課税事業に係る従業者数}{国内の従業者数}$$

　なお、あん分の基準となる従業者数については、「第1　特定内国法人」の**Q249**を参照してください。

　非課税事業以外の事業において、所得等課税事業（1号事業）、収入金

額課税事業（2号事業）、収入金額等課税事業（3号事業）又は特定ガス供給業（4号事業）のうち複数の事業をあわせて行う場合は、上記第2（Q253～Q261）を参照してください。

第4　外国法人

■　外国法人とは

地方税法の施行地に本店又は主たる事業所等を有しない法人を外国法人といいます。（法23条1項3号ロ）

日本国内に恒久的施設（国内PE）がある場合、その恒久的施設（国内PE）をもって事業所等とし、恒久的施設（国内PE）が所在する都道府県に法人事業税の申告をすることとなります。（法72条5号、法72条の2第6項）

＜外国法人の恒久的施設（国内PE）＞

1　租税条約（※）を締結している条約相手国等

当該租税条約に定める恒久的施設に相当するもの

※　恒久的施設に関する定めを有する者に限ります。

2　上記1以外の国又は地域

支店等	支店、出張所その他の事業所若しくは事務所、工場又は倉庫（倉庫業者がその事業の用に供するものに限る。）
	鉱山、採石場その他の天然資源を採取する場所
	上記に準ずる場所
建設作業場	建設作業等（建設、据付け、組立てその他の作業又はその作業の指揮監督の役務の提供で一年を超えて行われるもの）を行う場所
代理人	国内において外国法人に代わって、その事業に関し、反復して次に掲げる契約を締結し、又は当該外国法人により重要な修正が行われることなく日常的に締結される次に掲げる契約の締結のために反復して主要な役割を果たす者 ・当該外国法人の名において締結される契約 ・当該外国法人が所有し、又は使用の権利を有する財産について、所有権を移転し、又は使用の権利を与えるための契約

代　理　人	・当該外国法人による役務の提供のための契約
	上記の業務を外国法人に対して独立して行い、かつ、通常の方法により行う者は契約締結代理人等に含まれません。ただし、当該者が、専ら又は主として一又は二以上の自己と特殊の関係のある者に代わって行動する場合は、この限りではありません。

上記に関わらず恒久的施設とされない場所

ア	物品又は商品の保管、展示又は引渡しのためにのみ使用する施設
イ	物品又は商品の在庫を保管、展示又は引渡しのためにのみ保有する場所
ウ	物品又は商品の在庫を事業を行う他の者による加工のためにのみ保有する場所
エ	事業のために物品若しくは商品を購入し、又は情報を収集することのみを目的として保有する場所
オ	事業のためにアからエ以外の活動を行うことのみを目的として保有する場所
カ	アからエの活動及びそれ以外の活動を組み合わせた活動を行うことのみを目的として保有する場所
キ	代理人が内国法人に代わって行う活動（その活動が複数の活動を組み合わせたものであるときは、その組み合わせによる活動の全体）が当該外国法人の事業の遂行にとって準備的又は補助的な性格のもののみである場合の者

　アからカで行う活動が、事業の遂行にとって準備的又は補助的な性格である場合に限ります。

【1　対象判定】

Q265　外国法人も外形標準課税の対象となるのですか？

A　外国法人であっても、事業年度終了の日現在の資本金が1億円を超えていれば、外形標準課税の対象となります。（法72条の2第

2項）

　なお、この場合の「資本金」は国内における事業規模にかかわらず、その外国法人の資本金の総額であることに留意が必要です。（通知1の2(1)）

Q266　外国法人の資本金が1億円を超えるかどうかの判定はどのように行うのですか？

A　資本金が1億円を超えるかどうかの判定は、各事業年度終了の日の現況により行いますが、外国法人の場合は資本金を円換算する必要があります。

　円換算は、当該事業年度終了の日の対顧客直物電信売相場と対顧客直物電信買相場の仲値（以下「電信売買相場の仲値」といいます。）により行います。

　なお、電信売買相場の仲値は、原則として、その法人の主たる取引金融機関のものによるとされていますが、その法人が、同一の方法により入手等をした合理的なものを継続して使用している場合には、これによることが認められています。（通知1の2(2)）

【2　所得割】

Q267　外国法人の所得はどのように計算しますか？

A　外国法人の所得割の課税標準となる所得は、原則として法人税の課税標準である国内源泉所得（国内PE帰属所得と国内PE非帰属

所得の合算額）の計算の例によって計算します。（法72条の23第1項2号、法法138条、141条）

　この場合、国内PE帰属所得に対して課された外国法人税額は損金算入します。（令21条の5第2項）

【3　付加価値割】

Q268　外国法人の付加価値額はどのように計算しますか？

A　　外国法人の付加価値額の計算は、所得割の課税標準である国内源泉所得の計算に則り、国内PEに帰属する付加価値額を算定します。

Q269　外国法人の付加価値額を計算する際、収益配分額はどのように算出しますか？

A　外国法人の付加価値額は、所得割の課税標準である国内源泉所得の計算に則って計算します。したがって、国内源泉所得の計算における損金及び益金のうち、収益配分額の性質を有するものが課税標準となります。

　外国法人の国内源泉所得の計算においては、国内PEを独立した企業として本店等との内部取引を認識するとともに、販売費、一般管理費その他の費用で国内の事業とその他の事業との双方に関連して生じた費用等について配分した金額（本店配賦費用）を含むものとされていますので、これらに係る収益配分額も課税標準に含めます。（法法138条、142条、法令184条）

【4　資本割】

Q270　外国法人の資本金等の額はどのように計算しますか？

A　当該法人の資本金等の額から、当該法人の外国の事業規模等を勘案して下記により計算した金額を控除して算定します。（法72条の22第 2 項、令20条の 2 の25）

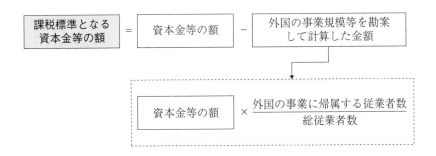

　なお、外国法人の資本金以外の資本金等の額は、外国法人が積み立てた積立金の額で法人税法施行令8条1項の規定による資本金以外の資本金等の額に類するものが該当しますが、その積立てが行われた時における当該外国法人の本店又は主たる事業所等の所在する国の法令に定めるところを勘案して判定することになります。（法基通1-5-7）

Q271　外国法人の資本金等の額の計算はどのような順序で行うのですか？

A　外国法人の資本金等の額は、次の順序で計算を行います。

①　事業年度終了の日現在の法人税法上の資本金等の額を算定する。

②　事業年度終了の日現在の資本金の額と資本準備金の額の合計額を算出する。

③　①と②の比較をして数値の大きい額を用いる。（事業年度終了の日の電信相場により円換算した金額による。（通知4の6の1））

④　事業年度が1年に満たない場合は、②又は③の金額に当該事業年度の月数を乗じて得た額を12で除す。（第6号様式別表5の2）

⑤　国外分を人数あん分により除外する。（法72条の22第2項、令20条の2の25、通知4の6の4(1)、第6号様式別表5の2の3）（**Q270**参照）

⑥　非課税事業等（非課税事業又は2号事業）とそれ以外の事業をあわせて行う場合は、控除額を算出し、これを控除する。（令20条の2の26第4項、通知4の6の4(2)、第6号様式別表5の2の3）

⑦　圧縮措置の適用がある場合は、圧縮措置の計算を行う。（法72条の21第7項、8項、通知4の6の4(3)、第6号様式別表5の2）

⑧　所得等課税事業（1号事業）、収入金額等課税事業（3号事業）又は

特定ガス供給業（4号事業）のうち複数の事業をあわせて行う法人は、それぞれの事業に係る資本割の課税標準となる金額を従業者数あん分により算出する。（令20条の2の26第7項、通知4の6の4(4)、第6号様式別表5の2）

【5　国際運輸業】

Q272　国際運輸業を行う外国法人の付加価値額等はどのように計算しますか？

A　外国法人の国際運輸業に係る所得については、「租税条約」又は「外国人等の国際運輸業に係る所得に対する相互主義による所得税等の非課税に関する法律」により、法人税等が課されない場合があります。これら租税条約等により法人事業税も免除とされていれば、付加価値割及び資本割も課されません。

ただし、国際運輸業所得が租税条約等による免除対象外である場合や、法人事業税が免除対象税目とされていない場合は、事業年度末日現在の資本金の額により、外形標準課税の対象となります。この場合、付加価値額は所得の計算方法に準じて計算し、資本金等の額は他の外国法人同様、従業者数あん分により計算することになります。

なお、国内において国際運輸業以外の事業を行う場合には、当該事業は法人税と同様に法人事業税も対象となりますので、外形標準課税の対象となる場合は、当該事業に係る付加価値額及び資本金等の額の計算を要します。

第 5 章
税　　率

【税　率】

　法人事業税の税率は、地方税法の定める通常よるべき税率（以下「標準税率」といいます。）を基準にして、各都道府県が条例で定めます。（法72条の24の7）

　標準税率を超える税率（超過税率）で事業税を課す場合であっても、それぞれの標準税率の1.2倍（法72条の2第1項1号イの所得割は1.7倍）を超えることはできません。（法72条の24の7第9項）

Q273 外形標準課税法人に係る法人事業税の標準税率はどのようになっていますか？

A　令和4年4月1日以後に開始する事業年度の標準税率は次のとおりです。

事業の区分 (法72条の2 第1項各号)	法人の種類	事業税の区分		税率（%）
1号 2号、3号及び4号以外の事業	① 普通法人（②及び③の法人を除く） 公益法人等 人格のない社団等	所得割 軽減税率適用法人	年400万円以下の所得	3.5
			年400万円を超え年800万円以下の所得	5.3
			年800万円を超える所得	7.0
			軽減税率不適用法人（※）	
	② 特別法人 （法人税法別表第三に掲げる協同組合等（農業協同組合、信用金庫等）及び医療法人）	所得割 軽減税率適用法人	年400万円以下の所得	3.5
			年400万円を超える所得	4.9
			軽減税率不適用法人（※）	
	③ 資本金の額（又は出資金の額）が1億円を超える普通法人（特定目的会社、投資法人、一般社団・一般財団法人は除く）	所得割		1.0
		付加価値割		1.2
		資本割		0.5
2号	電気供給業（小売電気事業等・発電事業等・特定卸供給事業を除く）、導管ガス供給業、保険業又は貿易保険業	収入割		1.0
3号 小売電気事業等、発電事業等又は特定卸供給事業	①及び②の法人	収入割		0.75
		所得割		1.85
	③の法人	収入割		0.75
		付加価値割		0.37
		資本割		0.15
4号	特定ガス供給業	収入割		0.48
		付加価値割		0.77
		資本割		0.32

※ 軽減税率不適用法人は、三以上の都道府県において事業所等を設けて事業を行う法人で、資本金の額又は出資金の額が1,000万円以上のものをいいます。（法72条の24の7第5項）

その判定は、各事業年度終了の日の現況（仮決算による中間申告納付又は分割基準が著しく異なる場合等における中間申告納付を行う場合は、当該事業年度開始の日から6月の期間の末日の現況）によることとなります。

Q274　各都道府県により税率は異なるのですか？

 　　法人事業税の税率は、標準税率を基準に各都道府県が条例により定めています。

　外形標準課税法人に係る法人事業税についても、超過税率を適用している都道府県があるため税率は各都道府県一律ではありません。

＜東京都における外形標準課税の超過税率：令和４年４月１日以後に開始する事業年度＞
（東京都都税条例33条、都税条例附則５条の２、５条の２の２）

事業の区分 （法72条の２ 第１項各号）		法人の種類	事業税の区分		税率（％）
1号	①	普通法人（②及び③の法人を除く） 公益法人等 人格のない社団等	所得割	軽減税率適用法人 年400万円以下の所得	3.75
				軽減税率適用法人 年400万円を超え年800万円以下の所得	5.665
2号、3号及び4号以外の事業				軽減税率適用法人 年800万円を超える所得	7.48
				軽減税率不適用法人（※）	
	②	特別法人 （法人税法別表第三に掲げる協同組合等（農業協同組合、信用金庫等）及び医療法人）	所得割	軽減税率適用法人 年400万円以下の所得	3.75
				軽減税率適用法人 年400万円を超える所得	5.23
				軽減税率不適用法人（※）	
	③	資本金の額（又は出資金の額）が１億円を超える普通法人（特定目的会社、投資法人、一般社団・一般財団法人は除く）	所得割		1.18
			付加価値割		1.26
			資本割		0.525

2号	電気供給業（小売電気事業等・発電事業等・特定卸供給事業を除く）、導管ガス供給業、保険業又は貿易保険業		収入割	1.065
3号	小売電気事業等、発電事業等又は特定卸供給事業	①及び②の法人	収入割	0.8025
			所得割	1.9425
		③の法人	収入割	0.8025
			付加価値割	0.3885
			資本割	0.1575
4号	特定ガス供給業		収入割	0.519
			付加価値割	0.8085
			資本割	0.336

※　軽減税率不適用法人は、三以上の都道府県において事業所等を設けて事業を行う法人で、資本金の額又は出資金の額が1,000万円以上のものをいいます。（法72条の24の 7 第 5 項）
　　その判定は、各事業年度終了の日の現況（仮決算による中間申告納付又は分割基準が著しく異なる場合等における中間申告納付を行う場合は、当該事業年度開始の日から 6 月の期間の末日の現況）によることとなります。

第6章
申告・納付等

第 1 申告納付

　法人事業税は申告納付制度を採用しています。したがって、事業を行う法人は、納付すべき法人事業税の課税標準額及び税額を自ら計算したうえで申告し、その申告した税額を納付することになります。

　この場合において、法人の事業所等が複数の都道府県に所在するときは、それら複数の都道府県に対し申告納付することを要します。

　法人事業税の申告納付には次のようなものがあり、基本的には法人税の申告納税制度と同様のものとなっています。

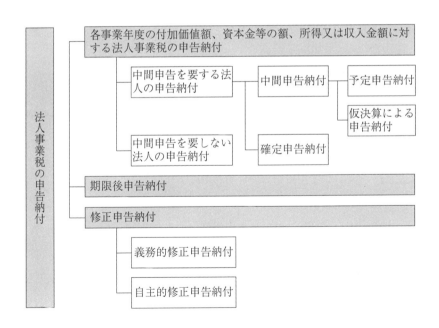

【1　中間申告納付】

Q275 前事業年度が欠損で、法人税の中間申告義務のない外形標準課税法人は、法人事業税の中間申告を行う必要はありますか？

A　外形標準課税法人については、法人税における中間申告義務の有無にかかわらず、必ず中間申告を行うことになっています。

　法人税で前事業年度が欠損の場合であっても、付加価値割額、資本割額及び所得割額（収入割額）の合計である法人事業税額を基礎に中間申告納付すべき法人事業税額を計算します。（法72条の26第1項、第8項）

　なお、この場合、法人住民税の中間申告義務はありませんので、法人事業税のみを申告納付することになります。（法53条1項、321条の8第1項）

Q276 外形標準課税対象の通算法人ですが、仮決算による申告納付はできますか？

A　通算法人についても、中間申告納付は予定申告納付もしくは仮決算による申告納付のいずれかにより行うことができます。ただし、所得割を申告納付する通算子法人であって通算親法人が協同組合等である場合、もしくは仮決算による申告税額が予定申告税額を超える場合には、仮決算による申告納付を行うことはできません。（法72条の26第1項）

　なお、法人税では、通算グループ内の全ての通算法人の仮決算による法人税額の合計額がこれらの通算法人の前期実績基準額の合計額を超える場合には、通算グループ内の全ての通算法人について、仮決算に基づく中間申告を行うことができませんが、法人事業税ではそれぞれの通算法人ごと

に判定することになります。（法法72条5項2号）

Q277 前事業年度は外形標準課税対象であった法人が、当該事業年度に外形標準課税対象でなくなった場合、中間申告はどのように行うのですか？

A 当該事業年度開始の日（通算子法人である場合は通算親法人の事業年度開始の日）から6月の期間を経過した日の前日現在において外形標準課税対象でない場合には、法人税の中間申告義務の有無により、法人事業税の中間申告の要否を判定します。（法72条の26第8項、第9項）

　ただし、当該事業年度に収入金額課税事業もしくは収入金額等課税事業を行っている場合には、必ず法人事業税の中間申告が必要になります。

　中間申告を行う場合は、予定申告か、仮決算により法人事業税額を算定して申告することになりますが、予定申告の場合には、前事業年度の所得割額（もしくは収入割額）の2分の1ではなく、法人事業税額の2分の1の金額を申告納付することになります（※前事業年度の月数が12カ月である場合）。

Q278 前事業年度は外形標準課税対象ではなかった法人が、当該事業年度に外形標準課税対象となった場合、中間申告はどのように行うのですか？

A 当該事業年度開始の日（通算子法人である場合は通算親法人の事業年度開始の日）から6月の期間を経過した日の前日現在において外形標準課税法人である場合には、中間申告納付の義務がありますので、予定申告納付か、仮決算による申告納付を行うことになります。

　なお、予定申告納付を行う場合であって、前事業年度が欠損等で法人事業税額がなかった場合は、税額ゼロとして中間申告をすることになります。（法72条の26第1項、第8項）

【2　確定申告納付】

> **Q279**　付加価値割額を販売費及び一般管理費に計上するとのことですが、販売費及び一般管理費が確定しないと単年度損益が計算できません。どのように計算すればよいのですか？

（例）

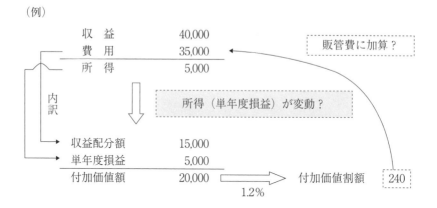

　A　法人事業税は、申告書の提出の有無に関わらず、当事業年度の翌事業年度の法人税の計算にあたって損金算入されます。したがって、付加価値割額240は当事業年度の費用（損金）とはならず、付加価値額20,000、所得（単年度損益）5,000となります。（法基通9−5−1⑴、9−5−2）

Q280 法人事業税の申告すべき税額の計算において、租税条約に係る税額控除等複数の税額控除の適用を受ける際は、どのような順番で計算を行うのですか？

A 合計法人事業税額から、以下の順で控除します。（法附則 9 条の 2 の 2 第 3 項、通知 5 の 3⑴）

＜法人事業税額　控除の順番＞

① 特定寄附金を支出した場合（法附則 9 条の 2 の 2）の控除額

② 仮装経理に基づく法人事業税額の控除額

③ 既に納付すべきことが確定している法人事業税額

④ 租税条約の実施に係る法人事業税額の控除額

また、上記の控除を付加価値割、資本割、所得割又は収入割から行う場合、それぞれ以下の順で控除します。（通知 5 の 1⑴、5 の 2⑷、5 の 3⑴）

・特定寄附金を支出した場合の控除額：所得割→付加価値割→資本割→収入割
・仮装経理に基づく法人事業税額の控除額：所得割→付加価値割→資本割→収入割
・租税条約の実施に係る法人事業税額の控除額：所得割→付加価値割→資本割→収入割

Q281 清算中の各事業年度の申告納付はどのように行うのですか？

A 外形標準課税の対象となる清算中の法人については、資本金等の額はないものとみなされますので、資本割を申告納付する必要はありません（法72条の21第 1 項ただし書き、通知 6 の15⑴）。ただし、通算

子法人が事業年度の途中において解散した場合は、当該解散の日において事業年度を区切らないことから、事業年度開始の日から解散の日までの期間については、資本割が課されます。（法72条の21第4項、通知6の15(1)ただし書き）

　なお、付加価値割、所得割及び収入割は申告納付する必要があります。（法72条の29第1項）（**Q200**参照）

Q282	外形標準課税対象の清算法人の残余財産が確定した日の属する事業年度の申告納付はどのように行うのですか？

A	外形標準課税対象の清算法人は、残余財産が確定した日の属する事業年度については、その確定した日から1月以内に確定申告

を提出し、法人事業税額を納付します。

　この場合、付加価値割、資本割及び収入割の申告納付は必要ありませんが、納付すべき所得割額がない場合であっても、申告書を提出する必要があります。（法72条の29第3項、第4項、第5項）

Q283	外形標準課税対象の通算子法人が、事業年度の途中で解散し、同一事業年度中に残余財産が確定した場合の申告納付はどのように行うのですか？

A	通算子法人が事業年度の途中において解散した場合は、当該解散の日において事業年度を区切らず、事業年度開始の日から残余

財産確定の日（＝通算親法人との間に通算完全支配関係を有しなくなった日の

前日）までの期間を事業年度として確定申告を行います。（法72条の13第 8
項 2 号、第11項）

　事業年度開始の日から解散の日までの期間については、資本割、付加価
値割及び収入割が課されます（法72条の30第 1 項）。所得割は当該事業年度
の所得に課税されますが、法人税の所得の計算において残余財産の確定す
る日の属する事業年度に係る法人事業税及び特別法人事業税の損金算入額
がある場合は、これを足し戻した金額となることに留意が必要です。（法
法62条の 5 第 5 項、法72条の23第 2 項）

【3　修正申告納付】

Q284　外形標準課税対象の事業年度において法人税の更正を受けましたが、法人事業税はどのように取り扱えばよいのですか？

A　申告に係る法人事業税の計算の基礎となった事業年度に係る法
人税の課税標準について、税務官署の更正又は決定を受けた場合
で、法人事業税に不足額が生じたときは、税務官署が当該更正又は決定の
通知をした日から 1 月以内に修正申告書を提出し、その修正により増加し
た法人事業税を納付しなければなりません。（法72条の31第 3 項）

　この場合、所得割の課税標準である所得はもちろんのこと、付加価値割
の課税標準である単年度損益も変動すること、また、法人税の更正理由に
よっては収益配分額や収入金額の変動もあり得ることに留意が必要です。

【4　電子申告の義務化】

Q285 事業年度開始時点で資本金が2億円の外形標準課税法人ですが、申告は電子申告により提出する必要がありますか？

A　令和2年4月1日以後に開始する事業年度から、事業年度開始の日現在における資本金が1億円を超える法人、相互会社、投資法人及び特定目的会社については、法人事業税の申告を電子情報処理組織を使用する方法（eLTAX）により行わなければならないことになりました。したがって、該当の事業年度が令和2年4月1日以後に開始している場合は、電子申告により申告を提出する必要があります。

　なお、電子申告義務化の対象は、確定申告書、予定申告書、仮決算による中間申告書、修正申告書及びこれらの申告書の添付書類になります。

（法72条の32）

Q286 事業年度開始時点で資本金が6千万円でしたが、増資をして事業年度末日時点では資本金1億6千万円となりました。申告は電子申告により提出する必要がありますか？

A　令和2年4月1日以後に開始する事業年度において、事業年度開始の日現在における資本金が1億円を超える場合に電子申告義務化の対象となります。したがって、該当の事業年度については電子申告義務化の対象とはなりません。

第 2 　更正・決定

　法人事業税は申告納付制度を採用しているため、納税義務者である法人が自ら課税標準額及び税額を計算したうえで申告納付します。しかし、そのすべてが制度に則った正しい申告であるとは限らず、また、申告納付義務そのものを果たしていない場合もあります。

　そのため、申告納付制度の秩序維持のために、申告が過少又は過大である場合にはこれを是正するための更正処分を、申告のないものについては決定処分を行うことになります。

　更正・決定には、大別して次の2種類のものがあります。

更正・決定		
①	法人税の課税標準を基準とする更正・決定	法72条の39
②	都道府県知事の調査による更正・決定	法72条の41、41の2

法人税の課税標準を基準とする更正・決定	対象法人及び対象となる割	国税準拠法人（自主決定法人以外の法人）の所得割 ※外形対象法人（自主決定法人以外）を含みます。
	更正を行う場合	提出のあった申告書に係る所得が、法人税の課税標準を基準として算定した所得と異なることを発見した場合
		申告書に記載された所得割額の算定について誤りがあることを発見したとき
		法人税の課税標準を基準として更正又は決定した後において法人税の課税標準が増加又は減少したとき
		更正又は決定した所得割額の算定について誤りがあることを発見したとき
	決定を行う場合	申告書を提出しなかった場合（中間申告があったものとみなされる場合を除く。）

都道府県知事の調査による更正・決定	①	対象法人及び対象となる割	自主決定法人（以下に掲げる法人）の所得割・収入割 イ　電気供給業、ガス供給業、保険業又は貿易保険業を行う法人 ロ　通算法人 ハ　社会保険診療報酬に係る課税の特例の適用を受ける医療法人又は農業協同組合連合会 ニ　特定内国法人 ホ　法人税が課されない法人 ヘ　非課税事業をあわせて行う法人
		更正を行う場合	提出のあった申告書に係る所得、収入金額又は所得割額もしくは収入割額が、その調査したところと異なるとき
			更正又は決定した所得、収入金額又は所得割額もしくは収入割額について過不足額があることを知ったとき
		決定を行う場合	申告書を提出しなかった場合（中間申告があったものとみなされる場合を除く。）
	②	対象法人及び対象となる割	外形標準課税法人の付加価値割及び資本割
		更正を行う場合	提出のあった申告書に係る付加価値額、資本金等の額又は付加価値割額もしくは資本割額が、その調査したところと異なるとき
			更正又は決定した付加価値額、資本金等の額又は付加価値割額もしくは資本割額について過不足額があることを知ったとき
		決定を行う場合	申告書を提出しなかった場合（中間申告があったものとみなされる場合を除く。）

【1　更正・決定】

Q287　外形標準課税法人に対する更正はどのように行われるのですか？

A　所得割については、原則として法人税の課税標準を基準に更正が行われることになりますが、付加価値割、資本割及び収入割については都道府県知事が独自に調査を行ったうえで、課税標準額、税額が異なればこれを更正することになります。（法72条の39、72条の41、72条の41の2）

　更正は、所得割、付加価値割、資本割及び収入割をあわせて行う必要はないことになっています。（通知6の25）

Q288　外形標準課税法人が申告書を提出しなかった場合はどうなりますか？

A　申告書の提出がない場合は、決定処分を受けることになります。付加価値割、資本割及び収入割については、都道府県知事が調査により課税標準額、税額を決定し、所得割については法人税の課税標準を基準に決定することになります。（法72条の39、72条の41、72条の41の2）

　なお、都道府県知事は所得割（もしくは収入割）と付加価値割、資本割の決定をあわせて行わなければならないことになっていますので、これらの割をあわせて決定処分することになります。（法72条の41の3、通知6の25）

【2　調　査】

Q289　複数の都道府県に事業所等を有するため、各都道府県に申告納付していますが、調査も各都道府県が行うのですか？

A　二以上の都道府県に事業所等を設けて事業を行う法人に係る課税標準額の総額についての更正・決定は、当該法人の主たる事業所等所在地の都道府県知事が行うことになります。

　したがって、調査は当該主たる事業所等所在地の都道府県が行い、その結果に基づき事業所等所在地の都道府県から、それぞれの申告に係る過不足額の更正又は申告すべき税額の決定を受けることになります。（法72条の48の2）

　なお、調査には書面による調査のほか、法人の事業所等に訪問し、帳簿書類等を確認して行う調査もあり、都道府県の税務職員（徴税吏員）には、一定の質問検査権が与えられています。（法72条の7、72条の8）

Q290　外形標準課税による申告に対する調査は、どのように行われるのですか？

A　外形標準課税による申告のうち、付加価値割、資本割及び収入割の課税標準額、税額（割額）については、都道府県知事が調査のうえ、誤りがある場合にはこれを更正することになります。（法72条の41、72条の41の2）

　この調査は、法人の主たる事業所等の所在地を所管する都道府県が実施することになりますので、その実施方法はそれぞれ異なるものと思われま

すが、法人の事業所等に訪問し、帳簿書類等を確認して行う調査については、一般的に、以下の手順で行われます。

＜法人の事業所等に訪問する調査の流れ＞

＜確認資料（例示）＞

資　料　等	確認事項
会社案内	事業概要等
貸借対照表	資本金等
損益計算書	収益配分額の概数
販売費・一般管理費明細	－
営業外損益明細	－
原価明細	－
株主資本等変動計算書	資本金等
合計残高試算表	収益配分額の内訳
総勘定元帳	〃
補助元帳	〃
給与台帳	〃
法人税申告書	
別表4	損金算入額
別表5(1)	資本金等の額
その他	－
原始書類（契約書、株主総会議事録等）	－

Q291 法人事業税について税理士に税務代理を委任しています。その場合に調査はどのような手続きを踏んで行われますか？

A 　都道府県が法人の事業所等に訪問する調査を行う場合、法人事業税についての税務代理権限証書を提出している税理士があるときは、法人だけではなく当該税理士にも調査の日時場所を通知しなければならないことになっています。（税理士法30条、34条1項）

　また、計算事項・審査事項等を記載した書面が申告書に添付されている場合は、通知に先立ち、当該税理士に対し添付書面に記載された事項に関し意見を述べる機会を与えなければならないことになっています。（税理士法33条の2、35条1項）

　なお、税務代理権限証書の中で法人が同意をしている場合には、調査の日時場所の通知は当該税理士に対してすれば足りるとされています。（税理士法34条2項）

第 3 更正の請求

　地方税に関する法令の規定に従っていなかったこと又は当該計算に誤りがあったことにより法人事業税の申告書の提出により納付すべき税額が過大であった場合等、次に掲げる場合は、請求期限内に限り、都道府県知事に対して更正請求書を提出して、当該税額等につき更正の請求をすることができます。

（法20条の9の3、72条の33、72条の48の2第4項）

区　分		更正の請求ができる場合	請求期限
法定納期限から5年以内にする更正の請求	①	納付すべき税額が過大であるとき	法定納期限から5年以内
	②	欠損金額等が過少であるとき、又は申告書もしくは更正通知書に当該金額等の記載がなかったとき	
	③	還付金の額が過少であるとき、又は申告書もしくは更正通知書に当該金額の記載がなかったとき	
後発的な事由による更正の請求	①	税額計算の基礎となる事実と異なる事実が判決により確定したとき	その確定した日の翌日から起算して2月以内
	②	納税義務者に帰属するとされていた所得等が他の者に帰属するものとする更正・決定があったとき	当該更正・決定があった日の翌日から起算して2月以内
	③	その他①・②に類するものでやむを得ない理由があるとき	当該理由が生じた日の翌日から起算して2月以内

【更正の請求の特例】

区　分	更正の請求ができる場合	請求期限
法人事業税について更正等を受けたことに伴う更正の請求	申告書に記載すべき課税標準額又は税額について修正申告書を提出し、又は更正・決定を受けたことに伴い当該事業年度後の事業年度分に係る申告書に記載すべき課税標準額又は税額が過大となる場合	当該修正申告書を提出した日又は当該更正・決定の通知を受けた日から2月以内
法人税について更正等を受けたことに伴う更正の請求	申告書又は修正申告書を提出した法人が、当該申告に係る法人税の課税標準について税務官署の更正・決定を受けたことに伴い、当該申告に係る課税標準額又は税額が過大となる場合	国の税務官署が当該更正・決定の通知をした日から2月以内
分割基準の誤りに伴う更正の請求	分割法人が主たる事業所等所在地の都道府県知事に申告書もしくは修正申告書を提出した場合、又は更正・決定を受けた場合において、当該申告又は更正・決定に係る分割課税標準額の分割基準に誤りがあったこと（すべき分割をしなかった場合を含む。）により、分割課税標準額又は税額が過大である関係都道府県があるとき	関係都道府県知事が更正・決定しうる期間内

Q292 外形標準課税による申告納付を行いましたが、計算誤りにより税額が過大であることが判りました。どうすればよいですか？

A 　申告書に記載した税額の計算が誤っており、納付すべき税額が過大である場合には、法定納期限から5年以内であれば、都道府県知事に対して更正の請求を行うことができます。（法20条の9の3第1項）

　更正の請求をする場合は、次の事項を記載した「更正請求書」（第10号の3様式）を都道府県知事に提出しなければなりません。（法20条の9の3

第3項）

①　更正前の課税標準等又は税額等（※）

②　更正後の課税標準等又は税額等

③　更正の請求をする理由

④　更正の請求をするに至った事情の詳細その他参考となるべき事項

　また、課税標準等又は税額等が過大であること等の事実を証する資料を、更正請求書に添付することになっています。

※　令和4年12月31日以後に終了する事業年度から、納付すべき税額及び還付金の額に相当する税額以外は記載不要です。

第4　分割法人の法人事業税額の算定方法

　二以上の都道府県に事業所等を有して事業を行う法人（以下「分割法人」といいます。）が法人事業税を申告納付する場合には、課税標準額の総額を一定の分割基準により事業所等が所在する関係都道府県に分割し、その分割した額（分割課税標準額）を課税標準として、関係都道府県ごとに法人事業税額を算定することになります。（法72条の48第1項）

　課税標準額の分割は、割ごとに行います。

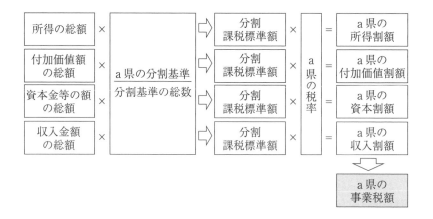

Q293　事業所等が所在する都道府県ごとに発生した付加価値額を算定する必要がありますか？

A　分割法人である外形標準課税法人については、各割の課税標準額の総額を算出した後、事業所等の数や従業者数などの一定の基準（分割基準）を用いて、関係都道府県ごとに課税標準額を分割すること

になります。

　したがって、関係都道府県ごとに発生した付加価値額を算定する必要は
ありません。（法72条の48第1項）

Q294　法人事業税の分割基準はどのようなものですか？

　法人事業税の分割基準は、事業の種類に応じて、次のとおりと
されています。（法72条の48第3項）

	事業区分		分　割　基　準	
①	下記②〜⑤以外の事業		課税標準の1／2	事業年度末日現在の事業所等の従業者の数
			課税標準の1／2	事業年度に属する各月末日現在の事業所等の数の合計数
②	製造業		事業年度末日現在の事業所等の従業者の数	
	*製造業を行う法人の工場の従業者		資本金又は出資金額が1億円以上の場合は、製造業を行う法人の工場である事業所等の従業者の数について、当該従業者の数に、工場の従業者の数（奇数である場合には、その数に1を加えた数）の1／2に相当する数を加算してください。	
③	倉庫業及びガス供給業		事業年度末日現在において貸借対照表に記載されている事業所等ごとの有形固定資産の価額	
④	電気供給業（※）	発電事業特定卸供給事業	課税標準の3／4	事業年度末日現在において貸借対照表に記載されている事業所等ごとの有形固定資産で発電所の用に供するものの価額
			課税標準の1／4	事業年度末日現在において貸借対照表に記載されている事業所等ごとの有形固定資産の価額

④	電気供給業（※）	一般送配電事業 送電事業 配電事業 特定送配電事業	課税標準の3／4	事業年度末日現在の発電所の発電用電気工作物と接続している電圧66キロボルト以上の電線路の電力容量
			課税標準の1／4	事業年度末日現在において貸借対照表に記載されている事業所等ごとの有形固定資産の価額
		小売電気事業	課税標準の1／2	事業年度末日現在の事業所等の従業者の数
			課税標準の1／2	事業年度に属する各月末日現在の事業所等の数の合計数
⑤	鉄道事業及び軌道事業			事業年度末日現在における軌道の単線換算キロメートル数

※　平成29年3月30日以前に終了する事業年度は、課税標準の4分の3を事業年度末日現在において貸借対照表に記載されている事業所等ごとの有形固定資産で発電所の用に供するものの価額で、課税標準の4分の1を事業年度末日現在において貸借対照表に記載されている事業所等ごとの有形固定資産の価額であん分します。

　上記の事業をあわせて行う法人においては、主たる事業についての分割基準を使用しますが、その判定に当たっては、原則として売上金額の最も大きいものを主たる事業とし、これによりがたい場合には従業者の配置、施設の状況等により企業活動の実態を総合的に判定します。（法72条の48第8項、通知9の11）

　なお、鉄道事業及び軌道事業と他の事業をあわせて行う場合は、例外規定があります。（法72条の48第11項、令35条の2、規6条の3）

Q295　分割基準に用いる従業者数には、派遣労働者も含めますか？

A　分割基準となる「事業所等の従業者」とは、原則として当該事業所等に勤務すべき者で、給与の支払いを受けるべき者をいいますが、一の納税義務者から給与の支払いを受け、かつ、当該納税義務者以

外の納税義務者の事業所等で勤務すべき者も、当該勤務すべき事業所等の
従業者数となります。

　したがって、派遣労働者は派遣を受けた法人の従業者数に含めます。
（通知9の1柱書、⑵）

Q296　分割基準に用いる従業者数には、無給の役員も含めますか？

A　分割基準に用いる従業者とは、原則として当該事業所等に勤務すべき者で、俸給、給料、賃金、手当、賞与その他これらの性質を有する給与の支払を受けるべき者をいい、常勤、非常勤の別は問いません。実際の給与の支払いの有無に関わらず、給与の支払いを受けるべき労務等を提供している者が対象となります。したがって、従業者には、無給の役員も含めます。（規6条の2の2第1項、通知9の1）

Q297　製造業を行う資本金1億2千万円の外形標準課税法人ですが、期中に1つの工場を廃止しました。他にも工場があるため製造業の分割基準を適用します。分割基準に用いる従業者数を算出する際に、期中に廃止した工場について、工場の従業者数にその1/2を加算する必要がありますか？

A　資本金が1億円以上の製造業を行う法人の場合、工場である事業所等の従業者数については、工場の従業者数の1/2に相当する額を加算して算出することになりますが、工場の判定は事業年度終了の日現在で行うため、期中に廃止した工場について加算は必要ありません。（法72条の48第4項1号、通知9の3）

　なお、期中に廃止した工場については、事業年度の中途に廃止した事業所等の計算式により従業者数を算出します。ただし、廃止前の期間について従業者の数が著しく変動した場合（各月の末日の人数のうち最も多い数が最も少ない数の2倍を超える場合）には、著しい変動のある事業所等の計算式により従業者数を算出します。（法72条の48第5項、第6項、通知9の2）

廃止した事業所等	廃止の日の前月末日現在の人数 × $\dfrac{廃止日までの月数}{事業年度の月数}$
著しい変動のある事業所等	$\dfrac{各月末日の人数の合計}{事業年度の月数}$

※　月数は暦に従って計算し、1月に満たない端数を生じたときは1月とします。
※　従業者の数に1人に満たない端数を生じたときはこれを1人とします。

Q298　分割基準で事業所等の数を使用する場合、どのように数えるのですか？

A　分割基準となる事業所等の数は、事業年度に属する各月の末日現在における数値を合計した数値をいい、例えば、一の事業所等を1年間通じて有していた場合、事業年度が12ヶ月であれば12所となります。なお、具体的には次のとおり取り扱います。（法72条の48第4項、通知9の10）

事業所等の数		
同一構内・区画にある建物	原則	一の事業所等として取り扱います。
	例外	独立して業務の行われているものはそれぞれ一の事業所等として取り扱います。
近接した構内・区画にそれぞれ建物がある場合	原則	構内・区画ごとに一の事業所等として取り扱います。
	例外	経理・帳簿等が同一で分離できない場合、同一の管理者等により管理・運営されている場合など、経済活動・事業活動が一体であると認められる場合には、一の事業所等として取り扱います。
構内・区画が二以上の都道府県の区域にまたがる場合	ア	建物が一の都道府県の区域のみに所在する場合は、当該建物の所在する都道府県の事業所等として取り扱います。
	イ	建物が二以上の都道府県の区域にまたがる場合は、それぞれの都道府県の事業所等として取り扱います。

第 5　徴収猶予

　外形対象法人に対して、法人事業税の徴収を猶予する制度が設けられています。

　徴収の猶予を受けた場合、その猶予期間内に当該法人事業税を納付することになりますが、その金額を適宜分割して納付すべき期限を定めることができます。（法72条の38の2、令31条、32条）

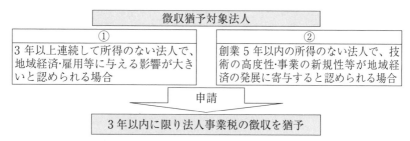

（注）　徴収猶予を認める場合の具体的要件は都道府県ごとに定められていますので、申請する都道府県に確認してください。

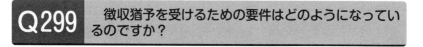

Q299　徴収猶予を受けるための要件はどのようになっているのですか？

A　徴収猶予を受けるための要件は、上記対象法人に該当する場合で、かつ、下記事業年度の法人事業税を期限内申告している場合に限ります。（法72条の38の2第4項）

上図①に該当する法人	当該事業年度終了の日の翌日から起算して 3 年前の日の属する事業年度から、当該事業年度の前事業年度までの各事業年度
上図②に該当する法人	設立の日の属する事業年度から、当該事業年度の前事業年度までの各事業年度

　なお、徴収猶予を受けるためには、当該法人事業税の申告書の提出に併せ、各都道府県の条例で定めるところにより申請しなければなりません。（法72条の38の 2 第 3 項）

Q300 徴収猶予を受けるための要件にある「所得のない法人」とは、各事業年度の所得が赤字である法人に限られるのですか？

A 　徴収猶予を受けるための要件のひとつである「所得のない法人」には、各事業年度の所得が赤字である法人だけでなく、繰越欠損金額の控除の結果、所得割の課税標準となる所得がない法人も該当します。

Q301 徴収猶予の期間を延長することはできますか？

A 　徴収猶予の期間は当該法人事業税の納期限の翌日から 3 年以内ですが、猶予期間内にその猶予した金額を納付することができないやむを得ない理由があると認められるときは、その納期限からさらに 3 年以内の期間に限り、その徴収を猶予することができます。ただし、その期間は、既に徴収を猶予した期間と合わせて 6 年を越えることができません。（法72条の38の 2 第 5 項）

Q302 徴収猶予を受けた場合、延滞金の取扱いはどのようになりますか？

A　徴収猶予を受けた場合、その猶予を受けた法人事業税に対し延滞金が課されますが、当該延滞金のうち猶予期間に対応する部分の2分の1に相当する金額は免除されることになります。

　また、事業の状況により当該猶予に係る延滞金の納付を困難とするやむを得ない理由があると認められる場合には、残りの延滞金額についても納付が困難と認められるものを限度として免除することができるとされています。(法72条の38の2第10項、第12項)

第6　申告書等の記載方法

　外形標準課税関係の様式として、次の様式（第6号様式別表）が定められています。

様式番号		様式名	対象法人	添付書類
第6号様式	別表5	所得金額に関する計算書	収入金額等課税事業（3号事業）又は特定ガス供給業（4号事業）を行う法人、特定内国法人、非課税事業を併せて行う法人　等	―
	別表5の2	付加価値額及び資本金等の額の計算書	全ての外形標準課税法人	―
	別表5の2の2	付加価値額に関する計算書	特定内国法人非課税事業をあわせて行う法人	国外事業・非課税事業に係る付加価値額の計算書類
	別表5の2の3	資本金等の額に関する計算書	収入金額課税事業又は非課税事業をあわせて行う法人特定内国法人外国法人無償増資・損失の塡補等を行った法人法72条の21第2項の適用を受ける法人	損失の塡補等の事実を証する書類
	別表5の2の4	特定子会社の株式等に係る控除額に関する計算書	特定子会社控除適用法人	出資関係図令20条の2の22に定める金額の内訳
	別表5の3	報酬給与額に関する明細書	全ての外形標準課税法人	―

第6号様式	別表5の3の2	労働者派遣等に関する明細書	労働者派遣等を受けた法人 労働者派遣等をした法人	―
	別表5の4	純支払利子に関する明細書	全ての外形標準課税法人	―
	別表5の5	純支払賃借料に関する明細書	全ての外形標準課税法人	―
	別表5の6	国内新規雇用者に対する給与等の支給額が増加した場合の付加価値額の控除に関する明細書	国内新規雇用者に対する給与等の支給額が増加した場合の特別控除の適用を受ける法人（令和3年4月1日から令和4年3月31日までの間に開始する事業年度について使用）	―
	別表5の6の2	給与等の引上げ及び設備投資を行った場合の付加価値額の控除に関する明細書	給与等の引上げ及び設備投資を行った場合の特別控除の適用を受ける法人（平成30年4月1日から令和3年3月31日までの間に開始する事業年度について使用）	―
	別表5の6の3	給与等の支給額が増加した場合の付加価値額の控除に関する明細書	給与等の支給額が増加した場合の特別控除の適用を受ける法人（令和4年4月1日から令和6年3月31日までの間に開始する事業年度について使用）	―

<h2>＜外形標準課税に関する別表の相関関係＞</h2>

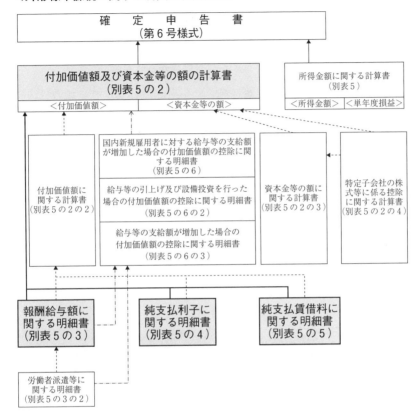

Q303 外形標準課税による申告を行う場合、決算書の添付は必要ですか？

A 　外形標準課税法人が確定申告又は仮決算による中間申告を行う場合には、法人の貸借対照表及び損益計算書を提出することが義務づけられています。（法72条の25第8項、11項、72条の26第4項、72条の28第2項）

　これは、申告のあった付加価値額や資本金等の額の確認のために使用するものであるため、損益計算書の各内訳明細（販売費及び一般管理費明細、原価明細等）や株主資本等変動計算書、法人税申告書別表四、別表五㈠などもあわせて提出することが求められる場合があります。

　なお、令和2年4月1日以後に終了する事業年度において、地方税法において貸借対照表及び損益計算書の添付義務がある法人（※）が、法人税の申告を電子情報処理組織を使用する方法（e-Tax）で行った場合において、当該申告とあわせて貸借対照表及び損益計算書をe-Taxで提供したときは、法人事業税の申告においてもこれらの書類を提出したものとみなされます。（法72条の25第17項、72条の26第10項）

※　地方税法において貸借対照表及び損益計算書の添付義務がある法人とは、以下の法人を言います。（法72条の25第8項、10項～12項）
　　外形標準課税法人、電気供給業、ガス供給業、保険業、貿易保険業を行う法人（法72条の2第1項1号イに掲げる法人もしくは同項2号、3号又は4号に掲げる事業を行う法人）

Q304　分割法人の場合、関係都道府県にすべての外形標準課税関係別表を提出しなければならないのですか？

A　外形標準課税関係別表は、次ページのとおり、その種類によって提出すべき都道府県が定められています。

様式番号		様式名	提出先	
			主たる事務所等所在都道府県	その他の都道府県
第6号様式	別表5	所得金額に関する計算書	○	○
	別表5の2	付加価値額及び資本金等の額の計算書	◎	◎
	別表5の2の2	付加価値額に関する計算書	○	○
	別表5の2の3	資本金等の額に関する計算書	○	○
	別表5の2の4	特定子会社の株式等に係る控除額に関する計算書	○	○
	別表5の3	報酬給与額に関する明細書	◎	×
	別表5の3の2	労働者派遣等に関する明細書	○	×
	別表5の4	純支払利子に関する明細書	◎	×
	別表5の5	純支払賃借料に関する明細書	◎	×
	別表5の6	国内新規雇用者に対する給与等の支給額が増加した場合の付加価値額の控除に関する明細書（令和3年4月1日から令和4年3月31日までの間に開始する事業年度について使用）	○	○
	別表5の6の2	給与等の引上げ及び設備投資を行った場合の付加価値額の控除に関する明細書（平成30年4月1日から令和3年3月31日までの間に開始する事業年度について使用）	○	○
	別表5の6の3	給与等の支給額が増加した場合の付加価値額の控除に関する明細書（令和4年4月1日から令和6年3月31日までの間に開始する事業年度について使用）	○	○
添付書類		貸借対照表	◎	◎
		損益計算書	◎	◎

◎…すべての法人に提出義務があるもの
○…該当する法人に限り提出義務があるもの
×…提出義務がないもの

　4種類の明細書（「報酬給与額に関する明細書」、「労働者派遣等に関する明細書」（該当する場合）、「純支払利子に関する明細書」、「純支払賃借料に関する明細書」）については、主たる事業所等所在地を所管する都道府県にのみ提出することになります。

Q305 「報酬給与額に関する明細書」（第6号様式別表5の3）は事業所等ごとに記載しなければならないのですか？

A　「報酬給与額に関する明細書」（第6号様式別表5の3）の「役員又は使用人に対する給与」欄は、原則として事業所等ごとに記載します。

　この場合、小規模な事業所等の一括記載や、明細書に準じた書類を別紙として添付することが認められています。

　ただし、給与等の額について、法人の実態に即した区分による記載方法を認めている都道府県もありますので、申告書提出先の都道府県における取扱いを確認してください。

Q306 「労働者派遣等に関する明細書」（第6号様式別表5の3の2）の「派遣人数」、「労働時間数」はどのように記載しますか？

A　「労働者派遣等に関する明細書」（第6号様式別表5の3の2）の「派遣人数」欄は、労働者派遣契約書に基づく派遣労働者の人数を、「労働時間数」は賃金台帳や派遣元管理台帳をもとに業務に従事した派遣労働者の労働時間数を記載します。

　ただし、これらの数を把握することが困難である場合等、この欄の記載

省略を認めている都道府県もありますので、申告書提出先の都道府県における取扱いを確認してください。

Q307 「純支払利子に関する明細書」（第6号様式別表5の4）について、受取利子が大きく純支払利子がゼロとなる場合でも提出は必要ですか？

A 「純支払利子に関する明細書」（第6号様式別表5の4）については、すべての外形標準課税法人に提出義務がありますので、支払利子の額、受取利子の額及び純支払利子の額を記載（それぞれの額が無い場合も含む。）のうえ、主たる事業所等所在地を所管する都道府県に提出してください。

Q308 「純支払賃借料に関する明細書」（第6号様式別表5の5）について、支払賃借料がない場合も提出は必要ですか？

A 「純支払賃借料に関する明細書」（第6号様式別表5の5）は、純支払利子に関する明細書と同様、すべての外形標準課税法人に提出義務がありますので、課税標準額がない場合であっても主たる事業所等所在地を所管する都道府県に提出する必要があります。（**Q304**参照）

Q309　多数の土地又は家屋を賃貸借しており、明細書に記載しきれない場合は、どのようにすればよいですか？

A　「純支払賃借料に関する明細書」（第6号様式別表5の5）の各欄は、賃貸借している土地又は家屋ごとに記載しますが、「計」欄に金額を記入のうえ、別途明細書に準じた書類を別紙として添付することが認められています。

　なお、これら明細書が多岐にわたる場合について、必ずしも申告書提出時の添付を求めず、必要に応じて提出等を求めている都道府県もありますので、申告書提出先の都道府県における取扱いを確認してください。

第7章
特別法人事業税

第1 背 景

【1 地方法人特別税創設の経緯】

　地方法人特別税等に関する暫定措置法は、消費税を含む税体系の抜本的改革が行われるまでの間の暫定措置として、法人事業税の一部を分離して、地方法人特別税及び地方法人特別譲与税の仕組みを創設したものです。

　平成20年度税制改正においては、東京への税収一極集中や地方交付税総額抑制の影響等による地域間の財政力格差が顕在化し、地方税の偏在是正と財政力格差の縮小が大きな課題となりました。

　この解消策として、①地方交付税原資の中で偏在度の小さい地方消費税と偏在度の大きい地方法人二税を交換する、②地域間の財政力格差を地方団体間で水平的に調整する、という2案が主に議論されましたが、税体系の抜本的改革が先送りされることになり、暫定措置が講じられたものです。

【2 平成20年度与党税制改正大綱と閣議決定】

　平成19年12月13日の平成20年度与党税制改正大綱においては、税体系の抜本改革が見送られましたが、地方税改革方針及び改革の基本的な方向が示されるとともに、この基本方向に沿って、消費税を含む税体系の抜本的改革において、地方消費税の充実と地方法人課税のあり方の見直しを含む地方税改革の実現に取り組むことが明記されました。

　その上で、消費税を含む税体系の抜本的改革が行われるまでの間の暫定措置として、法人事業税の一部を分離し、地方法人特別税及び地方法人特

別譲与税の仕組みを創設することが決定されました。

　また、平成20年1月11日の閣議決定「平成20年度税制改正の要綱」においても、法人事業税の一部国税化が税制の抜本改革が行われるまでの暫定措置として行われるものであることが明記された上で、消費税を含む税体系の抜本改革が行われる際に、地方消費税の充実と地方法人課税のあり方の見直しを含む地方税改革の実現に取り組むこととされました。

【3　地方法人特別税等に関する暫定措置法（一括法）の制定】

　制度改正の内容は、法人事業税の一部を国税化し、地方法人特別税を創設するとともに、当該収入額を人口及び従業者数を基準として都道府県に譲渡する地方法人特別譲与税を創設するものであり、これらの内容が一括法として制定されました。

【4　平成26年度税制改正】

　地域間の税源の偏在性を是正し、財政力格差の縮小を図るため、消費税率（国・地方）8%段階において、法人住民税法人税割の税率を引き下げるとともに、地方交付税の財源を確保するための地方法人税（国税）が創設されました。

　その際、地方法人特別税について、3分の1の規模が法人事業税に復元となりました。引下げ後の地方法人特別税の税率及びこれに伴う引上げ後の法人事業税の税率は、平成26年10月1日以後に開始する事業年度から適用となりました。

【5　平成28年度税制改正大綱】

　平成27年12月16日の平成28年度与党税制改正大綱において、地方法人特別税は廃止し、法人事業税に復元することとされました。当初は平成29年4月1日以後に開始する事業年度から廃止することとされましたが、消費税の税率引上げの時期が変更されたことに伴い、令和元年10月1日以後開始事業年度から廃止されることとされました。

【6　平成30年度与党税制改正大綱】

　平成29年12月14日の平成30年度与党税制改正大綱において、特に偏在性の高い地方法人課税における税源の偏在を是正する新たな措置について、平成31年度税制改正において結論を得ることとされました。

【7　平成31年度与党税制改正大綱】

　平成30年12月14日の平成31年度与党税制改正大綱において、「地域間の財政力格差拡大、経済社会構造の変化等に対応し、都市と地方が支え合い、共に持続可能な形で発展していくため、地方法人課税における税源の偏在の是正する新たな措置を講ずる。具体的には、法人事業税の一部を分離して特別法人事業税（仮称）及び特別法人事業譲与税（仮称）を創設する。」「また、譲与税制度の中で、適切な偏在是正効果を実現するため、交付団体との均衡も考慮し、不交付団体に対する譲与制限の仕組みを設ける。特別法人事業税・譲与税制度（仮称）は、恒久的な措置とする。」とされました。

【8　特別法人事業税及び特別法人事業譲与税に関する法律の制定】

　制度改正の内容は、法人事業税の一部を国税化し、特別法人事業税を創設するとともに、当該収入額を人口を基準として、都道府県に譲渡する特別法人事業譲与税を創設するものであり、こうした内容が特別法人事業税及び特別法人事業譲与税に関する法律として制定され、原則として令和元年10月1日から施行されました。

第2 総　論

Q310　特別法人事業税とはどのようなものですか？

A　特別法人事業税は、地方税の偏在性を是正するための恒久的な措置として、法人事業税の一部を分離して導入されました。

　法人事業税の所得割・収入割の標準税率を引き下げることによって法人事業税の約3割を分離し、国税である特別法人事業税を創設、これを各都道府県に再分配することで、地方間の税収偏在を是正するものです。

　法人事業税の一部を特別法人事業税とした制度設計となっていることから、これによって法人の税負担が増えることはありません。

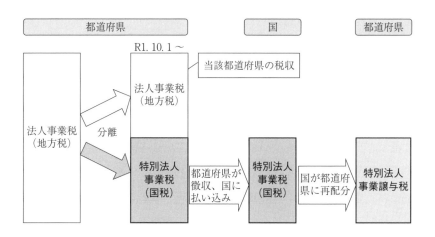

Q311 かつて導入されていた、地方法人特別税とはどのようなものですか？

A 地方法人特別税は、税制の抜本的な改正において偏在性の小さい地方税体系の構築が行われるまでの間の暫定措置として、法人事業税の一部を分離して導入されていたものです。

特別法人事業税と同様に、法人事業税の所得割・収入割の標準税率を引き下げることによって法人事業税の一部を分離し、国税である地方法人特別税を創設、これを各都道府県に再分配することで、地方間の税収偏在を是正することとしたものです。

特別法人事業税の導入により、地方法人特別税は令和元年10月1日をもって廃止されましたが、令和元年10月1日前に開始する事業年度については、なお従前の例によるとされています（平成28年改正法附則31条）。

Q312 なぜ、国税である特別法人事業税を都道府県に申告納付するのですか？

A 特別法人事業税は、地方税の偏在性を是正するための恒久的な措置として、法人事業税の一部を分離して導入されたものです。

そのため、納税者の申告事務負担等への配慮から、法人事業税とあわせて都道府県に申告納付していただき、都道府県から国に対して払い込みを行ったうえで、都道府県に再分配することとされています。

なお、この仕組みは、国が消費税（国税）と併せて賦課徴収し、都道府県に分配している「地方消費税（地方税）」の仕組みや「地方法人特別税」の仕組みと同様のものです。

Q313　特別法人事業税の対象となるのはどのような法人ですか？

A　法人事業税の申告納付義務がある法人は、特別法人事業税についても申告納付する義務があります。（特事法3条、4条）

Q314　特別法人事業税は、いつから適用になりましたか？

A　令和元年10月1日以後開始する事業年度から適用されています。（特事法附則2条第1項）

　なお、平成20年10月1日以後令和元年9月30日までの間に開始する事業年度については、地方法人特別税が適用されます。

Q315　特別法人事業税は、いつまで実施されますか？

A　地方法人特別税と異なり、特別法人事業税は地方税の偏在性を是正するための恒久的な措置として導入されました。ただし、施行後適当な時期において、法律の施行の状況を勘案し、必要があると認めるときは、法律の規定について検討を加え、その結果に基づいて所要の措置を講ずるものとされています。（特事法附則9条）

Q316　特別法人事業税は、法人税の所得の計算上損金の額に算入できますか？

A　租税公課等のうち、法人税の所得の計算上損金の額に算入しないものは、法人税法38条に列挙されていますが、特別法人事業税はこの中に含まれていないことから、損金の額に算入されることになります。

Q317　納付された特別法人事業税は、どのように都道府県に分配されるのですか？

A　法人事業税とあわせて納付された特別法人事業税は、都道府県から国に対して払い込まれ、特別法人事業譲与税として各都道府県に再分配（譲与）されます。

　この際の譲与基準は人口となりますが、不交付団体に対しては譲与制限（当初算出額の75％を控除した額を譲与）が設けられています。（特事法30条）

第3 税率及び税額計算

Q318 特別法人事業税の課税標準及び税率を教えてください。

A 　特別法人事業税は、法人事業税のうち所得割額または収入割額の標準税率分に対して課すことになります。(特事法6条)

　したがって、法人事業税において超過税率が適用されている場合は、特別法人事業税の課税標準額を算定するにあたって、所得割額または収入割額を標準税率で計算し直す必要があります。

　この標準税率によって計算した所得割額または収入割額を、それぞれ基準法人所得割額または基準法人収入割額といいます。(特事法2条5号、6号)

　特別法人事業税の税率は、以下のとおりです。(特事法7条)

課税標準	法人の種類	税率（%）令和4年4月1日以後に開始する事業年度
基準法人所得割額	外形対象法人・特別法人以外の法人	37
	外形対象法人	260
	特別法人	34.5
基準法人収入割額	小売電気事業等、発電事業等、特定卸供給事業又は特定ガス供給業を行う法人以外の法人	30
	小売電気事業等、発電事業等又は特定卸供給事業を行う法人	40
	特定ガス供給業を行う法人	62.5

　標準税率については、**Q273**を参照してください。

第4　申告・納付等

Q319　特別法人事業税の申告納付はどのように行うのですか？

A　特別法人事業税の申告納付は、法人事業税の申告納付とあわせて、法人の事業所等が所在する都道府県に申告納付することになります。（特事法9条）

　しかし、特別法人事業税は国税であるため、法人事業税とは区分して税額を算出する必要があります。

　このため、法人二税の申告書及び納付書に特別法人事業税の記載欄が追加されたほか、法人事業税に超過税率が適用される法人が、特別法人事業税の課税標準額を計算するための計算書（第6号様式別表14「基準法人所得割額及び基準法人収入割額に関する計算書」）が制定されています。

Q320　法人事業税のみ、あるいは特別法人事業税のみの納付は可能ですか？

A　法人事業税と特別法人事業税はあわせて申告納付することとされているため、いずれか一方のみを納付することはできません。

　仮にいずれか一方の税額のみを納付した場合であっても、あわせて賦課または申告された法人事業税及び特別法人事業税の額にあん分した額に相当する金額で、それぞれの税の納付があったものとされます。（特事法10条）

Q321　特別法人事業税に徴収猶予の制度はありますか？

　　　特別法人事業税の賦課徴収は、法人事業税の賦課徴収の例により、法人事業税とあわせて行うこととされています。（特事法8条）

　このため、地方税法15条の徴収猶予（災害等があった場合の徴収猶予）や、同法72条の39の2の徴収猶予（租税条約による申立てが行われた場合の徴収猶予）について、特別法人事業税もあわせて適用されることになります。

Q322　法人税の更正があった場合、特別法人事業税も修正申告が必要ですか？

　　　特別法人事業税の賦課徴収は、法人事業税の賦課徴収の例により、法人事業税とあわせて行うこととされています。（特事法8条）

　法人事業税の収入割のみを申告納付すべき法人を除き、法人事業税の計算の基礎となった法人税の課税標準について税務官署の更正・決定があった場合は、当該税務官署が更正・決定の通知をした日から一月以内に、当該更正・決定に係る課税標準を基礎として修正申告を行う必要があり、これにあわせて特別法人事業税についても修正申告を行うことになります。

Q323　特別法人事業税の更正は国が行うのですか？

A　特別法人事業税の賦課徴収は、法人事業税の賦課徴収の例により、法人事業税とあわせて行うこととされています。（特事法8条）

　したがって、特別法人事業税の計算に誤りがあった場合は、都道府県知事が更正を行います。（特別法人事業税については、国税通則法の規定は適用されません（国税通則法2条1号））

Q324　特別法人事業税に加算税は課されるのですか？

A　特別法人事業税は国税ですが、国税通則法の適用を受けません。（国税通則法2条1号）

　特別法人事業税の賦課徴収は、法人事業税の賦課徴収の例によることとされているため、地方税法に規定される加算金が課されることになります。（特事法8条）

　加算金の計算は、法人事業税と特別法人事業税の合算額によって行います。（特事法13条）

Q325　延滞金、加算金は法人事業税と分けて計算・請求されるのですか？

A　法人事業税の延滞金・加算金及び特別法人事業税の延滞金・加算金の計算は、法人事業税と特別法人事業税の合算額によって行

います。(特事法13条)

　また、延滞金・加算金の納付も法人事業税と特別法人事業税の合算額により行うことになります。(特事法10条)

第 8 章
申告書の記載

第1 申告書等記載上の留意点

　外形標準課税に係る申告書・明細書等の記載上誤りの多いもの等について、設例に基づき記載の方法を説明します。

　なお、様式は抜粋であり、実際のものとは異なる場合がありますのでご了承ください。

1 雇用安定控除額の計算

〔設例〕

・報酬給与額　　110,285,925円　　・純支払利子　　7,120,000円

・純支払賃借料　38,200,000円　　・単年度損益　　19,394,075円

・雇用者給与等支給増加額　なし

<ポイント>
■ 付加価値額及び資本金等の額の計算書（第6号様式別表5の2）の⑦～⑪欄を使用します。
1　収益配分額のうちに占める報酬給与額の占める割合（⑦欄）を計算します。
　　⑦欄（％）は端数切り上げですが、この欄が70％以下の場合、雇用安定控除の適用はありません。
　（例）・110,285,925円÷155,605,925円×100＝70.875…　→71％
　　　　　70％を超えるため、雇用安定控除適用
　　　　・70,000,000円÷100,000,000円×100＝70％
　　　　　70％以下のため、雇用安定控除不適用
2　適用を受ける場合、収益配分額の70％の金額を計算します（⑧欄）。
　　1円未満の端数は切り捨てます。
3　報酬給与額から収益配分額の70％（⑧欄）の金額を控除したものが、

雇用安定控除額（⑨欄）となります。

4　付加価値額（⑥欄）から雇用安定控除額（⑨欄）を控除したものが、課税標準となる付加価値額です。

【付加価値額及び資本金等の額の計算書】（抜粋）

付加価値額の計算			兆　十億　百万　千　円
収益配分額の計算	報酬給与額 別表5の2の2㉝又は別表5の3⑫	①	110285925
	純支払利子 別表5の2の2㉞又は別表5の4③	②	7120000
	純支払賃借料 別表5の2の2㉟又は別表5の5③	③	38200000
	収益配分額 ①＋②＋③	④	155605925
単年度損益 第6号様式(68)又は別表5㉔		⑤	19394075
付加価値額 ④＋⑤		⑥	175000000
収益配分額のうちに報酬給与額の占める割合 ①/④		⑦	71％
雇用安定控除額の計算	$④\times\frac{70}{100}$	⑧	108924147
	雇用安定控除額 ①－⑧	⑨	1361778
雇用者給与等支給増加額 別表5の6㉞、別表5の6の2㉙又は別表5の6の3㊿		⑩	
課税標準となる付加価値額 ⑥－⑨－⑩		⑪	173638222

2　単年度損益が欠損で、付加価値額がない場合

〔設例〕

- ・報酬給与額　　42,000,000円
- ・純支払利子　　　1,000,000円
- ・純支払賃借料　3,500,000円
- ・単年度損益　　▲50,000,000円
- ・雇用者給与等支給増加額　なし

<ポイント>

■　付加価値額及び資本金等の額の計算書（第6号様式別表5の2）を使用します。

1　単年度損益の欠損額が大きく、収益配分額（④欄）からこれを控除した金額が0以下となる場合、付加価値額（⑥欄）は「0」と表記します。

（計算式）　46,500,000円－50,000,000円＝▲3,500,000円

→付加価値額（⑥欄）は0となります。

2　付加価値額（⑥欄）が0の場合、雇用安定控除に係る計算欄（⑦～⑨欄）及び雇用者給与等支給増加額（⑩欄）は空欄とします。

【付加価値額及び資本金等の額の計算書】（抜粋）

				兆	十億	百万	千	円
収益配分額の計算	報酬給与額　別表5の2の2㉝又は別表5の3⑫	①				4 2 0 0	0 0 0	0
	純支払利子　別表5の2の2㉞又は別表5の4③	②				1 0 0	0 0 0	0
	純支払賃借料　別表5の2の2㉟又は別表5の5③	③				3 5 0	0 0 0	0
	収益配分額　①＋②＋③	④				4 6 5 0	0 0 0	0
単年度損益　第6号様式㊸又は別表5㉔		⑤			▲ 5 0 0	0 0 0	0 0	
付加価値額　④＋⑤		⑥						0
収益配分額のうちに報酬給与額の占める割合　①／④		⑦						％

			兆	十億	百万	千	円
雇用安定控除額の計算	④×$\frac{70}{100}$	⑧					
	雇用安定控除額　①－⑧	⑨					
雇用者給与等支給増加額　別表5の6㉞、別表5の6の2㉙又は別表5の6の3㊿		⑩					
課税標準となる付加価値額　⑥－⑨－⑩		⑪					0

付加価値額の計算

3　事業年度の月数が12月に満たない場合の資本金等の額の計算

〔設例〕

・事業年度　　：令和4年4月1日から令和4年11月18日まで

・資本金等の額：2,500億円（地方税法上の加減算、資本金と資本準備金の

合算額との比較を反映後の額）

<ポイント>

■　付加価値額及び資本金等の額の計算書（第6号様式別表5の2）を使用します。

1　当該事業年度の月数（⑬欄）の記載上、1月に満たない端数は切り捨てます。

なお、事業年度が1月に満たない場合は1月とします。

2　月割り計算は、無償増資等又は剰余金による損失の塡補を行った法人に係る資本金等の額の加減算、資本金と資本準備金の合算額との比較、収入金額課税事業をあわせて行う場合の資本金等の額の控除をしてから行い、その他の控除は月割り計算後に行います。

3　資本金等の額の月割り計算（⑭欄）で生じた端数は切り捨てます。

4　資本金等の額の圧縮措置の適用区分額も、同様に月割り計算します。

（計算式）　⑰欄の適用区分　1,000億円×7/12＝58,333,333,333円

【付加価値額及び資本金等の額の計算書】（抜粋）

資本金等の額の計算							
			兆	十億	百万	千	円
資本金等の額 下表2㉔若しくは下表3㉔又は別表5の2の3②、 　　別表5の2の3⑲、別表5の2の3㉓若しくは別表5の2の3㉕	⑫			2 5 0	0 0 0	0 0 0	0 0 0
当該事業年度の月数	⑬					7	月
			兆	十億	百万	千	円
⑫× ⑬/12	⑭			1 4 5	8 3 3	3 3 3	3 3 3
控除額計 　　　別表5の2の3⑫、別表5の2の3㉚若しくは 　　　　　別表5の2の3㉟又は別表5の2の4⑩	⑮						0
差引 　　　　　　　　　　　⑭－⑮	⑯			1 4 5	8 3 3	3 3 3	3 3 3
⑯のうち1,000億円以下の金額	⑰				5 8 3	3 3 3	3 3 3
⑯のうち1,000億円を超え 5,000億円以下の金額 ｝ × 50/100	⑱				4 3 7	5 0 0	0 0 0
⑯のうち5,000億円を超え 1兆円以下の金額 ｝ × 25/100	⑲						0
仮計 　　　　　　　⑰＋⑱＋⑲	⑳				1 0 2	0 8 3	3 3 3 3 3 3
国内における所得等課税事業に係る 期末の従業者数	㉑						人
国内における収入金額等課税事業に係る 期末の従業者数	㉒						
国内における特定ガス供給業に係る 期末の従業者数	㉓						
計 　　　　　　　㉑＋㉒＋㉓	㉔						
課税標準となる資本金等の額 ⑳又は⑳×㉑／㉔、⑳×㉒／㉔若しくは⑳×㉓／㉔	㉕				1 0 2	0 8 3	3 3 3 3 3 3

4　特定内国法人の純支払利子（純支払賃借料）の総額がマイナスの場合

〔設例〕

（単位：百万円）

区　分	総　額	内　訳	
		国　内	国　外
報酬給与額	200	170	30
支払利子	50	50	0
受取利子	80	0	80
単年度損益	500	400	100

＜ポイント＞
■　付加価値額に関する計算書（第6号様式別表5の2の2）を使用します。
1　純支払利子の総額（②欄）及び外国の事業に帰属する純支払利子（⑦欄）は、マイナス金額をそのまま記載します。（「11　受取利子（受取賃借料）が支払利子（支払賃借料）を上回る場合」（338ページ）参照）
2　ただし、付加価値額の総額（⑤欄）及び外国の事業に帰属する付加価値額（⑩欄）の計算上は、②欄及び⑦欄のマイナス額は「0」として計算します。
3　国内の事業に帰属する純支払利子（㉞欄）の計算上は、②欄及び⑦欄のマイナス金額はそのまま使用します。
（計算式）　▲30百万円－▲80百万円＝50百万円

【付加価値額に関する計算書】（抜粋）

1．付加価値額の総額の計算

報酬給与額 別表5の3⑫	①	200,000,000	単年度損益 別表5の16	④	500,000,000
純支払利子 別表5の4③	②	▲30,000,000	付加価値額 ①+②+③+④	⑤	700,000,000
純支払賃借料 別表5の5③	③	0			

2．外国の事業に帰属する付加価値額の計算

		兆 十億 百万 千 円			兆 十億 百万 千 円
外国の事業に帰属する報酬給与額	⑥	3,000,000	外国の事業に帰属する付加価値額　⑥+⑦+⑧+⑨	⑩	1,300,000,000
外国の事業に帰属する純支払利子	⑦	▲8,000,000	外国の事業に帰属する付加価値額の計算方法		(区分計算) ・ 従業者数按分
外国の事業に帰属する純支払賃借料	⑧	0	外国における事務所又は事業所の期末の従業者数	⑪	人
外国の事業に帰属する単年度損益　別表5⑰	⑨	100,000,000	期末の総従業者数	⑫	

4．報酬給与額等の計算

		兆 十億 百万 千 円			兆 十億 百万 千 円
報酬給与額 ①-⑥-㉒	㉝	17,000,000	純支払賃借料 ③-⑧-㉔	㉟	0
純支払利子 ②-⑦-㉓	㉞	50,000,000			

5　剰余金による損失の塡補を行った法人に係る資本金等の額の計算
（会社法施行日の平成18年5月1日以後に損失の塡補を行った場合）

〔設例〕

・法人税法上の資本金等の額　：4億円

・令和3年11月の株主総会にて資本金7千万円を減少し、剰余金に計上する旨を決議。

・令和4年6月の株主総会にて上記剰余金7千万円による損失の塡補を行う旨を決議。

＜ポイント＞

■　資本金等の額に関する計算書（第6号様式別表5の2の3）の⑯～⑲欄を使用します。

1　控除額（⑱欄）は、実際に剰余金による損失の塡補に充てた金額となります。

2　次の書面を添付しなければなりません。

(1)　減資し、その他資本剰余金を増加させた日付と金額がわかる書類

(2)　減資して増加させたその他資本剰余金を、損失に塡補した日付と金額がわかる書類

(3)　塡補のあった日における損失の金額（前事業年度末のその他利益剰余金のマイナス額）がわかる書類

　　(例)　株主総会議事録、取締役会議事録、登記事項証明書、株主資本等変動計算書　等

3　損失の塡補に充てた日以前1年間において剰余金に計上した金額に限ります。

【資本金等の額に関する計算書】（抜粋）

2．特例適用対象法人等の資本金等の額に関する計算

法第72条の21第1項各号及び第2項関係		兆	十億	百万	千	円
資本金等の額　　　別表5の2下表3㉙	⑯			4 0 0	0 0 0	0 0 0
法第72条の21第1項第1号に係る加算	⑰					
法第72条の21第1項第2号及び第3号に係る控除	⑱			7 0	0 0 0	0 0 0
仮計　　　　　　　　　⑯＋⑰－⑱	⑲			3 3 0	0 0 0	0 0 0

6 資本の欠損塡補を行った法人に係る資本金等の額の計算（平成13年4月1日から会社法施行日前日の平成18年4月30日までに欠損の塡補を行った場合）

〔設例〕

・法人税法上の資本金等の額 ：5億円

・欠損塡補に充てた額 ：8千万円

（平成17年5月の株主総会にて無償減資及び資本の欠損塡補を決議）

<ポイント>
■ 資本金等の額に関する計算書（第6号様式別表5の2の3）の⑯〜⑲欄を使用します。
1 控除額（⑱欄）は、実際に資本の欠損塡補に充てた金額となります。
2 次の書面を添付しなければなりません。
(1) 資本の欠損に充てるために減資した金額がわかる書類
(2) 減資し、資本の欠損に充てた日付と金額がわかる書類
(3) 塡補のあった日における資本の欠損の金額がわかる書類
 (例) 株主総会議事録、登記事項証明書、損失処理案（承認済みのもの）、貸借対照表、損益計算書 等

【資本金等の額に関する計算書】（抜粋）

2．特例適用対象法人等の資本金等の額に関する計算

法第72条の21第1項各号及び第2項関係		兆	十億	百万	千	円
資本金等の額　　別表5の2下表3 ㉙	⑯			5 0 0	0 0 0	0 0 0
法第72条の21第1項第1号に係る加算	⑰					
法第72条の21第1項第2号及び第3号に係る控除	⑱			8 0 0	0 0 0	0 0 0
仮計　　⑯+⑰-⑱	⑲			4 2 0	0 0 0	0 0 0

7　無償増資等を行った法人に係る資本金等の額の計算（平成22年4月1日以後に、無償増資等により剰余金又は利益準備金の額の全部若しくは一部を資本金とした場合）

〔設例〕

・法人税法上の資本金等の額：6億円

・令和4年8月の株主総会にて剰余金5千万円を減少し、資本金に計上する旨を決議。

＜ポイント＞
■　資本金等の額に関する計算書（第6号様式別表5の2の3）の⑯～⑲欄を使用します。
1　加算額（⑰欄）は、無償増資等により資本金とした金額となります。
2　剰余金又は利益準備金の額の全部若しくは一部を資本金とした事実及び資本金とした金額を証する書類を添付します。
（例）　株主総会議事録
　　　　株主資本等変動計算書

【資本金等の額に関する計算書】（抜粋）

2．特例適用対象法人等の資本金等の額に関する計算

法第72条の21第1項各号及び第2項関係		兆	十億	百万	千	円
資本金等の額　　　　別表5の2下表3㉙	⑯			6 0 0	0 0 0	0 0 0
法第72条の21第1項第1号に係る加算	⑰			5 0	0 0 0	0 0 0
法第72条の21第1項第2号及び第3号に係る控除	⑱					
仮計　　　　　　　　　　　⑯＋⑰－⑱	⑲			6 5 0	0 0 0	0 0 0

8　資本金と資本準備金の合算額が資本金等の額より大きい場合

〔設例〕

・資本金：5億円

・資本準備金：3億円

・法人税法上の資本金等の額：6億円

<ポイント>
■　資本金等の額に関する計算書（第6号様式別表5の2の3）の⑳～㉓欄を使用します。
1　この欄は、地方税法72条の21第1項第1号から第3号に係る加減算（329～332ページ参照）を行った後に記載します。
2　仮計（⑲欄）と、資本金と資本準備金の額の合算額（㉒欄）を比較し、いずれか大きい額を㉓欄に記載します。
※　特定内国法人や外国法人の外国の事業に係る控除額は、㉓欄の金額を月数あん分した後の金額（第6号様式別表5の2⑭欄）を基に算出します。

【資本金等の額に関する計算書】（抜粋）

2．特例適用対象法人等の資本金等の額に関する計算

法第 72 条の 21 第 1 項各号及び第 2 項関係		兆	十億	百万	千	円
資本金等の額　　　　別表 5 の 2 下表 3 ㉙	⑯			6 0 0	0 0 0	0 0 0
法第 72 条の 21 第 1 項第 1 号に係る加算	⑰					
法第 72 条の 21 第 1 項第 2 号及び第 3 号に係る控除	⑱					
仮計　　　　　　　　⑯＋⑰－⑱	⑲			6 0 0	0 0 0	0 0 0
資本金の額　　　　別表 5 の 2 下表 1 ㉙	⑳			5 0 0	0 0 0	0 0 0
資本準備金の額	㉑			3 0 0	0 0 0	0 0 0
仮計　　　　　　　　⑳＋㉑	㉒			8 0 0	0 0 0	0 0 0
⑲と ㉒ のいずれか大きい額	㉓			8 0 0	0 0 0	0 0 0

9　特定子会社株式等の控除措置の適用判定と控除額の計算

〔設例〕

（単位：百万円）

区　　分	当該事業年度	前事業年度
総資産の帳簿価額	10,000	10,000
特定子会社の株式等の帳簿価額	5,000	6,500
資本金等の額（地方税法上の加減算、資本金と資本準備金の合算額との比較を反映後の額）	30,000	

<ポイント>
■　特定子会社の株式等に係る控除額に関する計算書（第6号様式別表5の2の4）を使用します。
1　適用判定及び控除額計算には、当該事業年度と前事業年度の合計額を用います。
2　総資産価額に占める特定子会社の株式等の帳簿価額の割合（⑨欄）を計算します。⑨欄（％）は端数切り上げですが、この欄が50％以下の場合、この措置の適用は受けません。
3　控除額（⑩欄）の計算は、総資産価額及び特定子会社の株式等の帳簿価額の実額を用いて計算し、その後に端数処理（1円未満切捨）します。
　⑨欄に表記した割合を乗じるのではないことに留意してください。
　（正）　30,000百万円×（5,000百万円＋6,500百万円）÷（10,000百万円＋10,000百万円）＝17,250百万円
　（誤）　30,000×58％＝17,400百万円

【特定子会社の株式等に係る控除額に関する計算書】（抜粋）

区　　分	当該事業年度	前事業年度
事業年度	令和4年4月1日から 令和5年3月31日まで	令和3年4月1日から 令和4年3月31日まで
総資産の帳簿価額	①　　　　　　円 10,000,000,000	⑤　　　　　　円 10,000,000,000
特定子会社に対する貸付金及び保有する特定子会社の発行する社債の金額等	② 0	⑥ 0
総資産価額 　　（①－②）又は（⑤－⑥）	③ 10,000,000,000	⑦ 10,000,000,000
特定子会社の株式等の帳簿価額　⑯又は㉒	④ 5,000,000,000	⑧ 6,500,000,000
総資産価額に占める特定子会社の株式等の帳簿価額の割合 　　（④＋⑧）／（③＋⑦）	⑨　　　　　　％	58
特定子会社の株式等に係る控除額 別表5の2⑭×（④＋⑧）/（③＋⑦）	⑩　　　　　　円	17,250,000,000

10　厚生年金基金の事務費掛金がある場合

〔設例〕

・厚生年金基金の事業主負担掛金等の総額　58,000千円

うち　代行相当部分　23,500千円

事務費掛金　　7,500千円

<ポイント>
■　報酬給与額に関する明細書（第6号様式別表5の3）の「役員又は使用人のために支出する掛金等」の各欄を使用します。
1　「事務費掛金」は、年金給付及び一時金等の給付に充てるため以外の目的で支出されるものであり、報酬給与額には該当しません。
2　明細書記載上は、事務費掛金等の額はあらかじめ除いて記載します。
（計算式）58,000千円－7,500千円＝50,500千円…8欄に記載
3　報酬給与額に該当する厚生年金基金掛金を算出し、直接7欄に記載しても差し支えありません。

【報酬給与額に関する明細書】（抜粋）

厚生年金基金の事業主負担の掛金及び徴収金 8－9	7	27,000,000
事業主として負担する掛金及び負担金の総額	8	50,500,000
代行相当部分	9	23,500,000

又は

厚生年金基金の事業主負担の掛金及び徴収金 8－9	7	27,000,000
事業主として負担する掛金及び負担金の総額	8	－
代行相当部分	9	－

11 受取利子（受取賃借料）が支払利子（支払賃借料）を上回る場合

〔設例〕

・支払利子 　　1,500千円

・受取利子 　283,000千円

<ポイント>
■ 純支払利子に関する明細書（第6号様式別表5の4）を使用します。
1 受取利子が支払利子を上回る場合、純支払利子は「0」となりますが、この場合もこの明細書を提出する必要があります。
2 特定内国法人又は非課税事業をあわせて行う法人の場合、純支払利子（③欄）にマイナス金額を表記し、付加価値額に関する計算書（第6号様式別表5の2の2）に転記します。（以下、「4 特定内国法人の純支払利子（純支払賃借料）の総額がマイナスの場合」（327ページ）参照）
3 支払利子及び受取利子の双方がない場合も、この明細書の提出が必要です。
※ 賃借料における純支払賃借料に関する明細書（第6号様式別表5の5）も同様です。

【純支払利子に関する明細書】（抜粋）

(1) 一般の法人の場合

（支払利子） 計	①	兆	十億	百万	千	円
				1 5 0 0	0 0 0	

（受取利子） 計	②	兆	十億	百万	千	円
				2 8 3 0 0 0	0 0 0	

純支払利子の計算（①-②）③	兆	十億	百万	千	円
					0

→ 別表5の2②欄へ

(2) 特定内国法人、非課税事業をあわせて行う法人の場合

（支払利子） 計	①	兆	十億	百万	千	円
				1 5 0 0	0 0 0	

（受取利子） 計	②	兆	十億	百万	千	円
				2 8 3 0 0 0	0 0 0	

純支払利子の計算（①-②）③	兆	十億	百万	千	円
			▲2 8 1 5 0 0	0 0 0	

→ 別表5の2の2②欄へ

12 確定申告における各割の税額が、中間申告時の割の税額を下回る場合

〔設例〕

（単位：千円）

	所得割	付加価値割	資本割	事業税額
中間申告	100,000	20,000	5,000	125,000
確定申告	90,000	40,000	10,000	140,000
差　額	▲10,000	20,000	5,000	15,000

<ポイント>
■　確定申告書（第6号様式）
　1　確定申告にあたっては、当該事業年度において申告納付すべき事業税額から、既に、納付済みの事業税額を控除した金額を、申告納付することになります。
　2　確定申告書は割の内訳金額を記載することとなっていますので、この控除も割ごとに行うことになります。
　3　既に申告納付した額よりも確定申告額が小さい場合、確定申告書にはマイナス数値を記載します。
　（計算式）　所得割　90,000千円－100,000千円＝▲10,000千円

■　納付書（第12号の2様式）
　1　この申告により納付すべき事業税額を記載します。
　2　割の内訳について、納付額にマイナス数値を表記することは好ましくないことから、増差のある割と相殺して記載します。
　（計算式）所得割　　　90,000千円－100,000千円＝▲10,000千円
　　　　　　付加価値割　40,000千円－　20,000千円＝　20,000千円
　　　　　　　　　　　　付加価値割　　　　　10,000千円と記載

【確定申告書】（抜粋）

合計事業税額	㉜＋㉟＋㊲＋㊴又は㉝＋㉟＋㊲＋㊴	㊵		140:000:000
事業税の特定寄附金税額控除額 ㊶			仮装経理に基づく事業税額の控除額 ㊷	
差引事業税額 ㊸ ㊵－㊶－㊷	140:000:000		既に納付の確定した当期分の事業税額 ㊹	125:000:000
租税条約の実施に係る事業税額の控除額 ㊺			この申告により納付すべき事業税額㊸－㊹－㊺ ㊻	15:000:000
㊻の内訳 所得割 ㊼	▲10:000:000		付加価値割 ㊽	20:000:000
資本割 ㊾	5:000:000		収入割 ㊿	0:0

【納付書】（抜粋）

法人事業税	所得割額	05								0
	付加価値割額	06			1	0	0	0	0	0
	資本割額	07				5	0	0	0	0
	計（05〜09）	10			1	5	0	0	0	0

13　中間申告時は外形標準課税対象であったが、確定申告では外形標準課税対象外で所得割のみを申告する場合

〔設例〕

（単位：千円）

	所得割	付加価値割	資本割	事業税額
中間申告	500	200	200	900
確定申告	1,192	0	0	1,192
差　　額	692	▲200	▲200	292

※　非分割法人とする。

<ポイント>
■　確定申告書（第6号様式）を使用します。
　1　事業年度終了の日現在で外形標準課税対象でない法人は、付加価値割及び資本割の申告納付は不要です。
　2　付加価値割、資本割の確定税額は0となりますので、申告納付すべき税額の内訳は、それぞれマイナス数値を記載することになります。

【確定申告書】（抜粋）

摘 要			課 税 標 準	税率($\frac{}{100}$)	税 額
所得割	所得金額総額 (⑱−⑲)又は別表5⑯	㉘	20 000 000 兆 十億 百万 千 円		
	年400万円以下の 金額	㉙	4 000 000	3.5	140 000 兆 十億 百万 千 円
	年400万円を超え年 800万円以下の金額	㉚	4 000 000	5.3	212 000
	年800万円を超える 金額	㉛	12 000 000	7.0	840 000
	計　㉙＋㉚＋㉛	㉜	20 000 000		1 192 000
	軽減税率不適用法人 の金額	㉝	0 00		0 0
付加価値割	付加価値額総額	㉞			
	付加価値額	㉟	0 00		0 0 兆 十億 百万 千 円
資本割	資本金等の額総額	㊱			
	資本金等の額	㊲	0 00		0 0 兆 十億 百万 千 円
収入割	収入金額総額	㊳			
	収入金額	㊴	0 00		0 0 兆 十億 百万 千 円
合計事業税額　㉜＋㉟＋㊲＋㊴又は㉝＋㉟＋㊲＋㊴				㊵	1 192 000
事業税の特定 寄附金税額控除額	㊶			仮装経理に基づく 事業税額の控除額　㊷	
差引事業税額 ㊵−㊶−㊷	㊸		1 192 000	既に納付の確定した 当期分の事業税額　㊹	900 000
租税条約の実施に係る 事業税額の控除額	㊺			この申告により納付 すべき事業税額㊸−㊹−㊺　㊻	292 000
㊻の内訳	所得割	㊼	692 000	付加価値割　㊽	▲200 000
	資本割	㊾	▲200 000	収入割　㊿	0 0

14　前事業年度は外形標準課税対象であったが、当該事業年度開始の日から 6 月を経過した日の前日現在において外形標準課税対象外であり、所得割のみを申告する法人となった場合の予定申告

〔設例〕

(単位：千円)

	所得割	付加価値割	資本割	事業税額	特別法人事業税額
前事業年度	250,000	60,000	47,000	357,000	157,000

＜ポイント＞
■　予定申告書（第 6 号の 3 様式）を使用します。
　1　外形標準課税対象ではなくなり、所得割のみを申告する法人となった場合の予定申告税額は前事業年度の所得割額ではなく、前事業年度の事業税額を基礎に計算します。
　2　付加価値割、資本割の欄は記載せずに前事業年度の事業税額を 6 /12 （前事業年度の月数が12月の場合）した金額を所得割の欄に記載します。

※　法人事業税の中間申告の要否については、法人税の中間申告義務の有無により判定します。（**Q277**参照）

【予定申告書】（抜粋）

事業税				
前事業年度の事業税額（㊶の金額）		⑲	357,000,000	
所得割額	（㊷×6/前事業年度の月数）	⑳	178,500,000	
付加価値割額	（㊸×6/前事業年度の月数）	㉑	00	
資本割額	（㊹×6/前事業年度の月数）	㉒	00	
収入割額	（㊺×6/前事業年度の月数）	㉓	00	
特別法人事業税	前事業年度の特別法人事業税額（(51)）	㉔	157,000,000	
特別法人事業税	特別法人事業税額（㉔×6/前事業年度の月数）	㉕	78,500,000	
予定申告税額	（⑳＋㉑＋㉒＋㉓＋㉕）	㉖	257,000,000	
この申告が修正申告である場合は既に納付の確定した当期分の事業税額及び特別法人事業税額		㉗	00	
この申告により納付すべき事業税額及び特別法人事業税額	㉖－㉗	㉘	257,000,000	

前事業年度の事業税額・特別法人事業税額の明細						
納付すべき事業税額	㊲－㊳－㊴－㊵				㊶	357,000,000
㊶の内訳	所得割	㊷	250,000,000	付加価値割	㊸	60,000,000
㊶の内訳	資本割	㊹	47,000,000	収入割	㊺	
納付すべき特別法人事業税額	㊽－㊾－㊿				(51)	157,000,000

15　給与等の支給額が増加した場合の付加価値額の控除額の計算（令和４年４月１日から令和６年３月31日までの間に開始する事業年度において要件を満たす場合の時限措置）

〔設例〕

・事業年度　令和４年４月１日～令和５年３月31日

（前事業年度　令和３年４月１日～令和４年３月31日）

・事業年度末日時点の資本金の額は１億２千万円。

・労働者派遣等を行う法人であり、常時雇用する従業者数は20人である。

・本措置の適用要件は満たしているものとする。

・雇用者に対する給与等の支払いについては以下のとおりである。

	適用事業年度		前事業年度
	国内雇用者	継続雇用者	国内雇用者 （継続雇用者）
給与等の支給額	90,000,000円	86,000,000円	82,500,000円
上記の給与等に充てるために他者から支払いを受ける金額	6,000,000円	6,000,000円	4,500,000円
上記の内雇用安定助成金額	3,700,000円	3,700,000円	2,500,000円

・報酬給与額　　　　　　　　　　　　　101,000,000円

・派遣労働者等に支払う報酬給与額　　　 13,508,000円

・派遣先から支払いを受ける金額　　　　 20,000,000円

・雇用安定控除額　　　　　　　　　　　 13,234,000円

＜ポイント＞
■　給与等の支給額が増加した場合の付加価値額の控除に関する明細書（第6号様式別表5の6の3）を使用します。
1　①～㉝欄については、原則として、法人税の「給与等の支給額が増加した場合の法人税額の特別控除に関する明細書」の計算の例によります。

2　労働者派遣等をした法人は、㉞〜㊳欄の計算を行い、控除額を調整します。

（計算式）20,000,000円（㊱欄）×75％＝15,000,000円

　　　　　15,000,000円＞13,508,000円（㉟欄）・・・㊲欄に記載

　　　　　6,000,000円（⑭欄）×101,000,000円（㉞欄）÷

　　　　　（101,000,000円（㉞欄）＋13,508,000円（㊲欄））

　　　　　＝5,292,206円・・・㊳欄に記載

3　㊼〜㊿欄で付加価値額から控除する額の計算を行い、雇用安定控除額がある法人は、ここで控除額を調整します。

　　労働者派遣等をした法人は、㉞〜㊳の計算をした後の金額をもとに計算します。

（計算式）5,292,206円（㊳欄）×（101,000,000円（㊼欄）－13,234,000円（㊽欄））÷101,000,000円（㊼欄）＝4,598,769円・・・㊿欄に記載

5　控除額㊿欄の金額は、付加価値額及び資本金等の額の計算書（第6号様式別表5の2）⑩欄に転記します。

※　適用要件として、⑦欄の数値が3％以上であることが必要です。（**Q179参照**）

　　なお、資本金（①欄）が10億円以上で、常時雇用する従業者の人数（②欄）が1,000人以上の場合は、前提としてマルチステークホルダーに配慮した経営への取組についての宣言内容を公表していることを経済産業大臣に届出ていることが要件であり、その場合そのことを証する書類の写しを添付することになっています。

※　非課税事業、収入金額課税事業、所得等課税事業、収入金額等課税事業、特定ガス供給業のうち複数の事業をあわせて行う法人は、上記2の計算後、それぞれの事業ごとの控除対象雇用者給与等支給額を算出するため、㊴〜㊻欄で計算を行います。

※　所得等課税事業（1号事業）、収入金額等課税事業（3号事業）、特定ガス供給業（4号事業）のうち複数の事業を行う法人は、それぞれの事業ごとに給与等の支給額が増加した場合の付加価値額の控除に関する明細書（第6号様式別表5の6の3）を作成する必要があります。

※　㊳欄、㊴〜㊷欄、㊿欄の金額に1円未満の端数があるときは、その端数金額を切り捨てます。

【給与等の支給額が増加した場合の付加価値額の控除に関する明細書】

第六号様式別表五の六の三

給与等の支給額が増加した場合の付加価値額の控除に関する明細書 （法第72条の2第1項第3号に掲げる事業） 第4号	事業年度	令和4年4月1日から令和5年3月31日まで	法人名	

期末現在の資本金の額又は出資金の額	①	120,000,000 円	適　用　可　否	③	可
期末現在の常時使用する従業員の数	②	20 人			

継続雇用者給与等支給増加割合の計算

継続雇用者給与等支給額（㉝の1）	④	83,700,000	継続雇用者給与等支給増加額 ④－⑤（マイナスの場合は0）	⑥	3,200,000
継続雇用者比較給与等支給額（㉝の2）又は（㉝の3）	⑤	80,500,000	継続雇用者給与等支給増加割合 ⑥／⑤（⑤=0の場合は0）	⑦	0.03975

控除対象雇用者給与等支給増加額の計算

雇用者給与等支給額 ⑱	⑧	87,700,000 円	調整雇用者給与等支給額 ⑲	⑪	84,000,000 円
比較雇用者給与等支給額 ㉕	⑨	80,500,000	調整比較雇用者給与等支給額 ㉖	⑫	78,000,000
雇用者給与等支給増加額 ⑧－⑨（マイナスの場合は0）	⑩	7,200,000	調整雇用者給与等支給増加額 ⑪－⑫（マイナスの場合は0）	⑬	6,000,000
			控除対象雇用者給与等支給増加額 （⑩と⑬のうち少ない金額）	⑭	6,000,000

雇用者給与等支給額及び調整雇用者給与等支給額の計算

国内雇用者に対する給与等の支給額 ⑮	⑯の給与等に充てるため他の者から支払を受ける金額	⑯のうち雇用安定助成金額	雇用者給与等支給額 ⑮－⑯+⑰（マイナスの場合は0）	調整雇用者給与等支給額 ⑮－⑯（マイナスの場合は0）
⑮	⑯	⑰	⑱	⑲
90,000,000 円	6,000,000 円	3,700,000 円	87,700,000 円	84,000,000 円

比較雇用者給与等支給額及び調整比較雇用者給与等支給額の計算

前事業年度又は前連結事業年度 ⑳	国内雇用者に対する給与等の支給額 ㉑	㉑の給与等に充てるため他の者から支払を受ける金額 ㉒	㉒のうち雇用安定助成金額 ㉓	適用年度の月数 ㉔ ⑳の前事業年度又は前連結事業年度の月数
令和3・4・1 令和4・3・31	82,500,000	4,500,000	2,500,000 円	12 / 12

比較雇用者給与等支給額 （㉑－㉒+㉓）×㉔（マイナスの場合は0）	㉕	80,500,000
調整比較雇用者給与等支給額 （㉑－㉒）×㉔（マイナスの場合は0）	㉖	78,000,000

継続雇用者給与等支給額及び継続雇用者比較給与等支給額の計算

		継続雇用者給与等支給額の計算 適用年度 1	継続雇用者比較給与等支給額の計算 前事業年度等 2	前一年事業年度特定期間等 3
事業年度等又は連結事業年度等	㉗		令和3・4・1 令和4・3・31	・・：・
継続雇用者に対する給与等の支給額	㉘	86,000,000 円	82,500,000 円	円
同上の給与等に充てるため他の者から支払を受ける金額	㉙	6,000,000	4,500,000	
同上のうち雇用安定助成金額	㉚	3,700,000	2,500,000	
差　引 ㉘－㉙+㉚	㉛	83,700,000	80,500,000	
適用年度の月数 （㉗の3）の月数	㉜			
継続雇用者給与等支給額及び継続雇用者比較給与等支給額 ㉛又は（㉛×㉜）	㉝	83,700,000	80,500,000	

労働者派遣等をした法人の計算

報酬給与額 別表5の3⑫	㉞	101,000,000 円	㉟と（㊱×75%）のうち少ない金額	㊲	13,508,000 円
派遣労働者等に支払う報酬給与額の合計 別表5の3⑨	㉟	13,508,000	控除対象額 ⑭×㉞／（㉞+㊲）	㊳	5,292,206
派遣先から支払を受ける金額の合計 別表5の3⑩	㊱	20,000,000			

事業税を課されない事業等、所得等課税事業、収入金額等課税事業及び特定ガス供給業のうち2以上の事業を併せて行う法人の計算

⑪のうち所得等課税事業に係る額 又は⑪×⑬／⑮	㊴	円	国内における所得等課税事業に係る期末の従業者数	㊶	人
⑪のうち収入金額等課税事業に係る額又は⑪×㊸／㊻	㊵		国内における収入金額等課税事業に係る期末の従業者数	㊸	
⑪のうち特定ガス供給業に係る額 又は⑪×㊹／㊻	㊶		国内における特定ガス供給業に係る期末の従業者数	㊹	
控除対象額 ⑭×㊴／⑪、㊳×㊴／⑪、⑭×㊵／⑪、㊳×㊵／⑪、⑭×㊶／⑪又は㊳×㊶／⑪			国内における事務所又は事業所の期末の従業者数	㊻	

付加価値額から控除する額の計算

報酬給与額 別表5の2①	㊼	101,000,000 円	雇用安定控除調整率 （㊼－㊽）／㊼	㊾	87,766,000 / 101,000,000
雇用安定控除額 別表5の2⑨	㊽	13,234,000	付加価値額からの控除額 ⑭×㊾、㊳×㊾又は㊺×㊾	㊿	4,598,769

第 2　申告書の記載例

　外形標準課税による確定申告について、申告書等の記載方法を例示します。

　なお、記載例では道府県民税に係る部分の記載を省略しています。

〔設例〕

［法人の概要］

　　・卸売業を行う内国法人。（株式会社　○○）

　　・本店は東京都。

　　・雇用する従業者数840人の他、派遣労働者10人を受け入れている。

［業　　　種］　卸売業（非製造業）

［資本金等］　資本金　500億円

　　　　　　　資本準備金　800億円

　　　　　　　法人税法上の資本金等の額　1,200億円

　　　　　　　（期首時点の資本金等の額は1,300億円であったが、期中に自己株

　　　　　　　式を取得したため法人税法上の資本金等の額が減少）

［事業年度］　令和 4 年 4 月 1 日から令和 5 年 3 月31日まで

［事業所等］　本社　　　　千代田区丸の内×××　　　期末従業者数　500人

　　　　　　　横浜支店　横浜市中区×××　　　　　期末従業者数　200人

　　　　　　　（横浜支店は令和 4 年10月20日に設置）

　　　　　　　大阪支店　大阪市中央区×××　　　　期末従業者数　150人

　　　　　　　　　　　　　　　　　　　　　　　　（うち派遣労働者　10人）

[課税標準の概要]

（単位：千円）

所　　得		単年度		3,600,000
		繰越欠損金（当期控除額）		930,000
付加価値額	報酬給与額	給与等		4,500,000
		適格退職年金		120,000
		労働者派遣（10人受入）		25,000
	純支払利子	支払	借入金利息	28,500
		受取	手形割引料	25,000
			預金利息	9,300
			貸付金利息	4,000
	純支払賃借料	支払	事務所（横浜支店）	49,000
			倉庫	270,000
		受取		なし

[東京都への既納付税額]

（単位：千円）

	所得割	付加価値割	資本割	事業税額	特別法人事業税額
中間申告納付	6,256	11,772	169,804	187,832	13,785
見込納付	7,000	10,000	169,000	186,000	13,000

■　申告書の記載順序

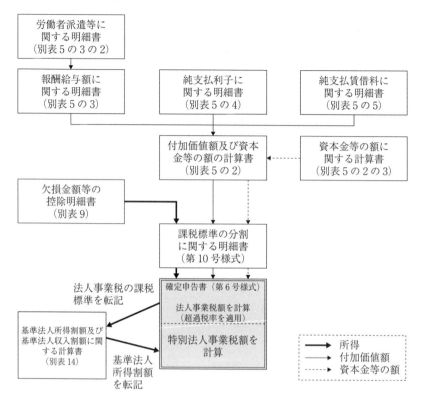

※　本事例の場合、確定申告書は東京都、神奈川県及び大阪府に提出する必要がありますが、記載例は東京都に対する確定申告書のみを紹介します。

1　付加価値額の計算

（1）　報酬給与額

　　給与等4,500,000千円と適格退職年金の掛金120,000千円が報酬給与額に該当するほか、派遣労働者の受入に係る費用（派遣契約料）25,000千円があります。

　　労働者派遣を受けた場合は、派遣契約料の75％相当額が派遣を受けた法人の報酬給与額となります。

　　この計算は、「労働者派遣等に関する明細書」（第6号様式別表5の
　3の2）で行います。
(2)　純支払利子
　　受取利子38,300千円が支払利子28,500千円を上回るため、純支払利
　子は0となります。
(3)　純支払賃借料
　　事務所及び倉庫の賃借料が支払賃借料に該当します。
(4)　単年度損益
　　繰越欠損金控除前の所得となりますので、3,600,000千円となります。
(5)　雇用安定控除
　　収益配分額のうちに報酬給与額の占める割合が70％を超えるため、
　雇用安定控除の適用を受けます。

2　課税標準となる資本金等の額の計算

　　資本金の額及び資本準備金の額の合算額が、法人税法上の資本金等の
　額よりも大きいため、法72条の21第2項の適用を受けます。この計算は
「資本金等の額に関する計算書」（第6号様式別表5の2の3）で行います。
　　また、上記の適用後の資本金等の額が1,000億円を超えるため、課税
標準額の圧縮措置の適用を受けます。

3　所得の計算

　　単年度の所得は3,600,000千円ですが、前10年以内の繰越欠損金が
930,000千円ありますので、これを控除します。
　　この計算は「欠損金額等の控除明細書」（第6号様式別表9）で行いま
す。

4　課税標準の分割

　この法人は二以上の都道府県に事業所等を有して事業を行っているため、課税標準額の総額を分割基準によって関係都道府県に分割します。

　卸売業は非製造業であるため、分割基準は①事業年度末日現在の事業所等の従業者の数、及び②事業年度に属する各月末日現在の事業所等の数を合計した数、となります。この場合、各割の課税標準の総額の1／2相当額を、それぞれの分割基準で関係都道府県に分割します。

⑴　従業者の数

　直接雇用する従業者のほか、派遣労働者（10人）も分割基準となる従業者の数に含めます。

　なお、横浜支店は期中（10月20日）新設のため、期末の従業者数を月数あん分しますが、10月分も一月と数えます。

⑵　事業所等の数

　事業年度に属する各月末日現在の事業所数の合計となりますので、一年を通じて事業所等が所在していた場合、1所ではなく12所となることに留意します。横浜支店は6所となります。

5　事業税額の計算

　「確定申告書」（第6号様式）により、申告書提出先となる都府県に係るそれぞれの事業税額を計算し、申告納付します。

　なお、令和4年4月1日以後に開始する事業年度の税率を適用します。

　また、東京都、神奈川県及び大阪府は、それぞれ超過税率を採用していますので、税率を確認する必要があります。

6　特別法人事業税の計算

　外形標準課税法人の特別法人事業税額は、基準法人所得割額に特別法

人事業税の税率を乗じた額となります。

⑴　基準法人所得割額の計算

基準法人所得割額は、所得金額を各都道府県に分割した後の課税標準額に法人事業税の標準税率を乗じて計算します。当設例では法人事業税で超過税率を適用しているため、新たに標準税率を乗じて基準法人所得割額を算出する必要があります。そこで、「基準法人所得割額及び基準法人収入割額に関する計算書」（第6号様式別表14）を使い、基準法人所得割額を計算します。

東京都の課税標準額は「5　事業税額の計算」において第6号様式㉜欄に記載しているため、当該金額を別表14⑥の課税標準欄に転記し、標準税率を乗じて基準法人所得割額を計算します。なお、基準法人所得割額は100円未満の端数は切り捨てます。

⑵　特別法人事業税額の計算

別表14⑥の基準法人所得割額を第6号様式(52)欄に転記します。特別法人事業税の税率を乗じて、税額を計算し、申告納付します。

なお、令和4年4月1日以後に開始する事業年度の税率を適用します。

〔設例　第6号様式〕

第六号様式（提出用）

※処理事項	発信年月日 通信日付印	確認	整理番号	事務所	区分	管理番号	申告区分

受付印

令和　年　月　日

東京都　千代田都税事務所長 殿

法人番号

法人税の令和　年　月　日の修正・更正・決定・再更正の申告による。　この申告の基礎　申告年月日　年　月　日

所在地（本店が支店等の場合は本店所在地と併記）	千代田区　丸の内　××× （電話　03－××××－××××）	事業種目	卸売業
		期末現在の資本金の額又は出資金の額（解散日現在の資本金の額又は出資金の額）	50000000000
(ふりがな)	かぶしきがいしゃ　○○	同上が1億円以下の普通法人のうち中小法人等に該当しないもの	非中小法人等
法人名	株式会社　○○	期末現在の資本金の額及び資本準備金の額の合算額	130000000000
(ふりがな)	××　×× （ふりがな）×××　××		
代表者氏名	××　×× 経理責任者氏名 ×××　××	期末現在の資本金等の額	120000000000

令和 4 年 4 月 1 日から令和 5 年 3 月 31 日までの 事業年度分又は連結事業年度分の 道府県民税・事業税・特別法人事業税の 確定 申告書※

（事業税）

摘要			課税標準	税率(/100)	税額
所得割	所得金額総額 (68)－(69)又は別表5㊱	㉘	2670000000		
	年400万円以下の金額	㉙	000		00
	年400万円を超え年800万円以下の金額	㉚	000		00
	年800万円を超える金額	㉛	000		00
	計 ㉙＋㉚＋㉛	㉜	000		00
	軽減税率不適用法人の金額	㉝	1424000000	1.18	16803200
付加価値割	付加価値額総額	㉞	7389425000		
	付加価値額	㉟	3941025000	1.26	49656900
資本割	資本金等の額総額	㊱	115000000000		
	資本金等の額	㊲	61333332000	0.525	321999900
収入割	収入金額総額	㊳			
	収入金額	㊴	000		00

合計事業税額 ㉜＋㉟＋㊲＋㊴又は㉝＋㉟＋㊲＋㊴				㊵	388460000
事業税の特定寄附金税額控除額	㊶		仮装経理に基づく事業税額の控除額	㊷	
差引事業税額 ㊵－㊶－㊷	㊸	388460000	既に納付の確定した当期分の事業税額	㊹	187832000
租税条約の実施に係る事業税額の控除額	㊺		この申告により納付すべき事業税額 ㊸－㊹－㊺	㊻	200628000
㊻の内訳 所得割	㊼	10547200	付加価値割	㊽	37884900
資本割	㊾	152195900	収入割	(50)	00
㊻のうち見込納付額	(51)	186000000	差引 ㊻－(51)	(52)	14628000

（特別法人事業税）

摘要		課税標準	税率(/100)	税額
所得割に係る特別法人事業税額	(53)	14240000	260	37024000
収入割に係る特別法人事業税額	(54)	00		00
合計特別法人事業税額 ((53)＋(54))	(55)			37024000

仮装経理に基づく特別法人事業税額の控除額	(56)		差引特別法人事業税額 (55)－(56)	(57)	37024000
既に納付の確定した当期分の特別法人事業税額	(58)	13785000	租税条約の実施に係る特別法人事業税額の控除額	(59)	
この申告により納付すべき特別法人事業税額 (57)－(58)－(59)	(60)	23239000	(60)のうち見込納付額	(61)	13000000
差引 (60)－(61)	(62)	10239000			

（道府県民税）

摘要		税額
(使途秘匿金税額等) 法人税法の規定によって計算した法人税額	①	
試験研究費の額等に係る法人税額の特別控除額	②	
還付法人税額等の控除額	③	
退職年金等積立金に係る法人税額	④	
課税標準となる法人税額又は個別帰属法人税額 ①＋②－③＋④	⑤	000
2以上の道府県に事務所又は事業所を有する法人における課税標準となる法人税額又は個別帰属法人税額	⑥	000
法人税割額 (⑤又は⑥×/100)	⑦	
道府県民税の特定寄附金税額控除額	⑧	
税額控除超過額相当額の加算額	⑨	
外国関係会社等に係る控除対象所得税額等相当額又は個別控除対象所得税額等相当額の控除額	⑩	
外国の法人税等の額の控除額	⑪	
仮装経理に基づく法人税割額の控除額	⑫	
差引法人税割額 ⑦－⑧＋⑨－⑩－⑪－⑫	⑬	00
既に納付の確定した当期分の法人税割額	⑭	00
租税条約の実施に係る法人税割額の控除額	⑮	
この申告により納付すべき法人税割額 ⑬－⑭－⑮	⑯	00
均等割 算定期間中において事務所等を有していた月数	⑰	月
均等割 円×⑰/12	⑱	00
均等割 既に納付の確定した当期分の均等割額	⑲	00
均等割 この申告により納付すべき均等割額 ⑱－⑲	⑳	00
この申告により納付すべき道府県民税額 ⑯＋⑳	㉑	00
㉑のうち見込納付額	㉒	
差引 ㉑－㉒	㉓	
東京都に申告する場合の⑦の計算 特別区分の課税標準額	㉔	000
同上に対する税額 ㉔×/100	㉕	
市町村分の課税標準額	㉖	000
同上に対する税額 ㉖×/100	㉗	

（所得金額の計算の内訳）

所得金額(法人税の明細書(別表4)の(34))又は個別所得金額(法人税の明細書(別表4の2付表)の(42))	(63)	3600000000
加算 損金の額又は個別帰属損金額に算入した所得税額及び復興特別所得税額	(64)	
加算 損金の額又は個別帰属損金額に算入した海外投資等損失準備金勘定への繰入額	(65)	
減算 益金の額又は個別帰属益金額に算入した海外投資等損失準備金勘定からの戻入額	(66)	
減算 外国の事業に帰属する所得以外の所得に対して課された外国法人税額	(67)	
仮計 (63)＋(64)＋(65)－(66)－(67)	(68)	3600000000
繰越欠損金額等若しくは災害損失金額又は債務免除等があった場合の欠損金額等の当期控除額	(69)	930000000
法人税の所得金額(法人税の明細書(別表4)の(52))又は個別所得金額(法人税の明細書(別表4の2付表)の(55))	(70)	2670000000
法第15条の4の徴収猶予を受けようとする税額	(71)	
還付請求 中間納付額	(72)	

法人税の期末現在の資本金等の額又は連結個別資本金等の額	120000000000
法人税の当期の確定税額又は連結法人税個別帰属支払額	619440000
決算確定の日	・　・
解散の日	・　・
残余財産の最後の分配又は引渡しの日	・　・
申告期限の延長の処分(承認)の有無	事業税 ㊒・無　法人税 ㊒・無
法人税の申告書の種類	(青色)・その他
この申告が中間申告の場合の計算期間	・　・
翌期の中間申告の要否	(要)・否
国外関連者の有無	有・(無)
還付を受けようとする金融機関及び支払方法	銀行　支店　口座番号(普通・当座)

関与税理士署名

（電話　　）

〔設例　第6号様式　別表5の2〕

※処理事項	整理番号	事務所	区分	管理番号	申告区分

第六号様式別表五の二（提出用）

法人名	株式会社　〇〇

法人番号	

事業年度	令和 4年 4月 1日から 令和 5年 3月 31日まで

付加価値額及び資本金等の額の計算書（法第72条の2第1項第3号に掲げる事業　第1号　第4号）

1．付加価値額及び資本金等の額の計算

付 加 価 値 額 の 計 算			資 本 金 等 の 額 の 計 算		
収益配分額の計算	報酬給与額 別表5の2の②③又は別表5の3⑫	① 4638750000	資本金等の額 下表②若しくは下表③又は別表5の2の③⑫、別表5の2の③③、別表5の2の③③若しくは別表5の2の③③	⑫ 13000000000	
	純支払利子 別表5の2の②④又は別表5の4③	② 0	当該事業年度の月数	⑬ 12月	
	純支払賃借料 別表5の2の②⑤又は別表5の5③	③ 319000000	⑫×⑬/12	⑭ 13000000000	
	収益配分額 ①+②+③	④ 4957750000	控除額計 別表5の2の③⑤、別表5の2の③⑤若しくは別表5の2の③⑤又は別表5の2の④⑫	⑮	
単年度損益 第6号様式⑤又は別表5④		⑤ 3600000000	差引 ⑭−⑮	⑯ 13000000000	
付加価値額 ④+⑤		⑥ 8557750000	⑯のうち1,000億円以下の金額	⑰	
収益配分額のうちに報酬給与額の占める割合 ①/④		⑦ 94%	⑯のうち1,000億円を超え5,000億円以下の金額 ×50/100	⑱ 15000000000	
雇用安定控除額の計算	④×70/100	⑧ 3470425000	⑯のうち5,000億円を超え1兆円以下の金額 ×25/100	⑲ 0	
	雇用安定控除額 ①−⑧	⑨ 1168325000	仮計 ⑰+⑱+⑲	⑳ 11500000000	
雇用者給与等支給増加額 別表5の6③、別表5の6の②⑬又は別表5の6の3⑩		⑩	国内における所得等課税事業に係る期末の従業者数	㉑	人
課税標準となる付加価値額 ⑥−⑨−⑩		⑪ 7389425000	国内における収入金額等課税事業に係る期末の従業者数	㉒	
			国内における特定ガス供給業に係る期末の従業者数	㉓	
			計 ㉑+㉒+㉓	㉔	
			課税標準となる資本金等の額 ⑳又は⑳×㉑/㉔、⑳×㉒/㉔若しくは⑳×㉓/㉔	㉕ 11500000000	

2．資本金等の額の明細

区　分		期首現在の金額 ㉖	当期中の減少額 ㉗	当期中の増加額 ㉘	差引期末現在の金額 ㉖−㉗+㉘
資本金の額又は出資金の額	1	5000000000	0	0	5000000000
資本金の額及び資本準備金の額の合算額	2	13000000000	0	0	13000000000
法人税の資本金等の額又は連結個別資本金等の額	3	13000000000	1000000000	0	12000000000
期中に金額の増減があった場合の理由等		自己株式の取得により資本金等の額が減少			

〔設例　第6号様式　別表5の2の3〕

※処理事項	整理番号	事務所区分	管理番号	申告区分

法人名	株式会社　○○

法人番号

事業年度　令和 4年 4月 1日から　令和 5年 3月 31日まで

資本金等の額に関する計算書

1．内国法人の資本金等の額に関する計算

収入金額課税事業（法第72条の2第1項第2号に掲げる事業）を併せて行う法人

資本金等の額　別表5の2下表3㉑又は㉓若しくは㉕	①	
収入金額課税事業以外の事業に係る資本金等の額　①×③/④	②	
収入金額課税事業以外の事業に係る期末の従業者数	③	人
期末の総従業者数	④	

特定内国法人又は非課税事業を併せて行う法人

月数按分後の資本金等の額　別表5の2⑭	⑤	
特定子会社の株式又は出資に係る控除額　別表5の2の4⑩	⑥	
差引　⑤-⑥	⑦	
外国の事業に係る控除額　又は（⑦×別表5の2の2⑩/同表⑨）又は（⑦×別表5の2の2⑭/同表⑬）	⑧	
再差引　⑦-⑧	⑨	
非課税事業に係る控除額　⑨×⑭/⑮	⑩	
課税標準の特例に係る控除額	⑪	
控除額計　⑥+⑧+⑩+⑪	⑫	

特定内国法人

項目	番号	割合
特定内国法人の付加価値額の総額に占める国内の事業に帰属する付加価値額の割合（別表5の2の2③）/（同表⑤）	⑬	％

非課税事業を併せて行う法人

項目	番号	人
国内における非課税事業に係る期末の従業者数	⑭	
国内における事務所又は事業所の期末の従業者数	⑮	

2．特例適用対象法人等の資本金等の額に関する計算

法第72条の21第1項各号及び第2項関係

資本金等の額　別表5の2下表3③	⑯	120000000000
法第72条の21第1項第1号に係る加算	⑰	
法第72条の21第1項第2号及び第3号に係る控除	⑱	
仮計　⑯+⑰-⑱	⑲	120000000000
資本金の額　別表5の2下表1②	⑳	50000000000
資本準備金の額	㉑	80000000000
仮計　⑳+㉑	㉒	130000000000
⑲と㉒のいずれか大きい額	㉓	130000000000

法附則第9条第1項関係

資本金の額　別表5の2下表1②	㉔	
法附則第9条第1項に係る額　㉔×2	㉕	

法附則第9条第4項から第7項まで及び第17項関係

月数按分後の資本金の額　別表5の2⑭又は（⑨-⑩）	㉖	円
課税標準の特例に係る控除割合	㉗	—
未収金の帳簿価額	㉘	円
総資産価額	㉙	
課税標準の特例に係る控除額　（㉖×㉗）又は（㉖×㉘/㉙）	㉚	円

3．外国法人の資本金等の額に関する計算

月数按分後の資本金等の額　別表5の2⑭	㉛	
外国の事業に係る控除額　㉛×㊱/㊲	㉜	
差引　㉛-㉜	㉝	
非課税事業又は収入金額課税事業に係る控除額　㉝×㊳/㊴	㉞	
控除額計　㉜+㉞	㉟	

項目	番号	人
外国における事務所又は事業所の期末の従業者数	㊱	
期末の総従業者数	㊲	

非課税事業又は収入金額課税事業を併せて行う法人

項目	番号	人
国内における非課税事業又は収入金額課税事業に係る期末の従業者数	㊳	
国内における事務所又は事業所の期末の従業者数	㊴	

〔設例　第6号様式　別表5の3〕

<table>
<tr><td rowspan="2">※
処理
事項</td><td colspan="2">整理番号</td><td>事務所</td><td>区分</td><td colspan="2">管理番号</td><td>申告区分</td></tr>
<tr><td colspan="2"></td><td></td><td></td><td colspan="2"></td><td></td></tr>
</table>

法人名	株式会社　○○

	法人番号	
事業 年度	令和 4 年 4 月 1 日から 令和 5 年 3 月 31 日まで

第六号様式別表五の三（提出用）

報酬給与額に関する明細書 （法第72条の2第1項第3号に掲げる事業　第1号　第4号）

役員又は使用人に対する給与

事務所又は事業所		期末の 従業者数	給与の額	備考
名称	所在地			
本社　他2所	千代田区　丸の内　××× 他	840 人	4,500,000,000 円	一括記載
小　計		①	4,500,000,000	
加算又は減算		②		
計 （①+②）		③	4,500,000,000 円	

役員又は使用人のために支出する掛金等

退職金共済制度に基づく掛金	1	円	適格年金返還金額のうち厚生年金基金への 事業主払込相当額	11	円
確定給付企業年金に係る規約に基づく掛金 又は保険料	2		適格年金返還金額のうち確定給付企業年金 基金への事業主払込相当額	12	
企業型年金規約に基づく事業主掛金	3		適格年金返還金額のうち他の適格年金への 事業主払込相当額	13	
個人型年金規約に基づく掛金	4		適格年金返還金額のうち特定退職金共済へ の事業主払込相当額	14	
勤労者財産形成給付金契約に基づく信託金 等	5		適格年金の要留保額移管の場合における資 産価額相当額	15	
勤労者財産形成基金契約に基づく信託金等	6		適格年金返還金額のうち企業型年金の個人 別管理資産への事業主払込相当額	16	
厚生年金基金の事業主負担の掛金及び徴収 金　8－9	7		適格年金返還金額のうち企業型年金の過去 勤務債務等に充てる事業主払込相当額	17	
事業主として負担する掛金及び負担金の 総額	8		小計　11+12+13+14+15+16+17	⑤	
代行相当部分	9				
適格退職年金契約に基づく掛金及び保険料	10	120,000,000			
小計　1+2+3+4+5+6+7+10	④	120,000,000	計　（④-⑤）	⑥	120,000,000

労働者派遣等に係る金額の計算

労働者派遣等を受けた法人			労働者派遣等をした法人		
派遣元に支払う金額の合計 別表5の3の2①	⑦	25,000,000 円	派遣労働者等に支払う報酬給与額の合計 別表5の3の2②	⑨	円
⑦×$\frac{75}{100}$	⑧	18,750,000	派遣先から支払を受ける金額の合計 別表5の3の2③	⑩	
			⑨－$\left[⑩×\frac{75}{100}\right]$	⑪	
報酬給与額の計算 （③+⑥+⑧+⑪）	⑫	4,638,750,000			

〔設例　第6号様式　別表5の3の2〕

<table>
<tr><td colspan="2">労働者派遣等に関する明細書
第1号
（法第72条の2第1項第3号に掲げる事業）
第4号</td><td>事業
年度</td><td>令和4年4月1日から
令和5年3月31日まで</td><td>法人
名</td><td colspan="2">株式会社　　○○</td><td>第六号様式別表五の三の二</td></tr>
</table>

労働者派遣等を受けた法人

派遣をした者（派遣元）		派遣元に支払う金額	派遣人数 労働時間数	備　考
氏名又は名称	住所又は所在地			
○○人材派遣（株）	大阪市西区×××	25,000,000 円	10 人 19,200 時間	
計　　　①		25,000,000		

労働者派遣等をした法人

派遣を受けた者（派遣先）		派遣労働者等に支払う 報酬給与額	派遣先から 支払を受ける金額	派遣人数 労働時間数	備　考
氏名又は名称	住所又は所在地				
		円	円	人 時間	
計　　　②			③		

〔設例　第6号様式　別表5の4〕

※処理事項		整理番号	事務所	区分	管理番号	申告区分
	法人番号					

第六号様式別表五の四（提出用）

法人名	株式会社　〇〇

事業年度	令和 4 年 4 月 1 日から 令和 5 年 3 月 31 日まで

純支払利子に関する明細書（法第72条の2第1項第3号に掲げる事業）

第1号
第4号

支 払 利 子

区分	借入先		期中の支払利子額	借入金等の期末現在高	備考
	氏名又は名称	住所又は所在地			
借入金の利子	〇〇銀行(株)	千代田区大手町×××	28,500,000 円	省略 円	
計	①		28,500,000		

受 取 利 子

区分	貸付先		期中の受取利子額	貸付金等の期末現在高	備考
	氏名又は名称	住所又は所在地			
手形割引料	(株)××	大阪市浪速区×××	25,000,000 円	円	
預貯金の利子	〇〇銀行(株)	千代田区大手町×××	9,300,000		
貸付金の利子	(株)〇〇〇	新宿区西新宿×××	4,000,000		
計	②		38,300,000		

純支払利子の計算（①－②）	③	0

〔設例　第6号様式　別表5の5〕

※処理事項	整理番号	事務所区分	管理番号	申告区分

第六号様式別表五の五（提出用）

法人名	株式会社　○○

法人番号	
事業年度	令和 4 年 4 月 1 日から　令和 5 年 3 月 31 日まで

純支払賃借料に関する明細書（法第72条の2第1項第3号に掲げる事業）第1号 第4号

支 払 賃 借 料

土地の用途又は家屋の用途若しくは名称 所 在 地	貸主の氏名又は名称 住所又は所在地	契 約 期 間	期中の支払賃借料	備 考
事務所 横浜市中区×××	○○不動産（株） 横浜市磯子区×××	令和4・9・1 令和7・8・31	49,000,000 円	
倉庫 中央区月島×××	○○倉庫（株） 中央区月島×××	令和3・4・1 令和5・3・31	270,000,000	
		・　・		
		・　・		
		・　・		
		・　・		
		・　・		
		・　・		
		・　・		
		・　・		
		・　・		
計			① 319000000	

受 取 賃 借 料

土地の用途又は家屋の用途若しくは名称 所 在 地	借主の氏名又は名称 住所又は所在地	契 約 期 間	期中の受取賃借料	備 考
		・　・	円	
		・　・		
		・　・		
		・　・		
		・　・		
		・　・		
		・　・		
		・　・		
		・　・		
		・　・		
		・　・		
計			② 0	

純支払賃借料の計算（①－②）	③ 319000000

〔設例　第6号様式　別表9〕

欠損金額等及び災害損失金の
控除明細書（法第72条の2第1項第1号・第3号に掲げる事業）

| 事業年度 | 令和4年4月1日から　令和5年3月31日まで | 法人名 | 株式会社　○○ |

| 控除前所得金額　第6号様式⑱−（別表10⑨又は㉑） ① | 3,600,000,000 | 円 | 損金算入限度額　①× (50又は100)/100 ② | 1,800,000,000 | 円 |

事 業 年 度	区 分	控除未済欠損金額等又は控除未済災害損失金③	当期控除額④　(当該事業年度の③と(②−当該事業年度前の④の合計額)のうち少ない金額)	翌期繰越額⑤　((③−④)又は別表11⑰)
・ ・　・ ・	欠損金額等・災害損失金	円	円	
平成31・4・1　令和2・3・31	欠損金額等・災害損失金	600,000,000	600,000,000	0 円
令和3・4・1　令和4・3・31	欠損金額等・災害損失金	330,000,000	330,000,000	0
・ ・　・ ・	欠損金額等・災害損失金			
・ ・　・ ・	欠損金額等・災害損失金			
・ ・　・ ・	欠損金額等・災害損失金			
・ ・　・ ・	欠損金額等・災害損失金			
・ ・　・ ・	欠損金額等・災害損失金			
・ ・　・ ・	欠損金額等・災害損失金			
計		930,000,000	930,000,000	0
当期分	欠損金額等・災害損失金	0		
同上のうち	災 害 損 失 金			円
	青 色 欠 損 金			
合 計				

災 害 に よ り 生 じ た 損 失 の 額 の 計 算				
災 害 の 種 類		災害のやんだ日又はやむを得ない事情のやんだ日	・ ・	
当期の欠損金額 ⑥	円	差引災害により生じた損失の額(⑦−⑧) ⑨		円
災害により生じた損失の額 ⑦		繰越控除の対象となる損失の額 (⑥と⑨のうち少ない金額) ⑩		
保険金又は損害賠償金等の額 ⑧				

〔設例　第10号様式〕

| 法人名 | 株式会社　○○ | 課税標準の分割に関する明細書(その1) | 事業年度又は連結事業年度 | 令和4年4月1日から令和5年3月31日まで | 第十号様式 |

事業税 (法第72条の2第1項 第1号 第2号 第3号 第4号 に掲げる事業)						道府県民税		
課税標準の総額	所得金額	年400万円以下の金額	⑥	円	課税標準の総額	法人税法の規定によって計算した法人税額	①	（ ） 円
		年400万円を超え年800万円以下の金額又は年400万円を超える金額	⑦			試験研究費の額等に係る法人税額の特別控除額	②	
		年800万円を超える金額	⑧			還付法人税額等の控除額	③	
		計　⑥+⑦+⑧	⑨			退職年金等積立金に係る法人税額	④	
		軽減税率不適用法人の金額	⑩	2,670,000,000		差　引　計 ①+②-③+④	⑤	
		付　加　価　値　額	⑪	7,389,425,000				
		資　本　金　等　の　額	⑫	115,000,000,000				
		収　入　金　額	⑬					

| 適用する事業税の分割基準 | ① 従業者数　　3. 事務所又は事業所数　　5. 電線路の電力の容量 2. 固定資産の価額　　4. 軌道の延長キロメートル数 |

事務所又は事業所			事　　　　業　　　　税							道府県民税	
名称及び所在地	分割基準(単位=　)	分　割　課　税　標　準　額							分割基準(単位=人)	分割課税標準額
		年400万円以下の所得金額	年400万円を超え年800万円以下の所得金額又は特別法人の年400万円を超える所得金額	年800万円を超える所得金額又は軽減税率不適用法人の所得金額	計 ⑭+⑮+⑯	付加価値額	資本金等の額	収入金額		
		⑭	⑮	⑯	⑰	⑱	⑲	⑳		㉑
本社 千代田区丸の内×××	(　) 500人 12所	円	円	890,000千 534,000千 1,424,000千 円	890,000千 534,000千 1,424,000千 円	2,463,141千 1,477,884千 3,941,025千 円	38,333,333千 22,999,999千 61,333,332千 円	円	(　)	円
横浜支店 横浜市中区×××	(　) 100人 6所			178,000千 267,000千 445,000千	178,000千 267,000千 445,000千	492,628千 738,942千 1,231,570千	7,666,666千 11,499,999千 19,166,665千		(　)	
大阪支店 大阪市中央区×××	(　) 150人 12所			267,000千 534,000千 801,000千	267,000千 534,000千 801,000千	738,942千 1,477,884千 2,216,826千	11,499,999千 22,999,999千 34,499,998千		(　)	
	(　)								(　)	
	(　)								(　)	
	(　)								(　)	
合　　　計	750人 30所			2,670,000千	2,670,000千	7,389,421千	114,999,995千			

〔設例　第6号様式　別表14〕

※処理事項		整理番号	事務所	区分	管理番号	申告区分

法人名	株式会社　〇〇	法人番号			
		事　業年　度	令和 4 年 4 月 1 日から 令和 5 年 3 月 31 日まで		

第六号様式別表十四（提出用）

基準法人所得割額及び基準法人収入割額に関する計算書

1.基準法人所得割額の計算

	摘　　要		所得割の課税標準	税率($\frac{}{100}$)	基準法人所得割額
法第七十二条の二第一項第一号に掲げる事業の所得割	所 得 金 額 総 額	①			
	年 400 万 円 以 下 の 金 額	②	0 0 0		0 0
	年400万円を超え年800万円以下の金額	③	0 0 0		0 0
	年 800 万 円 を 超 え る 金 額	④	0 0 0		0 0
	計　②＋③＋④	⑤	0 0 0		
	軽 減 税 率 不 適 用 法 人 の 金 額	⑥	1 4 2 4 0 0 0 0 0 0	1.0	1 4 2 4 0 0 0

2.基準法人収入割額の計算

	摘　　要		収入割の課税標準	税率($\frac{}{100}$)	基準法人収入割額
法第七十二条の二第一項第二号に掲げる事業の収入割	収 入 金 額 総 額	⑦			
	収 入 金 額	⑧	0 0 0		0 0
法第七十二条の二第一項第三号に掲げる事業の収入割	収 入 金 額 総 額	⑨			
	収 入 金 額	⑩	0 0 0		0 0
法第七十二条の二第一項第四号に掲げる事業の収入割	収 入 金 額 総 額	⑪			
	収 入 金 額	⑫	0 0 0		0 0

第9章

参考資料

地方税法の施行に関する取扱いについて（道府県税関係）(抄)

第3章　事業税

第1節　通則

第1　納税義務及び納税義務者

1の1　事業税の納税義務者である法人については、内国法人であると外国法人であるとを問わず事業税の納税義務があるのであるが、単に外国法人がこの法律の施行地（以下本章において「国内」という。）に資産を有するのみで、事業を行わないものに対しては、事業税を課することはできないものであることに留意すること。（法72の2）

1の2　収入金額課税事業（法第72条の2第1項第2号に掲げる事業をいう。以下この章において同じ。）以外の事業のうち、資本金の額又は出資金の額が1億円を超える法人（法第72条の4第1項各号に掲げる法人（公共法人）、法第72条の5第1項各号に掲げる法人（2の2において「公益法人等」という。）、法第72条の24の7第7項各号に掲げる法人（特別法人）、法第72条の2第4項に規定する人格のない社団等（1の3において「人格のない社団等」という。）、投資信託及び投資法人に関する法律（昭和26年法律第198号）第2条第12項に規定する投資法人、資産の流動化に関する法律（平成10年法律第105号）第2条第3項に規定する特定目的会社並びに一般社団法人（非営利型法人（法人税法第2条第9号の2に規定する非営利型法人をいう。以下この章において同じ。）に該当するものを除く。）及び一般財団法人（非営利型法人に該当するものを除く。）を除く。）が行う事業及び特定ガス供給業（法第72条の2第1項第4号に掲げる事業をいう。4の7の4(2)を除き、以下この章において同じ。）が、付加価値額及び資本金等の額による外形標準課税の対象となるものであるが、次の諸点に留意すること。（法72の2①・②）

(1)　資本金の額又は出資金の額は、収入金額課税事業若しくは非課税事業を併せて行う法人、特定内国法人（内国法人で、この法律の施行地外（以下この章において「外国」という。）において事業を営んでいるものをいう。）又は外国法人であっても、当該法人の資本金の額又は出資金の額の総額をいうものであること。

(2)　外国法人の資本金の額又は出資金の額は、当該事業年度終了の日の対顧客直物電信売相場と対顧客直物電信買相場の仲値（以下1の2(2)及び4の6の1において「電信売買相場の仲値」という。）により換算した円換算額によること。なお、電信売買相場の仲値は、原則として、その法人の主たる取引金融機関のものによることとするが、その法人が、同一の方法により入手等をした合理的なものを継続して使用している場合には、これによることを認

めるものであること。

(3)　資本金の額又は出資金の額が1億円を超えるかどうかの判定は、各事業年度終了の日（法第72条の26第1項ただし書の規定に基づく中間申告を行う法人についてはその事業年度（通算子法人である場合には、当該事業年度開始の日の属する通算親法人の事業年度）開始の日以後6月を経過した日（以下この章において「6月経過日」という。）の前日とし、清算中の法人についてはその解散の日とする。）の現況によること。

1の3　人格のない社団等とは、民事訴訟法上当事者能力を有する非法人で収益事業又は法人課税信託（法第72条の2第4項に規定する法人課税信託をいう。以下この節において同じ。）の引受けを行うものをいい、その収益事業及び法人課税信託の範囲は法人税における場合と同様であって、継続して事業場を設けてなすものに限られるのであり、その認定に当たっては、国の税務官署の取扱いに準ずるものであること。（法72の2④、令15）

　　なお、収益事業の範囲のうち鉱物の掘採事業は課税されないものであることに留意すること。

1の4　外国法人又は国内に主たる事務所若しくは事業所（以下本章において「事務所等」という。）を有しない個人の行う事業に対しては、当該法人又は個人が国内に法第72条第5号に掲げる恒久的施設を有する場合に限り、事業税を課することができるものであること。（法72の2⑥）

1の5　事業を行う法人又は個人とは、当該事業の収支の結果を自己に帰属せしめている法人又は個人をいうものであるが、その具体的判定に当たっては次の諸点に留意すること。

(1)　資産又は事業から生ずる収益が法律上帰属するとみられる者が単なる名義人にすぎない場合においては、これらの名義人はこの資産又は事業から生ずる収支を自己に帰属せしめているものではないので、名義人以外の者でその資産又は事業から生ずる収益を享受する者に対して事業税を課することとなるのであるから、事業の収支の帰属を十分に検討して課税上遺憾のないようにすること。この場合において資産又は事業から生ずる収益が法律上帰属するとみられる者が単なる名義人にすぎない場合とは、およそ次に掲げるような場合をいうものであること。（法72の2の3）

ア　事業の名義人が事業の経営に関与せず何らの収益を得ていない場合

イ　事業の取引の収支が事業の名義人以外の者の名において行われている場合

ウ　事業の名義人は他の者の指示によって事業を経営するにすぎず、その収支は実質的には他の者に帰属する場合

(2)　他の諸法規において雇傭者としての取扱いを受けているということのみの理由で直ちに地方税法上「事業を行う者」に該当しないとはいえないのであるが、その事業に従事している形態が契約によって明確に規制されているときは、雇傭関係の有無はその契約内容における事業の収支の結果が自己の負担に帰属するかどうかによって判断し、また契約の内容が上記のごとく明確でないときは、その土地の慣習、慣行等をも勘案のうえ当該事業の実態に即して判断すること。

(3)　企業組合又はその組合員について実質上法人たる企業組合の存在と相容れない事実があるときは、その事実に係る取引から生ずる所得については、組合員個人が納税義務を負うものであること。この場合において、その認定に当たっては、国の税務官署の取扱いに準ずるものであること。

(4)　法人名義を仮装して社員等が個人で事業を行っているかどうかの判定については、国の税務官署の更正又は決定した所得を基準として賦課する場合においては、国の税務官署の取扱いに従うものとし、都道府県がその自ら調査したところに基づいて賦課する場合においては、国の税務官署の取扱いに準ずるものであること。

1の6　民法第667条の規定による組合は、当該組合の組合員である法人又は個人に対して、事務所等所在の道府県において事業税を課するものであること。有限責任事業組合契約に関する法律第2条の規定による有限責任事業組合（LLP）についても同様であること。

　　この場合、当該法人又は個人ごとに、第1章第1節6における事務所等の判定をするものであること。

1の7　法人課税信託の受託者に係る事業税については、原則として各法人課税信託の信託資産等及び固有資産等ごとにそれぞれ別の者とみなして取り扱うものであること。なお、法第72条の2第1項第1号イ又は第3号イに規定する法人で受託法人である者に対しては、付加価値額及び資本金等の額による外形標準課税を課することができないものであるが、同項第1号イに規定する法人で受託法人である者に対する法第72条の24の7第1項及び第5項の規定の適用については、その他の法人の区分及び特別法人以外の法人の区分が適用され、法第72条の2第1項第3号イに規定する法人で受託法人である者に対する法第72条の24の7第3項の適用については、法第72条の2第1項第3号イに掲げる法人の区分が適用され、事業税の額は法第72条の24の7第3項第1号イに定める金額とするものであることに留意すること。（法72の2の2）

1の8　法人事業税は、法第72条の2第1項各号に掲げる事業の区分に応じて課するものであるから、法人事業税の課税標準である付加価値額、資本金等の額、所得及び収入金額は、当該各号に掲げる事業の区分ごとに算定するものであること。

第2　課税客体及び非課税の範囲

2の1　（略）

2の2　事業税の非課税の範囲の認定については、次の諸点に留意すること。

(1)　林業とは、土地を利用して養苗、造林、撫育及び伐採を行う事業をいうのであるが、養苗、造林又は撫育を伴わないで、伐採のみを行う事業は含まれないものであること。したがって、伐採のために立木を買い取ることを業とする者はいかなる意味においても林業に該当しないものであること。また、林業はしいたけ栽培、うるし採取等のいわゆる林産業とはその範囲を異にするものであること。（法72の4②Ⅰ）

(2)　公益法人等については、収益事業以外の事業の所得に対しては、事業税は

課されないのであるが、その認定に当たっては、国の税務官署の取扱いに準ずるものであること。（法72の5）

(3) 法第72条の5第1項第5号に規定する特定農業協同組合連合会とは、法人税法施行令第2条第1項第1号から第3号までに掲げる要件を満たし、かつ、同条第3項の指定を受けた農業協同組合連合会をいうものであること。（法72の5、令19）

第2節　法人事業税

第3　事業年度

3　法人事業税の課税標準の算定期間である事業年度は、すべて法人税の課税標準の算定期間である事業年度と同一なものとされているのであるから、その取扱いについても国の税務官署の取扱いに準ずること。（法72の13）

第4　課税標準の算定

1　付加価値額総論

4の1の1　法第72条の12第1号の各事業年度の付加価値額とは、各事業年度の報酬給与額、純支払利子（支払利子の額の合計額から受取利子の額の合計額を控除したもの）、純支払賃借料（支払賃借料の合計額から受取賃借料の合計額を控除したもの）及び単年度損益の合計額であること。なお、受取利子の額の合計額が支払利子の額の合計額を超える場合又は受取賃借料の合計額が支払賃借料の合計額を超える場合には純支払利子又は純支払賃借料はそれぞれ0とするものであるが、単年度損益は負となる場合であっても0とはしないことに留意すること。（法72の14・72の15①・72の16①・72の17①）

4の1の2　各事業年度の報酬給与額、支払利子又は支払賃借料は、原則として、法人が支払う給与、利子又は賃借料のうち当該事業年度の法人税の所得の計算上損金の額に算入されるものに限るものであるが、棚卸資産、有価証券、固定資産又は繰延資産に係るものについては、当該事業年度において法人が支払う給与、利子又は賃借料（法人税の所得の計算上損金の額に算入されるべきものに限る。）を当該事業年度の報酬給与額、支払利子又は支払賃借料とするものであること。また、各事業年度の受取利子又は受取賃借料は、法人が支払いを受ける利子又は賃借料のうち当該事業年度の法人税の所得の計算上益金の額に算入されるものに限るものであること。（法72の15・72の16①・72の17①、令20の2・20の2の4・20の2の5・20の2の8）

4の1の3　報酬給与額、純支払利子又は純支払賃借料の計算に当たっては、消費税及び地方消費税（以下4の1の3において「消費税等」という。）を除いた金額を基礎とするものであること。したがって、例えば、派遣契約料に消費税等が含まれている場合には、派遣契約料から当該消費税等相当額を控除した額に75％を乗じた額が派遣先法人の報酬給与額となるものであること。

4の1の4　組合（共同企業体（JV）を含む。以下４の１の４及び４の２の16において同じ。）の各事業年度の給与、利子又は賃借料については、その分配割合に基づいて各組合員に分配したもののうち法人税の所得の計算上損金の額に算入されるものを、各組合員の報酬給与額、純支払利子又は純支払賃借料として取り扱うものとすること。

2　報酬給与額の算定

4の2の1　法第72条の15第１項に規定する報酬給与額とは、雇用関係又はこれに準ずる関係に基づいて提供される労務の提供の対価として支払われるものをいうのであり、定期・定額で支給されるものと不定期・業績比例で支給されるものとを問わず、また、給料、手当、賞与等その名称を問わないものであること。（法72の15①）

4の2の2　報酬給与額の対象となる役員又は使用人には、非常勤役員、契約社員、パートタイマー、アルバイト又は臨時雇いその他名称を問わず、雇用関係又はこれに準ずる関係に基づき労務の提供を行う者の全てが含まれるものであること。（法72の15①）

4の2の3　４の２の１の報酬給与額とは、原則として、所得税において給与所得又は退職所得とされるものをいい、所得税において事業所得、一時所得、雑所得又は非課税所得とされるものは報酬給与額とはならないものであること。ただし、いわゆる企業内年金制度に基づく年金や、死亡した者に係る給料・退職金等で遺族に支払われるものについては、その性格が給与としての性質を有すると認められることから、所得税において給与所得又は退職所得とされない場合であっても、報酬給与額として取り扱うものとすること。（法72の15①）

4の2の4　４の２の３本文にかかわらず、内国法人が外国において勤務する役員又は使用人に対して支払う給与は、当該役員又は使用人が所得税法に規定する非居住者であっても、報酬給与額となるものであること。この場合において、実費弁償の性格を有する手当等を支給しているときは、当該手当等の額は、報酬給与額に含めないものとすること。

　なお、当該役員又は使用人が外国で勤務する場所が恒久的施設に相当するものに該当する場合には、当該給与は、当該法人の外国の事業に帰属する報酬給与額となるものであること。

4の2の5　請負契約に係る代金は、労務の提供の対価ではなく、仕事の完成に対する対価であることから、報酬給与額に含めないものとすること。

　なお、名目上請負契約とされている場合であっても、仕事を請け負った法人が当該請負契約に係る業務を行っているとは認められず、当該請負法人と注文者である法人が当該業務において一体となっていると認められるときは、当該請負法人の使用人に対する労務の提供の対価に相当する金額は、注文者である法人の報酬給与額として取り扱うことに留意すること。（法72の15①Ⅰ）

4の2の6　法人が役員又は使用人のために給付する金銭以外の物又は権利その他経済的利益の取扱いについては、次の諸点に留意すること。（法72の15①Ⅰ）

(1)　所得税において給与所得又は退職所得として課税され、かつ、法人税の所

得の計算上損金の額に算入される場合に限り、報酬給与額に含まれるものであること。(法72の15①Ⅰ)

⑵　法人が賃借している土地又は家屋を当該法人の役員又は使用人に社宅等として賃貸している場合の当該社宅等に係る賃借料については、4の4の9⑴において支払賃借料又は受取賃借料とされていることから、4の2の6⑴にかかわらず、所得税において給与所得又は退職所得として課税される場合であっても、報酬給与額には含めないものとすること。

4の2の7　法人が、自己を契約者とし、役員又は使用人（これらの者の親族を含む。）を被保険者とする養老保険（被保険者の死亡又は生存を保険事故とする生命保険をいい、傷害特約等の特約が付されているものを含む。）、定期保険（一定期間内における被保険者の死亡を保険事故とする生命保険をいい、傷害特約等の特約が付されているものを含む。）又は定期付養老保険（養老保険に定期保険を付したものをいう。）等に加入してその保険料を支払う場合には、当該保険料の額のうち所得税において給与所得又は退職所得として課税されるものは報酬給与額とするものであること。(法72の15①Ⅰ)

4の2の8　通勤手当及び在勤手当のうち報酬給与額とされないものは、所得税において非課税とされる額に相当する金額であることに留意すること。(法72の15①Ⅰ、令20の2の2)

4の2の9　法人が役員又は使用人のために支出する掛金等のうち報酬給与額となるものは次に掲げるものであること。(法72の15①Ⅱ、令20の2の3①)

⑴　独立行政法人勤労者退職金共済機構又は特定退職金共済団体が行う退職金共済制度に基づいてその被共済者のために支出する掛金（特定退職金共済団体の要件に反して支出する掛金を除くものとし、中小企業退職金共済法（昭和34年法律第160号）第53条（従前の積立事業についての取扱い）の規定により独立行政法人勤労者退職金共済機構に納付する金額を含む。）

⑵　確定給付企業年金法（平成13年法律第50号）に規定する確定給付企業年金に係る規約に基づいて加入者のために支出する掛金等（当該掛金等のうちに加入者が負担する掛金が含まれている場合には当該加入者が負担する掛金相当額を除くものとし、積立不足に伴い拠出する掛金、実施事業所の増減に伴い拠出する掛金、確定給付企業年金を実施している事業主が2以上である場合等の実施事業所の減少の特例により一括して拠出する掛金、確定給付企業年金の終了に伴い一括して拠出する掛金、資産の移換に伴い一括して拠出する掛金及び積立金の額が給付に関する事業に要する費用に不足する場合に拠出する掛金を含む。）

⑶　確定拠出年金法（平成13年法律第88号）に規定する企業型年金規約に基づいて企業型年金加入者のために支出する同法第3条第3項第7号に規定する事業主掛金（同法第54条第1項の規定により移換する確定拠出年金法施行令第22条第1項第5号に掲げる資産を含む。）

⑷　確定拠出年金法に規定する個人型年金規約に基づいて個人型年金加入者のために支出する同法第68条の2第1項の掛金

⑸　勤労者財産形成促進法（昭和46年法律第92号）に規定する勤労者財産形成給付金契約に基づいて信託の受益者等のために支出する同法第6条の2第1

項第1号に規定する信託金等

(6)　勤労者財産形成促進法に規定する勤労者財産形成基金契約に基づいて、信託の受益者等のために支出する信託金等及び同法第6条の3第3項第2号に規定する勤労者について支出する同項第1号に規定する預入金等の払込みに充てるために同法第7条の20の規定により支出する金銭

(7)　厚生年金基金（公的年金制度の健全性及び信頼性の確保のための厚生年金保険法等の一部を改正する法律（以下「平成25年厚生年金等改正法」という。）附則第3条第12号に規定する厚生年金基金をいう。）の事業主として負担する平成26年4月1日前の期間に係る掛金等（いわゆる厚生年金代行部分を除く。以下(6)において同じ。）及び存続厚生年金基金（平成25年厚生年金等改正法附則第3条第11号に規定する存続厚生年金基金をいう。）の事業主として負担する掛金等

(8)　法人税法附則第20条第3項に規定する適格退職年金契約に基づいて支出する掛金等（当該掛金等のうちに受益者等が負担する掛金等が含まれている場合における当該受益者等が負担する掛金等相当額を除くものとし、また、適格退職年金契約の要件に反して支出する掛金等を除く。）

4の2の10　特定退職金共済団体の要件に反して支出する掛金又は適格退職年金契約の要件に反して支出する掛金等は、法第72条の15第1項第2号の掛金等には該当しないものであるが、所得税においてその拠出段階で給与所得又は退職所得として課税されることから、拠出する事業年度における報酬給与額となるものであることに留意すること。（法72の15①）

4の2の11　4の2の9にかかわらず、法人が役員又は使用人のために支出する掛金等のうち次に掲げるものは報酬給与額とならないものであること。（法72の15①Ⅱ、令20の2の3②）

(1)　厚生年金基金制度への移行に伴う積立金の移管に係る金額

(2)　確定給付企業年金制度への移行に伴う積立金の移管に係る金額

(3)　転籍等に伴う適格退職年金制度間の積立金の移管に係る金額

(4)　特定退職金共済制度への移行に伴う積立金の移管に係る金額

(5)　運用機関間の積立金の移管に係る金額

(6)　企業型確定拠出年金への移行に伴う積立金の移管に係る金額

(7)　4の2の11(6)の移管の場合において、いったん返還された金額のうち適格退職年金に係る過去勤務債務等の現在額に充てる額

4の2の12　4の2の9にかかわらず、年金給付及び一時金等の給付に充てるため以外の目的で支出する事務費掛金等は、報酬給与額に含めないものとすること。

4の2の13　法人が退職給付信託を設定し、当該信託財産より確定給付企業年金契約の掛金等が拠出された場合には、当該退職給付信託を設定した法人により掛金等の支払いが行われたものとして取り扱うこと。（法72の15①Ⅱ）

4の2の14　法人の役員又は使用人が他の法人に出向した場合において、当該出向した役員又は使用人（以下4の2の14において「出向者」という。）の給与（退職給与その他これに類するものを除く。以下4の2の14において同じ。）については、当該給与の実質的負担者の報酬給与額とし、出向者の退職給与その

他これに類するものについては、当該退職給与その他これに類するものの形式的支払者の報酬給与額とするものであるが、その具体的取扱いに当たっては、次の諸点に留意すること。(法72の15)

⑴　出向者に対する給与を出向元法人(出向者を出向させている法人をいう。以下4の2の14において同じ。)が支給することとしているため、出向先法人(出向元法人から出向者の出向を受けている法人をいう。以下4の2の14において同じ。)が自己の負担すべき給与に相当する金額(経営指導料等の名義で支出する金額を含む。以下4の2の14において「給与負担金」という。)を出向元法人に支出したときは、当該給与負担金は、出向先法人における報酬給与額として取り扱うものとし、当該給与負担金に相当する額は、出向元法人の報酬給与額として取り扱わないものとすること。

⑵　出向元法人が出向先法人との給与条件の較差を補てんするため出向者に対して支給した給与(出向先法人を経て支給した金額を含む。)は、当該出向元法人における報酬給与額として取り扱うものとすること。したがって、例えば、出向先法人が経営不振等で出向者に賞与を支給することができないため出向元法人が当該出向者に対して支給する賞与の額は、当該出向元法人における報酬給与額となるものであること。

⑶　出向先法人が、出向元法人に対して、出向者に支給すべき退職給与その他これに類するものの額に充てるため、あらかじめ定めた負担区分に基づき、当該出向者の出向期間に対応する退職給与の額として合理的に計算された金額を定期的に支出している場合には、その支出する金額は当該出向先法人の報酬給与額として取り扱わないものとすること。

　　ただし、出向元法人が確定給付企業年金契約等を締結している場合において、出向先法人があらかじめ定めた負担区分に基づきその出向者に係る掛金、保険料等(過去勤務債務等に係る掛金及び保険料等を含む。)の額を出向元法人に支出したときは、当該支出した金額は当該出向先法人の報酬給与額として取り扱うものとすること。

4の2の15　労働者派遣事業の適正な運営の確保及び派遣労働者の保護等に関する法律(昭和60年法律第88号)第26条第1項又は船員職業安定法(昭和23年法律第130号)第66条第1項に規定する労働者派遣契約又は船員派遣契約に基づき労働者派遣又は船員派遣を受けた法人は、派遣契約料の75%に相当する金額が報酬給与額となり、労働者派遣又は船員派遣をした法人は、派遣契約料の75%(派遣労働者又は派遣船員(以下4の2の15及び4の6の10において「派遣労働者等」という。)に支払う給与等の額を限度とする。)に相当する金額が報酬給与額に含まれないものであるが、その取扱いに当たっては、次の諸点に留意すること。(法72の15②)

⑴　派遣契約料には、当該派遣労働者等に係る旅費等が含まれるものであること。

⑵　派遣労働者等が派遣元法人の業務にも従事している場合には、法第72条の15第2項第2号の派遣労働者等に係る同項各号に掲げる金額の合計額には、当該派遣労働者等に支払う給与等の額のうち当該派遣元法人の業務に係るものは含まれないものであること。

4の2の16　4の1の4の場合において、組合の組合員が、自社の社員を当該組合に出向させ、雇用関係又はこれに準ずる関係に基づき自社から給与を一括して当該職員に支払っている場合についても、同様の取扱いとすること。ただし、組合員から組合に社員を出向させる際の給与に関する協定（以下4の2の16において「給与協定」という。）が締結されている場合において、各組合員が給与として当該職員に実際に支払った額と給与協定に基づき定められた額に差額が生じる場合には、各組合員の報酬給与額にその差額分を加減算すること。

4の2の17　法附則第9条第13項に規定する控除の要件については、原則として、法人税と同様の取扱いとされているものであるが、当該事業年度の所得が欠損である等の理由により法人税の特別控除を受けない法人についても、事業税においては、適用するものであること。

なお、控除の要件の判定の基礎となる継続雇用者給与等支給額及び継続雇用者比較給与等支給額、控除対象雇用者給与等支給増加額並びに控除対象雇用者給与等支給増加額の計算に用いる雇用者給与等支給額及び比較雇用者給与等支給額は、これらの給与等の支給額に、その給与等に充てるため他の者から支払いを受けた金額がある場合には、当該金額を控除するものであり、その給与等に充てるための雇用安定助成金額（国又は地方公共団体から受ける雇用保険法第62条第1項第1号に掲げる事業として支給が行われる助成金その他これに類するものの額をいう。以下4の2の17において同じ。）がある場合には、継続雇用者給与等支給額及び継続雇用者比較給与等支給額にあっては当該雇用安定助成金額を控除しない金額であるが、控除対象雇用者給与等支給増加額、雇用者給与等支給額及び比較雇用者給与等支給額にあっては当該雇用安定助成金額を控除した金額であることに留意すること。

非課税事業若しくは収入金額課税事業（以下この章において「非課税事業等」という。）、法第72条の2第1項第1号に掲げる事業（非課税事業を除く。以下この章において「所得等課税事業」という。）、同項第3号に掲げる事業（以下この章において「収入金額等課税事業」という。）又は特定ガス供給業のうち複数の事業を併せて行う法人の付加価値割の課税標準はそれぞれの事業ごとに算定するものであり、法附則第9条第13項（同条第14項及び第15項の規定により読み替えて適用する場合を含む。）の規定により控除する金額については、次に掲げる法人の区分に応じ、それぞれ次に掲げる金額によるものであること。（法附則9⑬～⑮、令附則6の2⑥・⑦）

(1)　所得等課税事業、収入金額等課税事業又は特定ガス供給業のうち2以上の事業を併せて行う法人　控除対象雇用者給与等支給増加額を、雇用者給与等支給額のうちそれぞれの事業に係る額（当該額の計算が困難であるときは、雇用者給与等支給額に、法人の法の施行地内に有する事務所又は事業所（外国法人にあっては、恒久的施設。以下(1)において同じ。）の従業者（事務所又は事業所において使用される者で賃金を支払われるものをいう。(3)において同じ。）のうちそれぞれの事業に係る者の数を当該法人の法の施行地内に有する事務所又は事業所の従業者の数で除して計算した割合を乗じて計算した金額）で按分したものに、それぞれの事業に係る雇用安定控除調整率を乗じて計算した金額

　　なお、控除対象雇用者給与等支給増加額及び雇用者給与等支給額は、給与等の支給額に、その給与等に充てるため他の者から支払いを受けた金額がある場合には、当該金額を控除するものであり、その給与等に充てるための雇用安定助成金額がある場合には、当該雇用安定助成金額を控除した金額であることに留意すること。

(2)　非課税事業等と所得等課税事業、収入金額等課税事業又は特定ガス供給業を併せて行う法人　法附則第9条第15項の規定により読み替えて適用される同条第13項により計算した金額（特定雇用者給与等支給額の計算が困難であるときは、令則則第6条の2第6項で定めるところにより計算した金額）

(3)　非課税事業等と所得等課税事業、収入金額等課税事業及び特定ガス供給業のうち2以上の事業とを併せて行う法人　(2)と同様に計算した金額。この場合において、特定雇用者給与等支給額については、所得等課税事業、収入金額等課税事業及び特定ガス供給業のそれぞれの事業ごとに計算するものであり、その計算が困難であるときは、令附則第6条の2第6項で定めるところにより計算するものであるが、同項の非課税事業等以外の事業に係る者の数は、所得等課税事業、収入金額等課税事業及び特定ガス供給業のそれぞれの事業ごとの従業者数を用いるものであること。

　　なお、従業者数については、4の6の10の取扱いに準ずるものであること。

3　純支払利子の算定

4の3の1　法第72条の16第2項に規定する支払利子には、主として次に掲げるものが該当することに留意すること。（法72の16②、令20の2の6）

(1)　借入金の利息

(2)　社債の利息

(3)　社債の発行その他の事由により金銭債務に係る債務者となった場合に、当該金銭債務に係る収入額がその債務額に満たないときにおけるその満たない部分の金額（法人税法施行令第136条の2第1項の規定により損金の額に算入されるものに限る。）

(4)　コマーシャル・ペーパーの券面価額から発行価額を控除した金額

(5)　受取手形の手形金額と当該受取手形の割引による受領金額との差額を手形売却損として処理している場合の当該差額（手形に含まれる金利相当額を会計上別処理する方式を採用している場合には、手形売却損として帳簿上計上していない部分を含む。）

(6)　買掛金を手形によって支払った場合において、相手方に対して当該手形の割引料を負担したときにおける当該負担した割引料

(7)　従業員預り金、営業保証金、敷金その他これらに準ずる預り金の利息

(8)　金融機関の預金利息

(9)　コールマネーの利息

(10)　信用取引に係る利息

(11)　現先取引及び現金担保付債券貸借取引に係る利息相当額

(12)　利子税並びに地方税法第65条、第72条の45の2及び第327条の規定により

徴収される延滞金
(13)　内部取引において、(1)〜(12)に掲げるものに相当するもの

4の3の2　法第72条の16第3項に規定する受取利子には、主として次に掲げるものが該当することに留意すること。（法72の16③、令20の2の7）
(1)　貸付金の利息
(2)　国債、地方債及び社債（会社以外の法人が特別の法律により発行する債券で利付きのものを含む。）の利息
(3)　法人税法施行令第119条の14に規定する償還有価証券（コマーシャル・ペーパーを含む。）の調整差益
(4)　売掛金を手形によって受け取った場合において、相手方が当該手形の割引料を負担したときにおける当該負担した割引料
(5)　営業保証金、敷金その他これらに準ずる預け金の利息
(6)　金融機関等の預貯金利息及び給付補てん備金
(7)　コールローンの利息
(8)　信用事業を営む協同組合等から受ける事業分量配当のうち当該協同組合等が受け入れる預貯金（定期積金を含む。）の額に応じて分配されるもの
(9)　相互会社から支払いを受ける基金利息
(10)　生命保険契約（共済契約で当該保険契約に準ずるものを含む。）に係る据置配当の額及び未収の契約者配当の額に付されている利息相当額
(11)　損害保険契約のうち保険期間の満了後満期返戻金を支払う旨の特約がされているもの（共済契約で当該保険契約に準ずるものを含む。）に係る据置配当の額及び未収の契約者配当の額に付されている利息相当額
(12)　信用取引に係る利息
(13)　合同運用信託、公社債投資信託及び公募公社債等運用投資信託の収益として分配されるもの
(14)　現先取引及び現金担保付債券貸借取引に係る利息相当額
(15)　還付加算金
(16)　内部取引において、(1)〜(15)に掲げるものに相当するもの

4の3の3　金利の変動に伴って生ずるおそれのある損失を減少させる目的で法人税法第61条の6の規定により繰延ヘッジ処理を行っている場合又は特例金利スワップ取引等（法人税法施行規則第27条の7第2項に規定する取引をいう。以下4の3の3において同じ。）を行っている場合の支払利子又は受取利子の計算は、当該繰延ヘッジ処理による繰延ヘッジ金額に係る損益の額又は特例金利スワップ取引等に係る受払額のうち、当該繰延ヘッジ処理又は特例金利スワップ取引等の対象となった資産等に係る支払利子の額又は受取利子の額に対応する部分の金額を加算又は減算した後の金額を基礎とすることに留意すること。（法72の16②・③、令20の2の6・20の2の7）

4の3の4　法人税法第63条に規定するリース譲渡契約（これらに類する契約を含む。）によって購入又は販売した資産に係る割賦期間分の利息相当額は、契約書等において購入代価又は販売代価と割賦期間分の利息相当額とが明確かつ合理的に区分されているときは、支払利子及び受取利子として取り扱うものとすること。（法72の16②・③、令20の2の6・20の2の7）

4の3の5　法人税法第64条の2第1項の規定によりリース取引の目的となる資産の売買があったものとされるリース取引に係るリース料の額の合計額の取扱いについては、当該リース料の額の合計額のうち、賃貸人における取得価額と利息相当額とが明確かつ合理的に区分されている場合に、当該利息相当額を支払利子及び受取利子として取り扱うものとすること。（法72の16②・③、令20の2の6・20の2の7）

4の3の6　法人税法第64条の2第2項の規定により金銭貸借とされるリース取引に係る各事業年度のリース料の額のうち通常の金融取引における元本と利息の区分計算の方法に準じて合理的に計算された利息相当額は支払利子及び受取利子として取り扱うものとすること。この場合において、リース料の額のうちに元本返済額が均等に含まれているものとして利息相当額を計算しても差し支えないものであること。（法72の16②・③、令20の2の6・20の2の7）

4の3の7　貿易商社が支払う輸入決済手形借入金の利息は、それが委託買付契約に係るもので、その利息相当額を委託者に負担させることとしている場合であっても、当該貿易商社の支払利子となるものであること。この場合において、当該委託買付契約において当該利息相当額が明確かつ合理的に区分されているときは、当該利息相当額は当該委託者の支払利子及び当該貿易商社の受取利子として取り扱うものとすることに留意すること。（法72の16②・③、令20の2の6・20の2の7）

4の3の8　遅延損害金（借入金の返済が遅れた場合に、遅延期間に応じて一定の利率に基づいて算定した上で支払うものをいう。）は、支払利子及び受取利子として取り扱うものとすること。（法72の16②・③、令20の2の6・20の2の7）

4の3の9　売上割引料（売掛金又はこれに準ずる債権について支払期日前にその支払いを受けたことにより支払うものをいう。）は、支払利子及び受取利子として取り扱わないものとすること。（法72の16②・③、令20の2の6・20の2の7）

4の3の10　国債、地方債又は社債（会社以外の法人が特別の法律により発行する債券で利付きのものを含む。）をその利息の計算期間の中途において購入した法人が支払った経過利息に相当する金額（購入直前の利払期からその購入の時までの期間に応じてその債券の発行条件たる利率により計算される額をいう。以下4の3の10において同じ。）は、支払利子として取り扱わないものとすること。この場合において、法人が支払った経過利息に相当する金額を前払金として経理したときには、これらの債券の購入後最初に到来する利払期において支払いを受ける利息の額から、当該前払金額を差し引いた金額が受取利子の額となるものであること。

　なお、経過利息に相当する金額を受け取った法人が、当該金額を利息として経理した場合には、当該金額は受取利子として取り扱うものとすることに留意すること。（法72の16②・③、令20の2の6・20の2の7）

4の3の11　金銭債権を、その債権金額と異なる金額で取得した場合において、その債権金額とその取得価額との差額に相当する金額（実質的な贈与と認められる部分の金額を除く。以下4の3の11において「取得差額」という。）の全

部又は一部が金利の調整により生じたものと認められるときは、当該金銭債権に係る支払期日までの期間の経過に応じ、利息法又は定額法に基づき当該取得差額の範囲内において金利の調整により生じた部分の金額については、受取利子として取り扱うものとすること。（法72の16①・③、令20の2の6・20の2の7）

4　純支払賃借料の算定

4の4の1　法第72条の17第2項に規定する支払賃借料及び同条第3項に規定する受取賃借料の対象となる土地又は家屋には、これらと一体となって効用を果たす構築物又は附属設備が含まれることから、固定資産税における土地又は家屋のほか、土地又は家屋に構築物が定着し、又は設備が附属し、かつ、土地又は家屋とこれらの構築物等が一体となって取引されている場合には、これらの構築物等を含むものであること。したがって、例えば、土地又は家屋の賃貸借契約と構築物等の賃貸借契約とが別個の独立した契約である場合には、当該構築物等の賃借料は支払賃借料及び受取賃借料とはならないものであること。

　ただし、形式的に土地又は家屋の賃貸借契約と構築物等の賃貸借契約とが別個の契約とされている場合であっても、当該構築物等と土地又は家屋とが物理的に一体となっている場合など、当該構築物等と土地又は家屋とが独立して賃貸借されないと認められるときは、当該構築物等の賃借料は支払賃借料及び受取賃借料となることに留意すること。（法72の17②・③）

4の4の2　支払賃借料及び受取賃借料の対象となる土地又は家屋の使用又は収益を目的とする権利とは、地上権、地役権、永小作権、土地又は家屋に係る賃借権、土地又は家屋に係る行政財産を使用する権利等をいい、鉱業権、土石採取権、温泉利用権、質権、留置権、抵当権等はこれに含まれないものであること。（法72の17②・③）

4の4の3　土地又は家屋の賃借権等（土地又は家屋の使用又は収益を目的とする権利をいう。4の4の3から4の4の9までにおいて同じ。）の対価の額は、当該土地又は家屋を使用又は収益できる期間が連続して1月以上であるものに限り、支払賃借料及び受取賃借料となるものであること。

　なお、使用又は収益できる期間の判定は、契約等において定められた期間によるものとするが、当該期間が連続して1月に満たない場合であっても、実質的に当該使用又は収益することのできる期間が連続して1月以上となっていると認められる場合には、支払賃借料又は受取賃借料となるものであること。（法72の17②・③）

4の4の4　土地又は家屋の賃借権等の設定に係る権利金その他の一時金（更新料を含む。）は、支払賃借料及び受取賃借料として取り扱わないものとすること。

　なお、権利金等の名目であっても、契約等において賃借料の前払相当分が含まれていると認められる場合には、当該前払相当分は支払賃借料及び受取賃借料となるものであることに留意すること。（法72の17②・③）

4の4の5　土地又は家屋の賃借権等に係る役務の提供の対価の額と当該土地又

は家屋の賃借権等の対価の額とが、契約等において明確かつ合理的に区分されていない場合には、当該役務の提供の対価に相当する額は支払賃借料及び受取賃借料となるものであること。（法72の17②・③、令20の2の9）

4の4の6　土地又は家屋を使用又は収益するに当たり、その賃借料の全て又は一部が契約等において賃借人の事業に係る売上高等に応じたものとされている場合であっても、土地又は家屋の賃借権等の対価の額と認められる限り、支払賃借料及び受取賃借料となるものであること。（法72の17②・③）

4の4の7　土地又は家屋の明渡しの遅滞により賃借人が賃貸人に支払う違約金等（土地又は家屋の賃借権等の対価としての性質を有するものに限る。）は支払賃借料及び受取賃借料として取り扱うものとすること。（法72の17②・③）

4の4の8　内部取引において賃借権等の対価として支払う金額に該当することとなる額及び賃借権等の対価として支払を受ける金額に該当することとなる額については、それぞれ支払賃借料及び受取賃借料に該当するものであることに留意すること。（令20の2の10・20の2の11）

4の4の9　支払賃借料及び受取賃借料の取扱いに当たっては、4の4の1から4の4の8までに掲げるもののほか、次の諸点に留意すること。（法72の17②・③）

(1)　法人が賃借している土地又は家屋を当該法人の役員又は使用人に社宅等として賃貸している場合には、当該法人が支払う賃借料は当該法人の支払賃借料となり、役員又は使用人から支払いを受ける賃借料は当該法人の受取賃借料となるものであること。

(2)　立体駐車場等の賃借料については、当該立体駐車場等が固定資産税において家屋に該当しないものであっても、当該立体駐車場等が土地と一体となっていると認められる場合には、土地又は家屋の賃借権等の対価の額にあたるものとして支払賃借料及び受取賃借料として取り扱うものとすること。

(3)　法人が自ら保有し、又は賃借している土地又は家屋に、構築物又は附属設備を別途賃借して設置した場合の当該構築物等の賃借料は、当該法人の支払賃借料及び構築物等を賃貸した者の受取賃借料とならないものであること。

(4)　高架道路等の構築物については、高架下において別の土地の利用が可能であるから、土地又は家屋の賃借権等と当該構築物が別個に取引されている場合には、当該構築物の賃借料は支払賃借料及び受取賃借料とならないものであること。

(5)　荷物の保管料については、契約等において1月以上荷物を預け、一定の土地又は家屋を使用又は収益していると認められる場合には、土地又は家屋の賃借権等の対価の額にあたるものとして支払賃借料又は受取賃借料となるものであること。

(6)　法人が自己の商品を他の法人の店舗等において販売するに当たり、いわゆる消化仕入契約（実際に販売された商品のみを仕入れたこととする契約で、自己の商品を販売する法人に対し売上の一定割合を控除した残額が支払われるものをいう。）に基づき販売しており、土地又は家屋の賃借権等の対価に相当する額が、法人税の所得の計算上、自己の商品を販売する法人の損金の額及び他の法人の益金の額に算入されていない場合には、売上から控除され

る土地又は家屋の賃借権等の対価に相当する額は自己の商品を販売する法人の支払賃借料及び他の法人の受取賃借料とならないものであること。
(7)　土地又は家屋の賃借権等に係る契約等において、水道光熱費、管理人費その他の維持費を共益費等として支払っており、賃借料と当該共益費等とが明確かつ合理的に区分されている場合には、当該共益費等は支払賃借料及び受取賃借料として取り扱わないものとすること。
(8)　土地又は家屋に係る取引であっても、4の3の5の資産の売買があったものとされるリース取引及び4の3の6の金銭貸借とされるリース取引に係るリース料は支払賃借料及び受取賃借料として取り扱わないものとすること。

5　単年度損益の算定

4の5の1　各事業年度の単年度損益の算定については、法令に特別の定めがある場合を除くほか、次に掲げる法人の区分に応じ、次に掲げる方法によるものとする。
(1)　内国法人　法人税の課税標準である所得の計算の例による。
(2)　外国法人　法人税の課税標準である恒久的施設帰属所得に係る所得の計算の例により算定した当該恒久的施設帰属所得に係る所得の金額又は欠損金額及び法人税の課税標準である恒久的施設非帰属所得に係る所得の計算の例により算定した当該恒久的施設非帰属所得に係る所得の金額又は欠損金額の合算額とする。

4の5の2　単年度損益の算定に当たっては、所得割の課税標準の算定と異なり、法人税法第27条、第57条、第57条の2、第59条第5項、第64条の5及び第64条の8並びに租税特別措置法第55条（同条第1項及び第8項に規定する特定株式等で政令に定めるものに係る部分を除く。）、第59条の2及び第66条の5の3（第2項に係る部分を除く。）の規定の例によらないことに留意すること。（法72の18②）

4の5の3　法人税法第59条の規定による会社更生等による債務免除等があった場合の欠損金の損金算入については、次の諸点に留意すること。（法72の18①）
(1)　対象となる欠損金額は、適用事業年度末における前事業年度以前の事業年度から繰り越された欠損金額であり、適用事業年度において法人税法第57条第1項の規定により損金の額に算入される欠損金額は当該繰り越された欠損金額から控除しないものであること。
(2)　法人税の課税標準である所得の算定に当たり当該制度の適用を受けない場合であっても、単年度損益の算定に当たっては当該制度の適用を受ける場合があること。
(3)　事業税の確定申告書、修正申告書又は更正請求書に損金算入に関する明細を記載した書類及びその事実を証する書類として法人税法施行規則第26条の6に掲げる書類の添付がある場合に限り適用されること。ただし、都道府県知事がこれらの書類の添付がなかったことについてやむを得ないと認めるときはこの限りでないこと。

4の5の4　法第72条の41の2の規定によって道府県知事が自主決定をする法人

の単年度損益の具体的算定についても、おおむね、国の税務官署の取扱いに準ずるものであること。（法72の18①）

6　資本金等の額の算定

4の6の1　法第72条の12第2号の各事業年度の資本金等の額とは、各事業年度終了の日における法人税法第2条第16号に規定する資本金等の額によるものであり、これらの具体的な算定については、法人税の例によるものであるが、会社法に規定する剰余金を同法の規定により資本金とした場合又は同法に規定する資本金を同法の規定により損失の補に充てた場合などについてはこの限りではないこと。また、外国法人の各事業年度の資本金等の額については、法人税法第142条の4第1項に規定する外国法人の各事業年度の恒久的施設に係る自己資本の額とは異なることに留意すること。なお、外国法人の各事業年度の資本金等の額については、当該事業年度終了の日の電信売買相場の仲値により換算した円換算額によるものであり、電信売買相場の仲値は、原則として、その法人の主たる取引金融機関のものによることとするが、その法人が、同一の方法により入手等をした合理的なものを継続して使用している場合には、これによることを認めるものであること。

　　また、法第72条の21第1項本文の規定により計算した金額が、各事業年度終了の日における資本金の額及び資本準備金の額の合算額又は出資金の額を下回る場合には、資本金の額及び資本準備金の額の合算額又は出資金の額を資本割の課税標準とすること。（法72の21①・②）

4の6の2　法第72条の21第1項に規定する資本割の課税標準の算定に当たっては、同項第2号及び第3号に掲げる金額についてその内容を証する書類を添付した申告書を提出した場合に限り、法第72条の21第1項第2号及び第3号に掲げる金額と各事業年度終了の日における法人税法第2条第16号に規定する資本金等の額について減算することができるものであること。

4の6の3　内国法人の資本金等の額の算定については、次に掲げる順序により行うこと。

⑴　収入金額課税事業以外の事業に係る資本金等の額の算定（令20の2の26①）

⑵　一定の要件を満たす持株会社の資本金等の額の算定（法72の21⑥、令20の2の22・20の2の23）

⑶　外国の事業以外の事業に係る資本金等の額の算定（法72の22①、令20の2の24）

⑷　非課税事業以外の事業に係る資本金等の額の算定（令20の2の26③）

⑸　4の6の3⑴から⑷までの計算の結果が1千億円を超えている場合における資本金等の額の算定（法72の21⑦・⑧）

⑹　所得等課税事業、収入金額等課税事業及び特定ガス供給業のうち2以上の事業を併せて行う法人のそれぞれの事業に係る資本金等の額の算定（令20の2の26⑥）

4の6の4　外国法人の資本金等の額の算定については、次に掲げる順序により

行うこと。

(1) 外国の事業以外の事業に係る資本金等の額の算定（法72の22②、令20の2
の25）

(2) 収入金額課税事業又は非課税事業以外の事業に係る資本金等の額の算定
（令20の2の26④）

(3) 4の6の4(1)及び(2)の計算の結果が1千億円を超えている場合における資
本金等の額の算定（法72の21⑦・⑧）

(4) 所得等課税事業、収入金額等課税事業及び特定ガス供給業のうち2以上の
事業を併せて行う法人のそれぞれの事業に係る資本金等の額の算定（令20の
2の26⑦）

4の6の5　法第72条の21第6項第1号に規定する総資産の帳簿価額（以下4の
6の5から4の6の7まで及び4の6の9において「総資産の帳簿価額」とい
う。）の計算については、次によること。（法72の21⑥Ⅰ）

(1) 支払承諾見返勘定又は保証債務見返勘定のように単なる対照勘定として貸
借対照表の資産及び負債の部に両建経理されている金額がある場合には、当
該資産の部に経理されている金額は、総資産の帳簿価額から控除すること。

(2) 貸倒引当金勘定の金額が、金銭債権から控除する方法により取立不能見込
額として貸借対照表に計上されている場合にはその控除前の金額を、注記の
方法により取立不能見込額として貸借対照表に計上されている場合等にはこ
れを加算した金額を、それぞれの金銭債権の帳簿価額とすること。

(3) 退職給付信託における信託財産の額が、退職給付引当金勘定の金額と相殺
されて貸借対照表の資産の部に計上されず、注記の方法により貸借対照表に
計上されている場合等には、当該信託財産の額を加算した金額を総資産の帳
簿価額とすること。

(4) 貸借対照表に計上されている返品債権特別勘定の金額（売掛金から控除す
る方法により計上されているものを含む。）がある場合には、これらの金額
を控除した残額を売掛金の帳簿価額とすること。

(5) 貸倒損失が金銭債権から控除する方法により取立不能見込額として貸借対
照表に計上されている場合には、これを控除した残額を金銭債権の帳簿価額
とすること。

(6) 貸借対照表に計上されている補修用部品在庫調整勘定又は単行本在庫調整
勘定の金額がある場合には、これらの金額を控除した残額を当該補修用部品
在庫調整勘定又は単行本在庫調整勘定に係る棚卸資産の帳簿価額とすること。

4の6の6　法人が税効果会計を適用している場合において、貸借対照表に計上
されている繰延税金資産の額があるときは、当該繰延税金資産の額は、総資産
の帳簿価額に含めるものとすること。（法72の21⑥Ⅰ）

4の6の7　法人が税効果会計を適用している場合には、総資産の帳簿価額から
控除する剰余金の処分により積み立てている圧縮積立金又は特別償却準備金の
金額は、貸借対照表に計上されている圧縮積立金勘定又は特別償却準備金勘定
の金額とこれらの勘定に係る繰延税金負債の額との合計額となること。

なお、当該繰延税金負債が繰延税金資産と相殺されて貸借対照表に計上され
ていている場合には、その相殺後の残額となることに留意すること。この場合、

その相殺については、圧縮積立金勘定又は特別償却準備金勘定に係る繰延税金負債の額が繰延税金資産の額とまず相殺されたものとして取り扱うこと。（法72の21⑥Ⅰ）

4の6の8　法第72条の21第6項第2号に規定する帳簿価額は税務上の帳簿価額によること。また、同号に規定する特定子会社の判定に当たっては、次の諸点に留意すること。（法72の21⑥Ⅱ）

⑴　特定子会社は、内国法人に限らないものであり、外国法人も含めるものとすること。

⑵　内国法人の特定子会社が他の法人の発行済株式等の総数の100分の50を超える数の株式等を直接又は間接に保有している場合には、当該他の法人は当該内国法人の特定子会社に該当するものであること。したがって、例えば、ある内国法人が他の法人の発行済株式等の総数の100分の51の数の株式等を保有し、当該他の法人が別の法人の発行済株式等の総数の100分の51の数の株式等を保有している場合には、当該別の法人は、当該他の法人の特定子会社に該当するとともに当該内国法人の特定子会社にも該当するものであること。

⑶　法第72条の21第6項第2号に規定する他の法人が有する自己の株式又は出資の数は、当該他の法人の発行済株式又は出資の総数だけでなく、同号の当該内国法人が直接又は間接に保有する株式又は出資の数にも含まれないものであること。

4の6の9　内国法人について、当該内国法人の特定子会社に対する貸付金がある場合又は当該特定子会社の発行する社債を保有している場合には、当該内国法人が当該特定子会社の株式等を直接保有しているか否かにかかわらず、当該貸付金等は当該内国法人の総資産の帳簿価額には含まれないものであること。（令20の2の22Ⅳ）

なお、内国法人が特定子会社に対し、外国政府等を通じて間接に金銭の貸付けを行っている場合において、当該外国政府等が当該内国法人から貸し付けられた金銭の額と同額の貸付けを当該特定子会社に対して行うことが契約等において明示されている場合には、当該貸付金は当該内国法人の総資産の帳簿価額には含めないものとすること。

4の6の10　非課税事業等、所得等課税事業、収入金額等課税事業又は特定ガス供給業のうち複数の事業を併せて行う法人の資本金等の額の按分の基準となる従業者数については、以下の取扱いによるものであること。（令20の2の26）

⑴　従業者とは、当該法人の事務所等に使用される役員又は使用人であり、原則として、当該法人から報酬、給料、賃金、賞与、退職手当その他これらの性質を有する給与を支払われるものをいうものであること。したがって、非常勤役員、契約社員、パートタイマー、アルバイト又は臨時雇いその他名称を問わず、原則として雇用関係又はこれに準ずる関係に基づき労務の提供を行う者の全てが含まれるものであること。

⑵　4の6の10⑴にかかわらず、次に掲げる者については、それぞれ次に掲げる法人の従業者として取り扱うものとすること。
　ア　派遣労働者等（イに掲げる者を除く。）派遣先法人

　イ　派遣元法人の業務にも従事する派遣労働者等派遣先法人及び派遣元法人
　ウ　法人（出向先法人）の業務に従事するため、他の法人（出向元法人）から出向している従業者（エに掲げる者を除く。）当該法人
　エ　法人（出向先法人）の業務に従事するため、他の法人（出向元法人）から出向している従業者で、当該他の法人の業務にも従事するもの当該法人及び当該他の法人
　オ　4の2の5なお書により注文者である法人との間の雇用関係又はこれに準ずる関係があると認められた仕事を請け負った法人の使用人当該注文者である法人

(3)　4の6の10(1)及び(2)にかかわらず、次に掲げる者については、当該法人の従業者として取り扱わないものとすること。
　ア　その勤務すべき施設が事務所等に該当しない場合の当該施設の従業者（例えば常時船舶の乗組員である者、現場作業所等の従業者）
　イ　病気欠勤者又は組合専従者等連続して1月以上の期間にわたってその本来勤務すべき事務所等に勤務しない者

(4)　従業者数は、事業年度終了の日（仮決算による中間申告の場合には、6月経過日の前日）現在におけるそれぞれの事業の従業者数をいうものであり、法第72条の48第4項第1号ただし書のような計算は行わないものであること。
　　ただし、次に掲げる場合には、当該事業年度に属する各月の末日現在における所得等課税事業、収入金額等課税事業又は特定ガス供給業（以下(4)及び(6)において「所得等課税事業等」という。）の従業者数を合計した数を当該事業年度の月数で除して得た数（その数に1人に満たない端数を生じたときは、これを1人とする。以下(4)において同じ。）を、当該得た数と当該事業年度に属する各月の末日現在における非課税事業等の従業者数を合計した数を当該事業年度の月数で除して得た数とを合計した数で除して得た値で按分し、所得等課税事業等に係る資本金等の額とすること。
　ア　所得等課税事業等を行う法人が事業年度の中途において非課税事業等を開始した場合
　イ　非課税事業等を行う法人が事業年度の中途において所得等課税事業等を開始した場合
　ウ　非課税事業等と所得等課税事業等とを併せて行う法人が事業年度の中途において非課税事業等又は所得等課税事業等を廃止した場合
　　また、次に掲げる場合には、それぞれの事業について、当該事業年度に属する各月の末日現在における当該事業の従業者数を合計した数を当該事業年度の月数で除して得た数を、当該得た数と当該事業年度に属する各月の末日現在におけるその他の事業（非課税事業を除く。）の従業者数を合計した数を当該事業年度の月数で除して得た数とを合計した数で除して得た値で按分し、それぞれの事業に係る資本金等の額とすること。
　ア　所得等課税事業を行う法人が事業年度の中途において収入金額等課税事業又は特定ガス供給業を開始した場合
　イ　収入金額等課税事業を行う法人が事業年度の中途において所得等課税事業又は特定ガス供給業を開始した場合

　　ウ　特定ガス供給業を行う法人が事業年度の中途において所得等課税事業又は収入金額等課税事業を開始した場合
　　エ　所得等課税事業、収入金額等課税事業及び特定ガス供給業のうち2以上の事業を併せて行う法人が事業年度の中途においていずれかの事業を廃止した場合
　⑸　⑷の月数は、暦に従って計算し、1月に満たない端数を生じたときは、これを1月とすること。
　⑹　それぞれの事業に区分することが困難な従業者の数については、所得等課税事業等の付加価値額及び所得の算定に用いた最も妥当と認められる基準により按分するものとすること。
　　　この場合において、それぞれの事業の従業者数についてその数に1人に満たない端数を生じた場合には、これを1人とするものであること。

7　所得の算定

4の7の1　益金とは、法令により別段の定めのあるもののほか、資本等取引以外において、純資産増加の原因となるべき一切の事実をいい、損金とは、法令により別段の定めのあるもののほか、資本等取引以外において純資産減少の原因となるべき一切の事実をいうものであること。（法72の23①）
4の7の2　各事業年度の所得の算定については、法令に特別の定めがある場合を除くほか、次に掲げる法人の区分に応じ、次に掲げる方法によるものとする。
　⑴　内国法人　法人税の課税標準である所得の計算の例による。
　⑵　外国法人　法人税の課税標準である恒久的施設帰属所得に係る所得の計算の例により算定した当該恒久的施設帰属所得に係る所得の金額及び法人税の課税標準である恒久的施設非帰属所得に係る所得の計算の例により算定した当該恒久的施設非帰属所得に係る所得の金額の合算額とする。
　　　なお、法人の各事業年度の所得を算定する場合には、法人税法第57条第6項から第8項まで、第59条第5項、第62条の5第5項、第64条の5、第64条の7及び第64条の8並びに租税特別措置法第55条（同条第1項及び第8項に規定する特定株式等で政令で定めるものに係る部分を除く。）並びに法人税法施行令第112条の2第6項から第8項までの規定の例によらないことに留意すること。（法72の23②、令20の3）
4の7の3　法人税法の規定による青色申告書を提出する法人の所得の算定も法人税の所得の計算の例によるものであるから青色申告書の提出が取り消された場合において、これに基づいて国の税務官署の更正又は決定が行われるときは、これを基準としてその所得を更正又は決定するものであること。
　　　また、法第72条の41の規定によって道府県知事が自主決定をする法人の所得の具体的算定についても、おおむね、国の税務官署の取扱いに準ずるものであること。（法72の23①）
4の7の4　法人の前10年以内に生じた繰越欠損金額の取扱いについては、国の税務官署の取扱いに準ずるものであるが、次の諸点に留意すること。（法72の23①、平成30年改正法附則6⑨、令和2年改正法附則6②、令和4年改正法附

則 6 ②、令20の 3 ・21・21の 2 ）

⑴　各事業年度における欠損金額の繰越控除が認められるもののうち、法人税において繰戻還付が行われている場合の繰越控除の計算は、その繰戻還付が行われなかったものとして計算するものであること。（令21①）

⑵　非課税事業等、所得等課税事業又は収入金額等課税事業のうち複数の事業を併せて行う法人の所得の算定上生じた欠損金額で、各事業年度の所得等課税事業又は収入金額等課税事業（法第72条の 2 第 1 項第 3 号ロに掲げる法人が行う事業に限る。）に係る所得の計算上繰越控除が認められる金額は、それぞれの事業について生じた欠損金額に限るものであること。

　　　この場合において、地方税法等の一部を改正する法律（平成30年法律第 3号）附則第 6 条第 9 項又は地方税法施行令等の一部を改正する政令（令和 4年政令第133号）第 1 条の規定による改正前の令第21条の 2 の規定の適用を受ける法人にあっては、前10年以内に生じた繰越欠損金額について、これらの規定に規定する特定ガス供給業（以下⑵において「特定ガス供給業」という。）に係る部分と導管ガス供給業（ガス事業法（昭和29年法律第51号）第 2 条第 5 項に規定する一般ガス導管事業及び同条第 7 項に規定する特定ガス導管事業をいう。以下⑵、 4 の 9 の 4 及び 9 の 6 の 2 において同じ。）に係る部分とを区分して特定ガス供給業の繰越欠損金額を算定すべきであるが、区分が困難である場合には、前10年以内に生じた繰越欠損金額を、欠損金額の生じた事業年度におけるそれぞれの事業の売上金額等最も妥当と認められる基準により按分して特定ガス供給業の繰越欠損金額を算定することが適当であること。（平成30年改正法附則 6 ⑨、令和 4 年改正前令21の 2 ）

　　　また、地方税法等の一部を改正する法律（令和 2 年法律第 5 号）附則第 6条第 2 項の規定の適用を受ける法人にあっては、前10年以内に生じた繰越欠損金額について、同項に規定する小売電気事業等又は発電事業等に係る部分と法第72条の 2 第 1 項第 2 号に規定する電気供給業に係る部分とを区分して小売電気事業等又は発電事業等の繰越欠損金額を算定すべきであるが、区分が困難である場合には、前10年以内に生じた繰越欠損金額を、欠損金額の生じた事業年度におけるそれぞれの事業の売上金額等最も妥当と認められる基準により按分して小売電気事業等又は発電事業等の繰越欠損金額を算定することが適当であること。（令和 2 年改正法附則 6 ②）

　　　また、地方税法等の一部を改正する法律（令和 4 年法律第 1 号）附則第 6条第 2 項の規定の適用を受ける法人にあっては、前10年以内に生じた繰越欠損金額について、同項に規定する対象ガス供給業に係る部分と導管ガス供給業に係る部分とを区分して同項に規定する対象ガス供給業の繰越欠損金額を算定すべきであるが、区分が困難である場合には、前10年以内に生じた繰越欠損金額を、欠損金額の生じた事業年度におけるそれぞれの事業の売上金額等最も妥当と認められる基準により按分して同項に規定する対象ガス供給業の繰越欠損金額を算定することが適当であること。（令和 4 年改正法附則 6②）

　　　また、令第21条の 2 の規定の適用を受ける法人にあっては、前10年以内に生じた繰越欠損金額について、同条に規定する対象ガス供給業（以下⑵にお

いて「対象ガス供給業」という。）に係る部分と導管ガス供給業に係る部分とを区分して対象ガス供給業の繰越欠損金額を算定すべきであるが、区分が困難である場合には、前10年以内に生じた繰越欠損金額を、欠損金額の生じた事業年度におけるそれぞれの事業の売上金額等も妥当と認められる基準により按分して対象ガス供給業の繰越欠損金額を算定することが適当であること。（令21の2）

(3)　ア又はイに掲げる企業組織再編成が行われた場合における繰越欠損金額の取扱いについても、4の7の4(1)及び(2)に留意するものであること。（法72の23①、令20の3・21②）

ア　被合併法人等の繰越欠損金額の引継ぎ

内国法人を合併法人とする適格合併が行われた場合又は当該内国法人との間に完全支配関係（当該内国法人による完全支配関係又は法人税法第2条第12号の7の6（定義）に規定する相互の関係に限る。）がある他の内国法人で当該内国法人が発行済株式若しくは出資の全部若しくは一部を有するものの残余財産が確定した場合において、当該適格合併に係る被合併法人又は当該他の内国法人（以下4の7の4(3)アにおいて「被合併法人等」という。）の当該適格合併の日前10年以内に開始し、又は当該残余財産の確定の日の翌日前10年以内に開始した各事業年度又は各中間期間（法人税法第80条第5項又は第144条の13第11項に規定する中間期間をいう。）において生じた欠損金額のうち、被合併法人等において繰越控除された金額を控除した金額（以下4の7の4(3)ア及びイ(ア)において「未処理欠損金額」という。）があるときは、その未処理欠損金額は、当該内国法人の合併等事業年度以後の各事業年度における繰越控除の適用において、その未処理欠損金額の生じた被合併法人等の事業年度開始の日の属する当該内国法人の事業年度において生じた欠損金額とみなすものであること。（法人税法57②参照）

イ　繰越欠損金額に係る制限

(ア)　4の7の4(3)アの適格合併に係る被合併法人（内国法人との間に支配関係を有するものに限る。）又は4の7の4(3)アの残余財産が確定した他の内国法人（以下4の7の4(3)イ(ア)において「被合併法人等」という。）の未処理欠損金額には、当該適格合併が共同で事業を行うためのものに該当する場合又は当該内国法人の当該適格合併の日の属する事業年度開始の日の5年前の日若しくは当該残余財産の確定の日の翌日の属する事業年度開始の日の5年前の日、当該被合併法人等の設立の日若しくは当該内国法人の設立の日のうち最も遅い日から継続して支配関係があると認められる場合のいずれにも該当しない場合には、支配関係事業年度（当該被合併法人等が当該内国法人との間に最後に支配関係を有することとなつた日の属する事業年度をいう。）前に生じた欠損金額及び支配関係事業年度以後に生じた欠損金額のうち特定資産の譲渡等損失額に相当する金額からなるものは含まれないものであること。（法人税法57③参照）

(イ)　内国法人と支配関係法人（当該法人との間に支配関係がある法人をい

う。以下４の７の４(3)イ(イ)において同じ。）との間で当該内国法人を合併法人、分割承継法人、被現物出資法人又は被現物分配法人とする適格合併若しくは適格合併に該当しない合併で法人税法第61条の11第１項（完全支配関係がある法人の間の取引の損益）の規定の適用があるもの、適格分割、適格現物出資又は適格現物分配（以下４の７の４(3)イ(イ)において「適格組織再編成等」という。）が行われた場合（当該内国法人の当該適格組織再編成等の日の属する事業年度（以下４の７の４(3)イ(イ)において「組織再編成事業年度」という。）開始の日の５年前の日、当該内国法人の設立の日又は当該支配関係法人の設立の日のうち最も遅い日から継続して当該内国法人と当該支配関係法人との間に支配関係があると認められる場合を除く。）において、当該適格組織再編成等が共同で事業を行うためのものに該当しないときは、当該内国法人の支配関係事業年度（当該内国法人が当該支配関係法人との間に最後に支配関係を有することとなつた日の属する事業年度をいう。）前に生じた当該内国法人の欠損金額及び支配関係事業年度以後に生じた欠損金額のうち特定資産の譲渡等損失額に相当する金額からなるものは、当該内国法人の組織再編成事業年度以後の繰越控除においては、ないものとする。（法人税法57④参照）

(4) 令第20条の３の規定により読み替えて適用される租税特別措置法第66条の11の４の規定による認定事業適応法人の欠損金額の損金の額への算入についても４の７の４(1)及び(2)に留意するものであること。

また、次の諸点に留意すること。（令20の３）

ア　超過控除対象額の計算の基礎となる特例事業年度において生じた欠損金額には、法人税法第57条第２項の規定により当該認定事業適応法人の欠損金額とみなされた金額は含まれないものであること。

イ　法人税の課税標準である所得の算定に当たり租税特別措置法第66条の11の４の規定の適用を受けない場合であっても、所得割の課税標準の算定に当たっては、令第20条の３の規定により読み替えて適用される租税特別措置法第66条の11の４の規定の適用を受ける場合があること。

ウ　事業税の仮決算に係る中間申告書又は確定申告書に超過控除対象額及び当該超過控除対象額の計算に関する明細を記載した規則第６号様式別表９の２の明細書並びに租税特別措置法施行規則第22条の12の２第２項に規定する適合証明書の写しの添付がある場合に限り適用されること。

(5) 通算法人の所得を算定する場合には、次の諸点に留意するものであること。（令20の３）

ア　法人税法施行令第112条の２第６項から第８項までの規定の例によらないものであること。

イ　法人税にあっては法人税法第66条第６項に規定する大通算法人（以下イにおいて「大通算法人」という。）は同法第57条第11項第１号イに掲げる法人に該当しないこととされているが、事業税にあっては大通算法人であっても当該通算法人が普通法人（投資法人、特定目的会社及び受託法人を除く。ウにおいて同じ。）で資本金の額若しくは出資金の額が１億円以

　　下であるもの（同法第66条第5項第2号又は第3号に掲げる法人に該当す
　　るものを除く。）又は資本若しくは出資を有しないもの（保険業法に規定
　　する相互会社を除く。）である場合には同法第57条第11項第1号イに掲げ
　　る法人に該当するものであること。
　ウ　法人税にあっては通算法人について、他の通算法人のうち、当該通算法
　　人の事業年度終了の日の属する当該他の通算法人の事業年度が、当該他の
　　通算法人の設立の日として法人税法施行令第113条の2第6項において準
　　用する同条第5項に規定する日から同日以後7年を経過する日までの期間
　　内の日の属する事業年度でないものが一つでもある場合には、法人税法第
　　57条第11項第3号に掲げる法人に該当しないこととされているが、事業税
　　にあっては上記の場合であっても通算法人（普通法人に限り、同項第1号
　　に規定する中小法人等又は同法第66条第5項第2号若しくは第3号に掲げ
　　る法人に該当するもの及び株式移転完全親法人を除く。）の事業年度が、
　　当該通算法人の設立の日として法人税法施行令第113条の2第5項に規定
　　する日から同日以後7年を経過する日までの期間内の日の属する事業年度
　　である場合には、同法第57条第11項第3号に掲げる法人に該当するもので
　　あること。
　エ　法人税にあっては通算法人について、他の通算法人の発行する株式が金
　　融商品取引所等に上場された場合又は店頭売買有価証券登録原簿に登録さ
　　れた場合には、これらの事由が生じた日として法人税法施行令第113条の
　　2第7項に規定する日のうち最も早い日以後に終了する事業年度は、法人
　　税法第57条第11項第3号に規定する事業年度から除くこととされているが、
　　事業税にあっては上記の場合であっても、同号に掲げる法人に該当する通
　　算法人の発行する株式が金融商品取引所等に上場されておらず、店頭売買
　　有価証券登録原簿に登録されていない場合には、同号に掲げる事業年度に
　　含まれるものであること。
　オ　法人税にあっては法人税法第57条の2第1項に規定する評価損資産につ
　　いて、通算法人が有する他の通算法人（法人税法施行令第24条の3に規定
　　する初年度離脱通算子法人及び通算親法人を除く。）の株式又は出資は含
　　まれないこととされているが、事業税にあっては通算法人が有する他の通
　　算法人の株式又は出資で、法人税法第57条の2第1項に規定する特定支配
　　事業年度開始の日における価額が同日における帳簿価額に満たないもの
　　（当該満たない金額が、当該法人の法人税の資本金等の額の2分の1に相
　　当する額と一千万円のいずれか少ない金額に満たないものを除く。）は評
　　価損資産に含まれるものであること。
4の7の5　法第72条の23第2項及び第3項の規定による医療法人又は医療施設
に係る事業を行う農業協同組合連合会（特定農業協同組合連合会を除く。）の
所得の算定については、次の諸点に留意すること。（法72の23②・③）
⑴　「療養の給付、更生医療の給付、養育医療の給付、療育の給付又は医療の
　給付」とは、それぞれ次に掲げるものをいうものであること。
　ア　健康保険法（大正11年法律第70号）の場合にあっては、同法第3章に規
　　定する被保険者の疾病又は負傷に関して保険者が給付する同法第63条第1

　　　項各号に掲げる給付及び同法第３条に規定する日雇特例被保険者の疾病又
　　　は負傷に関して同法第129条において準用する同法第63条第１項各号に掲
　　　げる給付
　イ　国民健康保険法（昭和33年法律第192号）の場合にあっては、同法第５
　　　条及び第19条並びに国民健康保険法施行法（昭和33年法律第193号）第44
　　　条に規定する被保険者の疾病又は負傷に関して保険者が給付する国民健康
　　　保険法第36条第１項各号に掲げる療養の給付
　ウ　高齢者の医療の確保に関する法律（昭和57年法律第80号）の場合にあっ
　　　ては、同法第４章第２節に規定する被保険者の疾病又は負傷に関して保険
　　　者が給付する同法第64条第１項各号に掲げる療養の給付
　エ　船員保険法（昭和14年法律第73号）の場合にあっては、同法第３章に規
　　　定する被保険者の疾病又は負傷に対し同法第29条第１項各号に掲げる療養
　　　の給付
　オ　国家公務員共済組合法（昭和33年法律第128号）の場合にあっては、同
　　　法第３章に規定する組合員の疾病又は負傷に関して組合が給付する同法第
　　　54条第１項各号に掲げる療養の給付（防衛省の職員の給与等に関する法律
　　　（昭和27年法律第266号）第22条第１項においてその例による場合の療養の
　　　給付を含む。）
　カ　地方公務員等共済組合法（昭和37年法律第152号）の場合にあっては、
　　　同法第３章に規定する組合員の疾病又は負傷に関して組合が給付する同法
　　　第56条第１項各号に掲げる療養の給付
　キ　私立学校教職員共済法（昭和28年法律第245号）の場合にあっては、同
　　　法第４章に規定する加入者の疾病又は負傷に関して事業団が給付する同法
　　　第20条の規定による療養の給付
　ク　戦傷病者特別援護法（昭和38年法律第168号）の場合にあっては、同法
　　　第10条の規定に基づく療養の給付及び同法第20条の規定に基づく更生医療
　　　の給付
　ケ　母子保健法（昭和40年法律第141号）の場合にあっては、同法第20条の
　　　規定に基づく養育医療の給付
　コ　児童福祉法（昭和22年法律第164号）の場合にあっては、同法第20条の
　　　規定に基づく療育の給付
　サ　原子爆弾被爆者に対する援護に関する法律（平成６年法律第117号）の
　　　場合にあっては、同法第10条の被爆者に対する医療の給付
⑵　健康保険法第85条、国民健康保険法第52条、高齢者の医療の確保に関する
　　法律第74条、船員保険法第61条、国家公務員共済組合法第55条の３、地方公
　　務員等共済組合法第57条の３又は私立学校教職員共済法第20条の規定によっ
　　て支給し、負担し、又は支払うべき入院時食事療養費は、保険者、組合又は
　　事業団が支給し、又は支払うべきものに限らず、当該療養に要する費用の額
　　としてこれらの規定により定める金額のうち、当該被保険者、組合員又は加
　　入者が負担する標準負担額を加えたその金額が課税標準算定上の特例の適用
　　を受けるものであること。
⑶　健康保険法第85条の２、国民健康保険法第52条の２、高齢者の医療の確保

に関する法律第75条、船員保険法第62条、国家公務員共済組合法第55条の4、地方公務員等共済組合法第57条の4又は私立学校教職員共済法第20条の規定によって支給し、負担し、又は支払うべき入院時生活療養費は、保険者、組合又は事業団が支給し、又は支払うべきものに限らず、当該療養に要する費用の額としてこれらの規定により定める金額のうち、当該被保険者、組合員又は加入者が負担する標準負担額を加えたその金額が課税標準算定上の特例の適用を受けるものであること。

(4)　健康保険法第86条、国民健康保険法第53条、高齢者の医療の確保に関する法律第76条、船員保険法第63条、国家公務員共済組合法第55条の5、地方公務員等共済組合法第57条の5又は私立学校教職員共済法第20条の規定によって支給し、負担し、又は支払うべき保険外併用療養費は、保険者、組合又は事業団が支給し、又は支払うべきものに限らず、当該療養に要する費用の額としてこれらの規定により定める金額のうち、当該被保険者、組合員又は加入者が負担する療養費の額を加えたその金額が課税標準算定上の特例の適用を受けるものであること。

(5)　健康保険法第88条、国民健康保険法第54条の2、高齢者の医療の確保に関する法律第78条、船員保険法第65条、国家公務員共済組合法第56条の2、地方公務員等共済組合法第58条の2又は私立学校教職員共済法第20条の規定によって支給し、負担し、又は支払うべき訪問看護療養費は、保険者、組合又は事業団が支給し、又は支払うべきものに限らず、当該療養に要する費用の額としてこれらの規定により定める金額のうち、当該被保険者、組合員又は加入者が負担する療養費の額を加えたその金額が課税標準算定上の特例の適用を受けるものであること。

(6)　健康保険法第110条、船員保険法第76条、国家公務員共済組合法第57条、地方公務員等共済組合法第59条又は私立学校教職員共済法第20条の規定によって支給し、負担し、又は支払うべき家族療養費は、保険者、組合又は事業団が支給し、又は支払うべきものに限らず、当該被保険者、組合員又は加入者が負担する療養費の額を加えたその金額が課税標準算定上の特例の適用を受けるものであること。

(7)　健康保険法第111条、船員保険法第78条、国家公務員共済組合法第57条の3、地方公務員等共済組合法第59条の3又は私立学校教職員共済法第20条の規定によって支給し、負担し、又は支払うべき家族訪問看護療養費は、保険者、組合又は事業団が支給し、又は支払うべきものに限らず、当該療養に要する費用の額としてこれらの規定により定める金額のうち、当該被保険者、組合員又は加入者が負担する療養費の額を加えたその金額が課税標準算定上の特例の適用を受けるものであること。

(8)　健康保険法第74条、国民健康保険法第42条、高齢者の医療の確保に関する法律第67条、船員保険法第55条、国家公務員共済組合法第55条第2項（私立学校教職員共済法第25条において国家公務員共済組合法の規定を準用する場合を含む。）又は地方公務員等共済組合法第57条第2項の規定によって被保険者又は組合員が負担する一部負担金は、保険者又は組合がなす療養の給付に要する費用の一部を被保険者又は組合員に負担させるものであり、保険者

又は組合と被保険者又は組合員との間の費用分担に関する内部関係にすぎないと考えられるので医療法人又は医療施設に係る事業を行う農業協同組合連合会が保険者又は組合より「療養の給付につき支払を受ける金額」中には、上記の一部負担金により支払われる金額を含むものであること。

(9)　生活保護法（昭和25年法律第144号）の規定に基づく「医療扶助のための医療」とは同法第15条各号に掲げる医療をいい、同法の規定に基づく「出産扶助のための助産」とは同法第16条各号に掲げる助産をいうものであること。

(10)　精神保健及び精神障害者福祉に関する法律（昭和25年法律第123号）の規定に基づく医療とは、同法第29条及び第29条の2の規定に基づく医療をいうものであること。

(11)　麻薬及び向精神薬取締法（昭和28年法律第14号）の規定に基づく医療とは、同法第58条の8の規定に基づく医療をいうものであること。

(12)　感染症の予防及び感染症の患者に対する医療に関する法律（平成10年法律第114号）の規定に基づく医療とは、同法第37条の規定に基づく医療をいうものであること。

(13)　心神喪失等の状態で重大な他害行為を行った者の医療及び観察等に関する法律（平成15年法律第110号）の規定に基づく医療とは、同法第81条の規定に基づく医療をいうものであること。

(14)　介護保険法（平成9年法律第123号）の規定により居宅介護サービス費を支給することとされる被保険者に係る指定居宅サービスとは、同法第41条の規定に基づき居宅介護サービス費を支給することとされる被保険者に係る指定居宅サービス（訪問看護、訪問リハビリテーション、居宅療養管理指導、通所リハビリテーション又は短期入所療養介護に限る。）をいい、同法の規定により介護予防サービス費を支給することとされる被保険者に係る指定介護予防サービスとは、同法第53条の規定により介護予防サービス費を支給することとされる被保険者に係る指定介護予防サービス（介護予防訪問看護、介護予防訪問リハビリテーション、介護予防居宅療養管理指導、介護予防通所リハビリテーション又は介護予防短期入所療養介護に限る。）をいい、同法の規定により施設介護サービス費を支給することとされる被保険者に係る介護保健施設サービス若しくは介護医療院サービスとは、同法第48条の規定に基づき施設介護サービス費を支給することとされる被保険者に係る介護保健施設サービス若しくは介護医療院サービスをいい、健康保険法等の一部を改正する法律（平成18年法律第83号）附則第130条の2第1項の規定によりなおその効力を有するものとされる同法第26条の規定による改正前の介護保険法の規定により施設介護サービス費を支給することとされる被保険者に係る指定介護療養施設サービスとは、同法第48条の規定に基づき施設介護サービス費を支給することとされる被保険者に係る指定介護療養施設サービスをいう。この場合において、当該指定居宅サービス、指定介護予防サービス、介護保健施設サービス又は指定介護療養施設サービスに要する費用については、居宅介護サービス費又は施設介護サービス費として市町村が支給し、又は支払うべきものに限らず、当該指定居宅サービス、指定介護予防サービス、介護保健施設サービス又は指定介護療養施設サービスに要する費用の額とし

てこれらの規定により定める金額のうち、当該被保険者が負担する額を加えた金額が課税標準算定上の特例の適用を受けるものであること。

⒂　障害者の日常生活及び社会生活を総合的に支援するための法律（平成17年法律第123号。以下「障害者総合支援法」という。）の規定によって自立支援医療費を支給することとされる指定自立支援医療とは、同法第58条の規定に基づき自立支援医療費を支給することとされる支給認定に係る障害者等が指定自立支援医療機関から受けた指定自立支援医療をいい、同法の規定によって療養介護医療費を支給することとされる指定療養介護医療とは、同法第70条の規定に基づき療養介護医療費を支給することとされる支給決定に係る障害者等が受けた指定療養介護医療をいい、児童福祉法の規定によって肢体不自由児通所医療費を支給することとされる肢体不自由児通所医療とは、同法第21条の5の29の規定に基づき肢体不自由児通所医療費を支給することとされる通所給付決定に係る障害児に係る肢体不自由児通所医療をいい、同法の規定によって障害児入所医療費を支給することとされる障害児入所医療とは、同法第24条の20の規定に基づき障害児入所医療費を支給することとされる入所給付決定に係る障害児に係る障害児入所医療をいう。この場合において、当該指定自立支援医療、指定療養介護医療、肢体不自由児通所医療又は障害児入所医療に要する費用の額とは、自立支援医療費、療養介護医療費、肢体不自由児通所医療費又は障害児入所医療費として市町村が支給し、又は支払うべきものに限らず、当該指定自立支援医療、指定療養介護医療、肢体不自由児通所医療又は障害児入所医療に要する費用の額として障害者総合支援法又は児童福祉法の規定により定める金額のうち、当該支給認定障害者等が負担する額を加えた金額が課税標準算定上の特例の適用を受けるものであること。

⒃　難病の患者に対する医療等に関する法律（平成26年法律第50号）の規定によって特定医療費を支給することとされる指定特定医療とは、同法第5条の規定に基づき特定医療費を支給することとされる支給認定に係る指定難病の患者が指定医療機関から受けた指定特定医療をいい、児童福祉法の規定によって小児慢性特定疾病医療費を支給することとされる指定小児慢性特定疾病医療支援とは、同法第19条の2の規定に基づき小児慢性特定疾病医療費を支給することとされる医療費支給認定に係る小児慢性疾病児童又は医療費支給認定を受けた成年患者が指定小児慢性特定疾病医療機関から受けた指定小児慢性特定疾病医療支援をいう。この場合において、当該指定特定医療又は指定小児慢性特定疾病医療支援に要する費用の額とは、特定医療費又は小児慢性特定疾病医療費として都道府県等が支給し、又は支払うべきものに限らず、当該指定特定医療又は指定小児慢性特定疾病医療支援に要する費用の額として難病の患者に対する医療等に関する法律又は児童福祉法の規定により定める金額のうち、当該指定難病の患者若しくはその保護者又は当該小児慢性特定疾病児童の保護者若しくは当該成年患者が負担する額を加えた金額が課税標準上の特例の適用を受けるものであること。

8　非課税事業を行う法人の付加価値額及び所得の算定

4の8の1　鉱物の掘採事業と精錬事業とを一貫して行う法人が他社から鉱物を購入してこれを精錬している場合においては、その法人の納付すべき事業税の課税標準とすべき付加価値額又は所得は、

$$
\begin{array}{c}
\text{付加価値額}\\
\text{の総額又は}\\
\text{所得の総額}
\end{array}
\times
\frac{
\begin{array}{c}\text{生産品について}\\\text{収入すべき金額}\end{array}
-
\begin{array}{c}\text{鉱産物の課税標準}\\\text{である鉱物の価格}\end{array}
+
\begin{array}{c}\text{他社から購入し}\\\text{た鉱物の価格}\end{array}
}{
\begin{array}{c}\text{生産品について}\\\text{収入すべき金額}\end{array}
-
\begin{array}{c}\text{他社から購入し}\\\text{た鉱物の価格}\end{array}
}
$$

の算式によって算定するものとすること。（法72の24の5①）

　なお、他社から購入した「鉱物」とは、原料である鉱物をいう。「原料である鉱物」とは、生産品の原材料となる鉱物（鉱さい、スクラップ等を含む。）をいい、燃料、溶剤等（例えば石炭、コークス等）は含まないものであること。

4の8の2　鉱物の掘採事業と精錬事業とを一貫して行う法人が鉱物の掘採事業に係る付加価値額又は所得と精錬事業に係る付加価値額又は所得とを区分することができる場合は、法定の方式によらず区分計算することができるが、この方法によるには特に区分計算ができる旨を申し出て道府県知事の承認を受けたものに限るものであること。区分計算をすることができる場合とは、各事業部門が独立採算制を行っている場合、製品の原価計算が適確に行われている場合等一定の方式が確立し、その計算の方法がおおむね妥当と認められる場合をいうものであること。なお、本社経費等の共通経費については、妥当と認められる方法で配分されていれば足りるものであること。（法72の24の5②・③）

4の8の3　石灰石の採掘事業と加工（製造）事業とを一貫して行う法人が納付すべき事業税の課税標準とすべき付加価値額又は所得は、採掘部門と加工部門とに分離して算定するものであること。

　この場合における一貫作業に係る加工部門の単年度損益又は所得の計算については、自己採掘の石灰石の原料代金を損金の額として算入せず、課税標準の算定期間中において申告納付すべき鉱産税の課税標準である鉱物の価格を損金の額に算入して行うものであること。

4の8の4　非課税事業、所得等課税事業、収入金額等課税事業又は特定ガス供給業のうち複数の事業を併せて行う法人で共通経費等の区分の困難なものについては、便宜上これをそれぞれの事業の売上金額等最も妥当と認められる基準によって按分して算定するものとすること。また、その経理を区分することが困難であるものについては、それぞれの事業を通じて算定した付加価値額の総額又は所得の総額若しくは欠損金額をそれぞれの事業の売上金額等最も妥当と認められる基準によって按分してそれぞれの事業に係る付加価値額又は所得を算定することが適当であること。

9　収入金額の算定

4の9の1　電気供給業及びガス供給業（法第72条の2第1項第2号に規定する導管ガス供給業及び同項第4号に規定する特定ガス供給業に限る。4の9の4及び4の9の7において同じ。）（以下「電気供給業等」という。）を行う法人が収入すべき金額とは、各事業年度においてその事業年度の収入として経理されるべきその事業年度に対応する収入をいうものであること。この場合において、貸倒れが生じたとき又は値引きが行われたときは、その貸倒れとなった金額又は値引きされた金額をその貸倒れの生じた日又は値引きが行われた日の属する事業年度の収入金額から控除するものであること。（法72の24の2①）

4の9の2　電気供給業の課税標準とすべき収入金額とは、原則として、電気事業会計規則による収入（電気事業会計規則の適用がない場合には、これに準ずる方法により計算した収入）とし、電気事業法（昭和39年法律第170号）第2条第1項第17号に規定する電気事業者であるか否かにかかわらず、定額電灯、従量電灯、大口電灯及びその他の電灯に係る電灯料収入、業務用電力、小口電力、大口電力、その他の電力及び他の電気事業者への供給料金に係る電力料収入（新エネルギー等電気相当量（電気事業会計規則別表第1に規定する新エネルギー等電気相当量をいう。4の9の6において同じ。）に係るものを含む。）、遅収加算料金、せん用料金、電球引換料、配線貸付料、諸機器貸付料及び受託運転収入、諸工料、水力又はかんがい用水販売代等の供給雑益に係る収入、設備貸付料収入並びに再生可能エネルギー電気の利用の促進に関する特別措置法（平成23年法律第108号）の規定による交付金及び賦課金に係る収入並びに事業税相当分の加算料金等原則として電気供給業の事業収入に係るすべての収入を含むものとすること。

4の9の3　電気供給業を行う法人で自ら電源開発等の事業を行うため建設仮勘定を設け、これを別個に経理している場合において、当該建設仮勘定に供給した電力に係る収入金額はいわゆる自家消費であることにかんがみ収入金額に含めないものであること。

4の9の4　ガス供給業の課税標準とすべき収入金額とは、ガス売上収入、供給雑収入（計器具の損料及び賃貸料収入を含む。）及び事業税相当分の加算料金等原則としてガス供給業（導管によるものに限る。）の事業収入に係るすべての収入を含むものとすること。

この場合において、ガス小売事業（ガス事業法第2条第2項に規定するガス小売事業をいう。）及び導管ガス供給業を併せて行う法人の導管ガス供給業の課税標準とすべき収入金額とは、託送供給収益、自社託送収益、事業者間精算収益及び最終保障供給収益等原則としてガス事業託送供給収支計算規則（平成29年経済産業省令第23号）様式第1に整理されるすべての収益に相当する収入を含むものとすること。

なお、ガス供給業においてその製造過程中に副産物として生ずるコークス又はコールタール等の副産物の製造販売は、所得等課税事業であるからそれらの売上収入は収入金額課税であるガス供給業の収入額に含めないものであること。

4の9の5　収入金額課税事業（電気供給業等に限る。以下4の9の5において

同じ。）、収入金額等課税事業、特定ガス供給業又は所得等課税事業のうち複数の事業を併せて行っている場合においては、もとより、課税標準の分割計算に基づく課税をなすべきであるが、この場合において各事業部門に共通する収入金額又は経費があるときは、これらの共通収入金額又は共通経費を各事業部門の売上金額等最も妥当と認められる基準によって按分した額をもって各事業の収入金額、付加価値額又は所得を算定するものであること。

4の9の6　電気供給業を行う法人の事業によって収入すべき金額から控除される購入電力の料金に相当する収入金額は、他の電気供給業を行う法人から供給されたもの（新エネルギー等電気相当量に係るものを含み、電気事業法第2条第1項第9号に規定する一般送配電事業者間の地帯間販売電力に係るものを含む。）に限るのであって、地方団体、自家発電を行う者、個人の供給業者等収入割を課されないものから供給を受けたものについては控除の対象とならないものであること。購入電力の料金のうち再生可能エネルギー電気の利用の促進に関する特別措置法第15条の2の規定による交付金に相当する金額についても、他の電気供給業を行う法人からの供給に係るものに限り、控除の対象となるものであること。（令22Ⅶ）

4の9の7　ガス供給業を行う法人の事業について収入すべき金額から控除される金額には、次に掲げる金額が含まれるので留意すること。
(1)　収入割を課される他のガス供給業を行う法人からガスの供給を受けて供給を行う場合その供給を受けたガスの料金として当該法人が支払うべき金額に相当する額
(2)　可燃性天然ガスの掘採事業を行う法人から可燃性天然ガスを購入して供給を行う場合その購入した可燃性天然ガスに対して課された鉱産税の課税標準額に相当する金額
(3)　当該法人が可燃性天然ガスの掘採事業を併せて行う場合その掘採した可燃性天然ガスに対して課された鉱産税の課税標準額に相当する金額

4の9の8　電気供給業等を行う法人が、需用者その他の注文によりその事業に関連する施設の工事を行う場合においては、当該工事を行う事業は所得等課税事業となるものであること。ただし、その事業の規模及び所得が主たる事業に比して些少であり、付加価値額又は所得を区分して算定することがかえってはんさである等の場合においては、当該工事により収納した金額から当該工事のため下請業者等に支出した金額を控除した金額を主たる事業の課税標準である収入金額に含めて課税することとしても差し支えないものであること。

4の9の9　一般に所得等課税事業、収入金額課税事業、収入金額等課税事業又は特定ガス供給業のうち複数の部門の事業を併せて行う法人の納付すべき事業税額は、原則として事業部門毎にそれぞれ課税標準額及び税額を算定し、その税額の合算額によるべきものであるが、従たる事業が主たる事業に比して社会通念上独立した事業部門とは認められない程度の軽微なものであり、したがって従たる事業が主たる事業と兼ね併せて行われているというよりもむしろ主たる事業の附帯事業として行われていると認められる場合においては、事業部門毎に別々に課税標準額及び税額を算定しないで従たる事業を主たる事業のうちに含めて主たる事業に対する課税方式によって課税して差し支えないものであ

ること。

　この場合において従たる事業のうち「軽微なもの」とは、一般に、従たる事業の売上金額が主たる事業の売上金額の1割程度以下であり、かつ、売上金額など事業の経営規模の比較において従たる事業と同種の事業を行う他の事業者と課税の公平性を欠くことにならないものをいい、この点、特に従たる事業が収入金額によって課税されている事業である場合には、当該事業を取り巻く環境変化に十分留意しつつ、その実態に即して厳に慎重に判断すべきであること。

　なお、「附帯事業」とは、主たる事業の有する性格等によって必然的にそれに関連して考えられる事業をいうのであるが、それ以外に主たる事業の目的を遂行するため、又は顧客の便宜に資する等の理由によって当該事業に伴って行われる事業をも含めて解することが適当であること。

4の9の10　生命保険会社又は外国生命保険会社等の収入金額の算定については、次の諸点に留意すること。(法72の24の2②)

(1)　保険料は、現実に収入された事業年度の収入金額に算入するものであること。したがって、法人が未収保険料として経理しているものについても、もとよりこれが収入された場合においてこれを収入金額に算入するものであること。

　なお、法人が未経過保険料として経理しているものについてもこれが収入された事業年度の収入金額に算入するものであること。

(2)　個人保険、貯蓄保険、団体保険及び団体年金保険の区分については、具体的には、保険業法第3条及び第185条の規定により免許を受ける際の免許申請書に添付されるべき普通保険約款に定められた区分に基づいて行うものであること。

4の9の11　損害保険会社又は外国損害保険会社等が契約した保険の種類については、次によるものであること。

(1)　船舶保険とは、船舶自体(属具目録に記載され従物と推定されるもの(商法685条)を含む。)につき航海に関して生ずべき損害をてん補することを目的とする海上保険をいう。

(2)　運送保険とは、陸上、湖川又は港湾における運送品(商法569条参照)につき運送中に生ずることあるべき損害のてん補を目的とする損害保険をいい、運送品の所有者としての利益、運送品の到達によって得べき利益(希望利益保険)及び運送品についての運賃の取得に関する利益(運送賃利益)等を保険契約の目的とするものであるが、運送の用具についての保険(例えば自動車保険)を含まないものであること。

(3)　貨物保険とは、貨物について生ずべき航海上の事故による損害の.補を目的とする海上保険をいい、貨物の価額、運送賃及び保険に関する費用の合計額を保険価額とするもの(商法819条)をいうものであること。

(4)　自動車損害賠償責任保険とは、自動車損害賠償保障法(昭和30年法律第97号)第3章に規定する保険をいうものであり、自己のために自動車を運行の用に供する者は、同法第3条の規定によりその運行によって他人の生命又は身体を害したときにこれによって生じた損害を賠償する責任を負うべきものとされているが、これによる保有者及び運転者の損害をてん補することを目

的とする保険をいうものであること。
　(5)　地震保険とは、その保険契約が地震保険に関する法律（昭和41年法律第73号）第2条第2項各号に掲げる要件を備える保険をいい、特定の損害保険契約に附帯して締結される保険をいうものであること。
　(6)　船舶保険、運送保険、貨物保険、自動車損害賠償保険及び地震保険以外の保険とは、火災、傷害、自動車、盗難、信用、硝子、風水害、競走馬、機関、航空機等の保険をいうものであること。
　　　なお、具体的には保険業法第3条及び第185条の規定により免許を受ける際の免許申請書に添付されるべき普通保険約款に定められた区分に基づいて行うものであること。（法72の24の2③）
4の9の12　損害保険会社又は外国損害保険会社等の正味収入保険料は

$$\left(\begin{matrix}元受及び受\\再保険の総\\保険料\end{matrix} - \begin{matrix}保険料か\\ら控除す\\べき金額\end{matrix} + \begin{matrix}再保険\\返戻金\end{matrix}\right) - \left(再保険料 + 解約返戻金\right)$$

の算式によって算定されるものであるが、次の諸点に留意すること。
　(1)　保険料から控除すべき金額とは、簡易火災保険の満期返戻金、海上保険の期末払戻金等で、解約以外の事由による保険料の払戻金をいうのであって、海上保険の利益払戻金のようなものは含まないものであること。この場合において元受保険者が再保険者から返戻されたこれらに対応する金額は、保険料から控除すべき金額から控除するものであること。
　(2)　解約返戻金とは、中途解約、更新契約等による返戻金で保険契約が解除された場合既に収入した保険料のうちから契約者へ払い戻されるものであること。
4の9の13　少額短期保険業者の収入金額は、当該少額短期保険業者が契約した保険の正味収入保険料により算定し、当該正味収入保険料の算定については、4の9の12の取扱いの例によるものとすること。（法72の24の2④）
　　なお、保険業法等の一部を改正する法律（平成17年法律第38号）附則第2条に規定する特定保険業についての法第72条の2第1項の規定の適用については、当分の間、当該特定保険業は、同項第2号の規定にかかわらず、同項第1号に掲げる事業とみなすこと。（法72の2、平成18年改正法附則7②）

10　外国において事業を行う内国法人の課税標準の算定

4の10　内国法人が外国に恒久的施設に相当するものを有する場合には、当該内国法人の事業の付加価値額、資本金等の額、所得又は収入金額の総額から外国の事業に帰属する付加価値額、資本金等の額、所得又は収入金額を控除して得た額が当該内国法人の付加価値割、資本割、所得割又は収入割の課税標準となるものであるが、その取扱いの細部については別途「事業税における国外所得等の取扱いについて」（平成16年4月1日総税都第16号）により通知するところによるものであること。（法72の19・72の22・72の24・72の24の3）

　なお、従業者数按分により控除すべき外国の事業に帰属する付加価値額、資本金等の額、所得又は収入金額を算定する場合の按分の基準となる従業者数については、4の6の10の取扱いに準じるものであること。（令20の2の20・20の2の24・20の2の25・21の9・23）

4の11　外国法人の資本金等の額から従業者数按分により控除すべき外国の事業に帰属する資本金等の額を算定する場合の按分の基準となる従業者数について、当該外国法人の恒久的施設と他の法人の事務所等に兼務している者については、原則として当該外国法人の恒久的施設及び当該他の法人の事務所等それぞれの従業者として取り扱うものであるが、関係法令の規定があるため国内においてのみ多数の従業者が兼務している等の理由により、この取扱いによることが不合理であると認められる場合には、当該兼務している者の合計数を、当該外国法人の恒久的施設及び当該他の法人の事務所等に係る当該兼務している者の勤務時間の合計数等の最も妥当と認められる基準により按分することとしても差し支えないものであること。（令20の2の25）

　この場合において、次に掲げる事項に留意すること。
(1)　従業者数についてその数に1人に満たない端数を生じた場合には、これを1人とするものであること。
(2)　当該外国法人の外国の事務所等の従業者が他の法人の事務所等に兼務している場合には、当該兼務している者の合計数についても、同様の基準により按分すること。

第5　仮装経理に基づく過大申告の場合の更正に伴う事業税額の控除等

5の1　各事業年度の開始の日前に開始した内国法人の付加価値割額、資本割額、所得割額又は収入割額について減額更正をした場合において、当該更正により減少する部分の金額のうち事実を仮装して経理したところに基づくもの（以下5の1において「仮装経理事業税額」という。）については当該各事業年度（当該更正の日以後に終了する事業年度に限る。）の付加価値割額、資本割額、所得割額又は収入割額から(5)に掲げる場合に還付又は充当すべきこととなった金額を除いて控除することとされているが、次の諸点に留意すること。（法72の24の10）
(1)　控除は、更正の日以後に終了する事業年度の確定申告に係る事業税額（当該確定申告に係る申告書を提出すべき事業年度の確定申告書を提出すべき事業年度分の修正申告及び更正又は決定に係る事業税額を含む。）から行うものであり、事業税額全体から行うものであることに留意すること。なお、控除を付加価値割、資本割、所得割又は収入割から行う場合には、所得割、付加価値割、資本割、収入割の順に行うことに留意すること。（法72の24の10①）
(2)　法第72条の39第1項若しくは第3項、第72条の41第1項若しくは第3項又は第72条の41の2第1項若しくは第3項の規定による更正をした場合において、仮装経理事業税額があるときは、法第72条の42の規定による通知の際に当該金額を併せて通知すること。（法人税法129②参照）

⑶　法人税においては、仮装経理に基づく過大申告の場合の更正に伴って、前１年以内の法人税額を限度とする還付の制度があるが、法人事業税については、この制度をとっていないものであること。（法人税法135②）

⑷　各事業年度の終了の日以前に行われた適格合併に係る被合併法人の当該適格合併の日前に開始した事業年度の付加価値割、資本割、所得割又は収入割につき更正を受けた場合の仮装経理事業税額についても、合併法人の付加価値割額、資本割額、所得割額又は収入割額から控除されるものであること。（法72の24の10①）

⑸　仮装経理事業税額の還付又は充当については次の場合について行うものとすること。

　ア　更正の日の属する事業年度開始の日から５年を経過する日の属する事業年度の法第72条の25、第72条の28又は第72条の29の規定による申告書の提出期限が到来した場合（法72条の24の10③）

　イ　残余財産が確定したときは、その残余財産の確定の日の属する事業年度の法第72条の29の規定による申告書の提出期限が到来した場合（法72条の24の10③）

　ウ　合併による解散（適格合併による解散を除く。）をしたときは、その合併の日の前日の属する事業年度の法第72条の25又は第72条の28の規定による申告書の提出期限が到来した場合（法72条の24の10③）

　エ　破産手続開始の決定による解散をしたときは、その破産手続開始の決定の日の属する事業年度の法第72条の25又は第72条の28の規定による申告書の提出期限が到来した場合（法72条の24の10③）

　オ　普通法人又は協同組合等が法人税法第２条第６号に規定する公益法人等に該当することとなったときは、その該当することとなった日の前日の属する事業年度の法第72条の25、第72条の28又は第72条の29の規定による申告書の提出期限が到来した場合（法72条の24の10③）

　カ　アからオまでの場合において、法第72条の25、第72条の28又は第72条の29の規定による申告書の提出期限後に当該申告書の提出があった場合、又は当該申告書に係る事業年度の付加価値割、資本割、所得割若しくは収入割について法第72条の39第２項、第72条の41第２項若しくは第72条の41の２第２項の規定による決定があった場合（法第72条の24の10③）

　キ　法第72条の24の10第４項各号に掲げる事実が生じたときに、その事実が生じた日以後１年以内に法人から還付の請求があり、その請求に理由がある場合（法第72条の24の10⑦）

5の2　道府県は、租税条約の実施に係る還付すべき金額が生ずるときは、当該金額を更正の日の属する事業年度の開始の日から１年以内に開始する各事業年度の事業税額から順次控除することとされているが、その運用に当たっては、次の諸点に留意すること。（法72の24の11）

⑴　租税条約等の実施に伴う所得税法、法人税法及び地方税法の特例等に関する法律第７条第１項に規定する合意に基づき国税通則法第24条又は第26条の規定による更正が行われた場合とは、同項の規定により税務署長が国税通則法第24条又は第26条の規定により更正をした場合をいうものであること。

（法72の24の11①）

(2) 更正の請求があった日の翌日から起算して3月を経過した日以後に更正を行った場合には、法第72条の24の11第1項の規定は適用されないものであること。

なお、更正の請求がなく更正を行った場合には、常に同項の規定は適用されるものであること。（法72の24の11①）

(3) 法第72条の39第1項若しくは第3項、第72条の41第1項若しくは第3項又は第72条の41の2第1項若しくは第3項の規定による更正をした場合において、法第72条の24の11第1項の規定の適用を受ける金額があるときは、法第72条の42の通知の際に法第72条の24の11第1項の規定の適用がある旨及び同項の規定により繰越控除の対象となる金額を併せて通知するものであること。

(4) 繰越控除は、各事業年度の法第72条の25、第72条の28又は第72条の29の確定申告に係る事業税額から行うものであり、事業税額全体から行うものであることに留意すること。なお、繰越控除を付加価値割、資本割、所得割又は収入割から行う場合には、所得割、付加価値割、資本割、収入割の順に行うことに留意すること。

また、事業税額からの税額控除としては、まず仮装経理に基づく過大申告の場合の更正に伴う事業税額の控除をし、既に納付すべきことが確定している事業税額がある場合にはこれを控除した後に、租税条約の実施に係る還付すべき金額を控除するものであること。（法72の24の11⑤）

5の3　道府県は、地域再生法の一部を改正する法律（平成28年法律第30号）の施行の日から令和7年3月31日までの間に、青色申告書の提出の承認を受けている法人が、地域再生法第8条第1項に規定する認定地方公共団体（以下5の3において「認定地方公共団体」という。）に対して当該認定地方公共団体が行うまち・ひと・しごと創生寄附活用事業（当該認定地方公共団体の作成した同項に規定する認定地域再生計画に記載されている同法第5条第4項第2号に規定するまち・ひと・しごと創生寄附活用事業をいう。）に関連する寄附金（その寄附をした者がその寄附によって設けられた設備を専属的に利用することその他特別の利益がその寄附をした者に及ぶと認められるものを除く。以下5の3において「特定寄附金」という。）を支出した場合には、法附則第9条の2の2の規定による控除（以下5の3において「特定寄附金税額控除」という。）を行うこととされているが、その運用に当たっては、次の諸点に留意すること。

(1) 特定寄附金税額控除は、法第72条の25、第72条の26第1項ただし書、第72条の28又は第72条の31第2項若しくは第3項の申告に係る事業税額から行うものであり、事業税額全体から行うものであることに留意すること。なお、当該控除を付加価値割、資本割、所得割又は収入割から行う場合には、所得割、付加価値割、資本割、収入割の順に行うことに留意すること。（法附則9の2の2①）

また、事業税額からの税額控除としては、まず特定寄附金税額控除をし、次に仮装経理に基づく過大申告の場合の更正に伴う事業税額の控除をし、既に納付すべきことが確定している事業税額がある場合にはこれを控除した後

に、租税条約の実施に係る還付すべき金額を控除するものであること。（法附則９の２の２③）

(2)　特定寄附金税額控除による控除額は、特定寄附金の額の合計額（２以上の道府県において事務所又は事業所を有する法人にあっては、当該合計額を法第72条の48第３項に規定する事業税の分割基準により按分して計算した金額）の100分の20に相当する金額とすること。ただし、当該控除額が当該法人の当該寄附金支出事業年度の法第72条の24の７第１項から第５項までの規定により計算した事業税額の100分の20に相当する金額を超えるときは、その控除する金額は当該100分の20に相当する金額とすること。（法附則９の２の２①）

(3)　特定寄附金税額控除の適用を受けられるのは、仮決算に係る中間申告書、確定申告書（控除を受ける金額を増加させる修正申告書又は更正請求書を提出する場合には、当該修正申告書又は更正請求書を含む。）に控除の対象となる特定寄附金の額、控除を受ける金額及び当該金額の計算に関する明細を記載した規則第７号の３様式及び当該書類に記載された寄附金が特定寄附金に該当することを証する書類として認定地方公共団体が当該寄附金の受領について地域再生法施行規則第14条第１項の規定により交付する書類の写しの添付がある場合に限ること。また、(2)の控除額の計算の基礎となる特定寄附金の額は、仮決算に係る中間申告書又は確定申告書に添付されたこれらの書類に記載された特定寄附金の額を限度とすること。（法附則９の２の２②）

第６　申告納付並びに更正及び決定

６の１　法第72条の25第１項、第72条の28第１項又は第72条の29第１項に規定する確定した決算とは、その事業年度の決算について株主総会の承認又は総社員の同意等があったことをいうものであること。したがって、法人でない社団又は財団にあっては、上記に準じてこれを構成する会員等の明示又は黙示の同意があることを要するものであること。（法72の25①・72の28①・72の29①）

６の２　確定した決算に基づかない申告書を提出した場合には、国の税務官署が確定した決算に基づいて申告書の提出があったものとみなして取り扱う場合に限り、これを確定した決算に基づく申告書として取り扱うものであること。

６の３　決算確定の日とは、その事業年度の決算を承認した株主総会終結の日、又は総社員の同意の日等をいうものであること。

６の４　法人の事業年度終了の日から45日を経過した日後災害その他やむを得ない事由の発生により当該法人又は当該法人との間に通算完全支配関係がある他の通算法人の決算が確定しないため、申告書の提出期限までに申告書を提出することができない場合においては、法第72条の25第２項又は第４項を準用して取り扱うこと。

この場合においては、申告書の提出期限延長の申請書は、当該事由の発生後直ちに提出しなければならないものであること。

６の５　災害その他やむを得ない理由（法第72条の25第３項及び第５項の規定の適用を受けることができる理由を除く。）とは、風水害、地震、火災、法令違

反の嫌疑等による帳簿書類の押収及びこれらに準ずるもののみをいうのであって、単に計算書類の作成の遅延により事業年度終了の日から2月以内に決算が確定しないような場合は含まないものであること。（法72の25②・④）

6の6 削除

6の7 法第72条の26第1項本文及び第2項の6月経過日の前日までに納付すべき事業税額が確定しているかどうかは、同条第7項の規定が適用される場合を除き、法人が同日までに申告書を提出したか又は更正若しくは決定を受けたかにより判定すること。

6の8 清算中の法人については、清算中の各事業年度の期間が6月を超えている場合においても、中間申告書を提出する必要はないものであること。

6の9 法人税法第71条第1項ただし書若しくは第144条の3第1項ただし書の規定により法人税の中間申告書の提出を要しない法人は、外形対象法人（法第72条の2第1項第1号イに掲げる法人をいう。以下この章において同じ。）、収入金額課税法人（法第72条の2第1項第2号に掲げる事業を行う法人をいう。以下この章において同じ。）、収入金額等課税法人（法第72条の2第1項第3号イ及びロに掲げる法人をいう。以下この章において同じ。）、特定ガス供給業を行う法人及び通算親法人が協同組合等である通算子法人で、法人税法第71条第1項第1号に掲げる金額（同条第2項又は同項第3項の規定の適用がある場合には、適用後の金額）が10万円を超える法人を除き、事業税においても中間申告書の提出を要しないものであること。

　なお、法人税法第71条第1項ただし書の規定により法人税の中間申告書の提出を要しない法人が同法第72条第1項及び第5項の規定により仮決算による法人税の中間申告書を提出する場合であっても、外形対象法人、収入金額課税法人、収入金額等課税法人及び特定ガス供給業を行う法人を除き、事業税においては中間申告書の提出を要しないものであることに留意すること。（法72の26⑧）

6の10 通算親法人が協同組合等である通算子法人で所得割を申告納付する法人については、仮決算による中間申告をすることはできないものであること。（法72の26①）

6の11 法第72条の26に規定する予定申告については、次の諸点に留意すること。

(1) 前事業年度の6月の期間に中間申告書を提出し、これに対し更正を受け、前事業年度の確定申告は当該更正を受けた課税標準額より少ない申告をしたときでも確定申告に対する更正がなされていないときは、当該予定申告により納付すべき事業税額は前事業年度の確定申告により申告した税額を基礎として計算するものであること。（法72の26①）

(2) 通算子法人について、法第72条の26第1項本文の事業年度が6月を超える場合とは、当該事業年度開始の日の属する通算親法人の事業年度が6月を超え、かつ、当該通算親法人の事業年度開始の日以後6月を経過した日において、当該通算親法人との間に通算完全支配関係がある場合をいうものであること。

　また、当該事業年度開始の日以後6月を経過した日とは、当該事業年度開始の日の属する通算親法人の事業年度開始の日以後6月を経過した日をいう

　　ものであること。（法72の26①）
⑶　法人税法に規定する適格合併（法人を設立するものを除く。）が合併法人の前事業年度中又は当該事業年度開始の日から6月経過日の前日までの期間（以下⑶及び⑷において「中間期間」という。）内になされた場合における当該合併法人の予定申告により納付すべき事業税額は、次により計算するものであること。（法72の26②）
　　ア　当該合併法人の前事業年度中に適格合併がなされた場合

$$\frac{合併法人の確定事業税額}{合併法人の前事業年度の月数} \times 中間期間の月数 \ +$$

$$\frac{\dfrac{合併法人の前事業年度開始の日からその適格合併の日の前日までの月数}{合併法人の前事業年度の月数}}{} \times 中間期間の月数 \ \times$$

$$\frac{被合併法人の確定事業税額}{被合併法人の確定事業税額の計算の基礎となった事業年度の月数}$$

　　イ　中間期間内に適格合併がなされた場合

$$\frac{合併法人の確定事業税額}{合併法人の前事業年度の月数} \times 中間期間の月数 \ +$$

$$合併法人の中間期間のうちその適格合併の日以後の期間の月数 \times \frac{被合併法人の確定事業税額}{被合併法人の確定事業税額の計算の基礎となった事業年度の月数}$$

⑷　適格合併（法人を設立するものに限る。）に係る合併法人のその設立後最初の事業年度につき当該法人が予定申告により納付すべき事業税額は、各被合併法人の確定事業税額をその計算の基礎となった当該被合併法人の事業年度の月数で除し、これに中間期間の月数を乗じて計算した金額の合計額とするものであること。（法72の26③）
⑸　6の11⑶及び⑷において、合併法人の確定事業税額とは、合併法人の6月経過日の前日までに前事業年度の事業税として納付した税額及び納付すべきことが確定した税額の合計額をいい、被合併法人の確定事業税額とは、当該合併法人の当該事業年度開始の日の1年前の日以後に終了した被合併法人の各事業年度に係る事業税額として当該合併法人の6月経過日の前日までに確定したもので、その計算の基礎となった各事業年度（その月数が6月に満たないものを除く。）のうち最も新しい事業年度に係る事業税額をいうものであること。

6の12　法人税について前事業年度に係る確定申告書を提出せず、かつ、確定申告に係る決定がなされていない場合等には、法人税について当該事業年度に係る中間申告書の提出を要しないこととなるので、事業税についても中間申告書の提出を要しないこととなるものであること。
6の13　事業税の中間申告書の提出を要する法人が、事業税について前事業年度に係る中間申告書を提出したが、確定申告書を提出せず、かつ、確定申告に係

る決定がなされていない場合には、当該予定申告により納付すべき事業税額は、前事業年度の中間申告により納付した税額又は納付すべきことが確定した税額を基礎として計算するものであること。

6の14　法第72条の25第2項から第5項までの規定（これらの規定を準用する場合を含む。）により、法人が申告納付期限の延長の承認を受けた場合には、当該延長された期限までに確定申告書が提出されている限り不申告加算金は徴収できないものであるが、同条第3項又は第5項の規定（これらの規定を準用する場合を含む。）により申告納付期限の延長の承認を受けた場合には、他の法人との均衡等を考慮して、延滞金を徴収するものであること。（法72の25②～⑤・72の45の2）

6の15　清算中の外形対象法人、法第72条の2第1項第3号イに掲げる法人及び特定ガス供給業を行う法人の申告納付については、次の諸点に留意すること。

(1)　清算中の外形対象法人、法第72条の2第1項第3号イに掲げる法人及び特定ガス供給業を行う法人については、法第72条の21第1項ただし書の規定により資本金等の額はないものとみなされることから、資本割を申告納付することは要しないものであること。（法72の21①ただし書・72の29①）

　　　ただし、通算子法人が事業年度の中途において解散した場合（破産手続開始の決定を受けた場合を除く。）については、当該解散の日において事業年度が区切れないことから、事業年度開始の日から解散の日までの期間については、資本割を課すものであること。

(2)　残余財産の確定の日の属する事業年度については、付加価値割を申告納付することは要しないものであること。（法72の29③・④）

6の16　削除

6の17　法人が申告納付する場合における申告期限については、次の事項に留意すること。

(1)　各事業年度の申告については、事業年度終了の日の翌日又は6月経過日から起算すること。

(2)　申告期限が民法第142条に規定する休日、土曜日又は12月29日、同月30日若しくは同月31日に該当する場合は、これらの日の翌日をその期限とみなすこととされているが、ここにいう休日とは次に掲げるものをいうものであること。（法20の5②）

　　ア　国民の祝日に関する法律（昭和23年法律第178号）に規定する休日及び日曜日

　　イ　その他の休日（例えば1月2日及び1月3日（昭和33年6月2日最高裁判所判例））

(3)　申告書が郵便又は信書便により提出されたときは、その郵便物又は信書便物の通信日付印により表示された日にその提出がされたものとみなされるものであること。（法20の5の3）

6の18　主たる事務所等の判定に当たっては、原則として法人税の納税地と一致させるようにすること。

　　なお、法人税の納税地と法人事業税の主たる事務所等とが異なる場合において、法人税の納税地が実質上の主たる事務所等に該当するものと認められたと

きは、関係道府県間で協議のうえ主たる事務所等の変更を行うこと。

6の19　主たる事務所等所在地の道府県知事が申告納付期限の延長の承認を与え
たときは、速やかにその旨を関係道府県知事に通知するものであること。

6の20　2以上の道府県において事務所等を設けて事業を行う法人が申告書又は
修正申告書を提出した場合において主たる事務所等所在地の道府県知事がその
申告又は修正申告に係る課税標準を是認するときは、その旨を速やかに関係道
府県知事に通知すること。

6の21　2以上の道府県において事務所等を設けて事業を行う法人が法第72条の
48第2項ただし書の規定に基づいて申告納付する場合において適用すべき税率
は、その法人の6月経過日の前日現在における税率によるものであること。
（法72の24の8）

6の22　2以上の道府県において事務所等を設けて事業を行う法人に対する法第
72条の44第5項又は第72条の45第4項の規定に基づく延滞金の減免、法第72条
の46第1項ただし書の規定に基づく過少申告加算金額の不徴収及び同条第3項
の規定に基づく不申告加算金額の軽減を行う場合においては、特にその必要を
認めない場合を除くほか、主たる事務所等所在地の道府県知事は関係道府県知
事と協議して行うことが適当であること。

6の23　国の税務官署の更正又は決定に係る課税標準を基準として修正申告書を
提出する場合においても、その修正申告書が国の税務官署において当該更正又
は決定の通知をした日から1月以内に提出されないときは、法第72条の31第2
項の規定による修正申告書として取り扱われることとなるのであって、過少申
告加算金及び不申告加算金の取扱いが異なるものであるから留意すること。
（法72の46①・③）

6の24　法第72条の32第1項に規定する申告書又は同項に規定する修正申告書
（収入割のみを申告納付すべきものを除く。）を提出した法人が課税標準の計算
の基礎となった法人税の課税標準について国の税務官署の更正又は決定を受け
た場合には、法定納期限の翌日から起算して5年を経過した日以後においても、
国の税務官署が当該更正又は決定の通知をした日から2月以内に限って、法第
20条の9の3第1項の規定による更正の請求をすることができるものであるこ
と。この場合においては、同条第3項に規定する更正請求書には、同項に規定
する事項のほか、国の税務官署が当該更正の通知をした日を記載しなければな
らないものであること。（法72の33②）

6の25　道府県知事は、法人事業税の決定を行う場合、外形対象法人に対しては、
付加価値割、資本割及び所得割の決定を、法第72条の2第1項第3号イに掲げ
る法人及び特定ガス供給業を行う法人に対しては、収入割、付加価値割及び資
本割の決定を、同号ロに掲げる法人に対しては、収入割及び所得割の決定を併
せて行う必要があること。

　なお、法人事業税の更正を行う場合、外形対象法人に対しては、付加価値割、
資本割及び所得割の更正を、同号イに掲げる法人及び特定ガス供給業を行う法
人に対しては、収入割、付加価値割及び資本割の更正を、同号ロに掲げる法人
に対しては、収入割及び所得割の更正を併せて行うことを要しないものである
こと。（法72の41の3）

6の26　法第72条の46第1項ただし書及び第3項（法第72条の47第4項の場合を含む。）の更正又は決定があるべきことを予知してなされたものであるかどうかについては、外形対象法人、収入金額課税法人、収入金額等課税法人、特定ガス供給業を行う法人及び通算法人（通算子法人にあっては、当該通算子法人の事業年度が通算親法人の事業年度終了の日に終了するものに限る。6の27及び6の27の2において同じ。）以外の法人に関しては、原則として法人税において更正又は決定があるべきことを予知してなされたものとされたかどうかによって判定すべきものであること。

6の27　外形対象法人、収入金額課税法人、収入金額等課税法人、特定ガス供給業を行う法人及び通算法人以外の法人から法第72条の47の規定によって重加算金を徴収する場合において、課税標準の基礎となるべき事実について仮装隠ぺいが行われたかどうかについては、原則として法人税において仮装隠ぺいの事実があるものとされたかどうかによって判定すべきものであること。

6の27の2　外形対象法人、収入金額等課税法人、特定ガス供給業を行う法人及び通算法人から法第72条の47の規定によって重加算金を徴収する場合においても、課税標準（所得及び付加価値額（単年度損益に限る。））の基礎となるべき事実について仮装隠ぺいが行われたかどうかについては、おおむね、法人税において仮装隠ぺいの事実があるものとされたかどうかに準じて判定するものであること。

6の28　道府県知事は、税務官署が法人税の更正をした場合においては、その額を基礎として所得割の更正を行うべきであるが、その更正を行わないでいる間に税務官署が更に更正をした場合においては、その額を基準として更正して差し支えないものであること。

第7　徴収猶予

7　法第72条の38の2に規定する法人の事業税の徴収猶予の取扱いに当たっては、次の諸点に留意すること。

(1)　徴収猶予の適用があるのは、外形対象法人が確定申告納付する付加価値割及び資本割、並びに中間申告納付する付加価値割、資本割及び所得割であること。

　　なお、徴収猶予を受けた法人が、徴収猶予を受けた後に外形対象法人でなくなった場合であっても、当該徴収猶予は有効であり、また、徴収猶予の延長が可能であること。（法72の38の2①・⑥）

(2)　徴収猶予ができるのは、中間申告及び確定申告のときに限られるものであり、修正申告のときにはできないものであること。（法72の38の2①・⑥）

(3)　令第31条に規定する著しい新規性を有する技術又は高度な技術とは、科学技術、工業技術等に限られるものではなく、商品の生産又は販売方法、役務の提供方法等のノウハウやアイデアが著しい新規性を有する場合又は高度である場合を含めるものであること。（令31）

(4)　徴収の猶予を受けようとする事業税の申告書をその提出期限までに提出したときに限り、徴収の猶予が受けられるのであるが、この場合の提出期限は、

定款、寄附行為、規則、規約その他これらに準ずるものの定めにより、若しくは特別の事情があることにより、当該事業年度以後の各事業年度終了の日から２月以内に決算についての定時総会が招集されない常況にあると認められるとき又は災害その他やむを得ない理由等により提出期限が延長されている場合には、当該延長された提出期限になるものであること。（法72の38の２④、法72の25②〜⑦参照）

(5) 徴収を猶予した場合において、猶予期間内に猶予した金額を納付することができないやむを得ない理由があると認められるときは、徴収猶予期間を延長することができることとされているが、徴収猶予期間が合わせて６年以内であれば、何度でも延長することができるものであること。（法72の38の２⑤）

(6) 中間申告で徴収の猶予を受けた法人が確定申告書をその提出期限までに提出しなかったとき又は当該事業年度において所得があるときは、当該徴収の猶予が取り消されるのであるが、この場合には、その猶予をした事業税に係る延滞金額のうち２分の１に相当する金額に限り、免除することができるものであること。（法72の38の２⑨・⑪）

(7) 徴収の猶予を取り消す場合には、原則として徴収の猶予を受けた者の弁明を聴かなければならないものであること。（法72の38の２⑫、法15の３参照）

(8) 徴収を猶予した事業税に係る延滞金額のうち、２分の１に相当する金額は免除されるものであるが、特別の事情が認められる場合には、残りの延滞金額についても免除することができるものであること。（法72の38の２⑫、法15の９②参照）

第８　同族会社の行為又は計算の否認等

8　法第72条の41の規定による更正又は決定をする場合において、同族会社でその行為又は計算について法第72条の43第１項から第３項までの規定に基づいて否認する場合の取扱いは、国の税務官署の取扱いに準ずること。

　なお、同条第４項に規定する合併、分割、現物出資若しくは現物分配（法人税法第２条第12号の５の２に規定する現物分配をいう。）又は株式交換等（同法第２条第12号の16に規定する株式交換等をいう。）若しくは株式移転をした一方の法人若しくは他方の法人又はこれらの法人の株主等である法人の行為又は計算についても、同様であること。（法72の43）

第９　２以上の道府県において行う事業に係る課税標準の分割

9の1　法第72条の48第３項の事業所等（同項第１号に規定する事業所等をいう。以下この節において同じ。）の従業者とは、当該事業所等に勤務すべき者で、俸給、給料、賃金、手当、賞与その他これらの性質を有する給与の支払いを受けるべき者をいうものであるが、事業を経営する個人及びその親族又は同居人のうち当該事業に従事している者で給与の支払いを受けていないものは給与の支払いを受けるべき者とみなされるものであるから留意すること。この場合に

おいて、給与には、退職給与金、年金、恩給及びこれらの性質を有する給与は含まれないものであり、これらの給与以外の給与で所得税法第183条の規定による源泉徴収の対象となるもののみが、規則第6条の2の2第1項に規定する給与に該当するものであること。（法72の48③、則6の2の2①）

　なお、その運営に当たっては、次に掲げるところにより取り扱うものであること。

(1)　納税義務者から給与の支払いを受け、かつ、当該納税義務者の事業所等に勤務すべき者のうち、当該勤務すべき事業所等の判定が困難なものについては、それぞれ次に掲げる事業所等の従業者として取り扱うものとすること。

　ア　給与の支払いを受けるべき事業所等と勤務すべき事業所等とが異なる者（例えば主たる事業所等で一括して給与を支払っている場合等）　当該勤務すべき事業所等

　イ　転任等の理由により勤務すべき事業所等が1月のうちに2以上となった者　当該月の末日現在において勤務すべき事業所等

　ウ　各事業所等の技術指導等に従事している者で主として勤務すべき事業所等がないもののうち、9の1(1)エ以外の者　給与の支払いを受けるべき事業所等

　エ　技術指導、実地研修等何らの名義をもってするを問わず、連続して1月以上の期間にわたって同一の事業所等に出張している者　当該出張先の事業所等

　オ　2以上の事業所等に兼務すべき者　主として勤務すべき事業所等（主として勤務すべき事業所等の判定が困難なものにあっては、当該給与の支払いを受けるべき事業所等）

(2)　次に掲げる者（例えば親会社又は子会社の事業所等の従業者のうち、その従業者がいずれの会社の従業者であるか判定の困難なもの等）については、9の1(1)にかかわらず、それぞれ次に掲げる事業所等の従業者として取り扱うものとすること。

　ア　一の納税義務者から給与の支払いを受け、かつ、当該納税義務者以外の納税義務者の事業所等で勤務すべき者（当該者が2以上の納税義務者から給与の支払いを受け、かつ、当該納税義務者のいずれか一の事業所等に勤務すべき場合を含む。）　当該勤務すべき事業所等

　イ　2以上の納税義務者の事業所等の技術指導等に従事している者で主として勤務すべき事業所等がないもののうち、9の1(2)ウ以外の者　給与の支払いを受けるべき事業所等

　ウ　事業所等を設置する納税義務者の事業に従事するため、当該納税義務者以外の納税義務者から技術指導、実地研修、出向、出張等何らの名義をもってするを問わず、当該事業所等に派遣されたもので連続して1月以上の期間にわたって当該事業所等に勤務すべき者　当該勤務すべき事業所等

　エ　2以上の納税義務者の事業所等に兼務すべき者　当該兼務すべきそれぞれの事業所等

(3)　次に掲げる者については、当該事業所等又は施設の従業者として取り扱わないものとすること。

　　ア　従業者を専ら教育するために設けられた施設において研修を受ける者
　　イ　給与の支払いを受けるべき者であっても、その勤務すべき事業所等が課税標準額の分割の対象となる事業所等から除外される場合（例えば非課税事業を営む事業所等）の当該事業所等の従業者
　　ウ　給与の支払いを受けるべき者であっても、その勤務すべき施設が事業所等に該当しない場合の当該施設の従業者（例えば常時船舶の乗組員である者、現場作業所等の従業者）
　　エ　病気欠勤者又は組合専従者等連続して1月以上の期間にわたってその本来勤務すべき事業所等に勤務しない者（当該勤務していない期間に限る。）
(4)　9の1(1)から(3)までに掲げるもののほか、従業者については、次の取扱いによるものであること。
　　ア　非課税事業、収入金額課税事業又は鉄軌道事業とその他の事業とを併せて行う納税義務者の従業者のうち、それぞれの事業に区分することが困難なものの数については、それぞれの事業の従事者として区分されたものの数により按分するものとすること。
　　イ　従業者は、常勤、非常勤の別を問わないものであるから、非常勤のもの例えば、重役、顧問等であっても従業者に含まれるものであること。
　　ウ　連続して1月以上の期間にわたるかどうかの判定は、課税標準の算定期間の末日現在によるものとすること。この場合において、課税標準の算定期間の末日現在においては1月に満たないが、当該期間の翌期を通じて判定すれば1月以上の期間にわたると認められるときは、連続して1月以上の期間にわたるものとし、また、日曜日、祝祭日等当該事業所等の休日については、当該休日である期間は、勤務していた日数に算入すること。
　　エ　事業所等の構内・区画が2以上の道府県の区域にまたがる場合には、家屋の延床面積等合理的な方法により按分した数（その数に1人に満たない端数を生じたときは、これを1人とする。）をそれぞれの道府県の従業者数とするものであること。
9の2　法第72条の48第5項に規定する事業所等の従業者については、9の1に定めるもののほか、次の諸点に留意すること。
(1)　事業年度の中途において、新設された事業所等にあっては事業年度終了の日の末日、廃止された事業所等にあっては廃止の月の直前の月の末日現在の従業者の数に基づいて月割により算定した従業者の数値によるものであるが、この場合の新設された事業所等には、営業の譲受又は合併により設置される事業所等も含まれるものであること。
(2)　一の事業年度の中途において、新設され、かつ、廃止された事業所等については、廃止された事業所等として従業者の数を算定するものであること。
(3)　事業年度に属する各月の末日現在における従業者の数のうち最大であるものの数値が、その従業者の数のうち最小であるものの数値に2を乗じて得た数値を超える事業所等については、

$$\frac{その事業年度に属する各月の末日の従業者の数の合計数}{その事業年度の月数}$$

により従業者の数を算定することとなるが、この適用があるのは、当該事業所等に限るものであって、他の事業所等については適用がないものであること。

また、事業年度の中途において新設又は廃止された事業所等であっても事業所等の所在する期間を通じてその従業者の数に著しい変動があるものは従業者の数に著しい変動がある事業所等に該当するものであるので留意すること。

なお、各月の末日現在における従業者の数の算定については、次の取扱いによるものであること。

ア　各月の末日において勤務すべき者のみが分割基準の対象となる従業者となるものであること。したがって、例えば、月の初日から引き続き日雇労働者として雇用されていたものであっても、当該月の末日の前日までの間に解雇されたものは分割基準の対象となる従業者とはならないものであること。

なお、各月の末日が日曜日、祝祭日等により当該事業所等が休日である場合の分割基準の対象となる日雇労働者については、当該休日の前日現在における状況によるものであること。

イ　月の中途で課税標準の算定期間が終了した場合においては、その終了の日の属する月の末日現在における従業者の数は、分割基準には含まれないものであること。

9の3　資本金の額又は出資金の額が1億円以上の製造業を行う法人の分割基準となる事業年度終了の日現在における従業者の数のうち、その工場に勤務するものについては、当該従業者数の数値に当該数値の2分の1を加えた数値によることとされているが、この場合において、製造業を行う法人とは、その法人の行う主たる事業が規則第6条の2の2第2項各号に掲げる事業に該当するものをいい、工場とは、物品の製造、加工又は組立て等生産に関する業務が行われている事業所等をいうものであること。

なお、細部の取扱いについては、別途「資本金の額又は出資金の額が1億円以上の製造業を行う法人の事業税の分割基準である工場の従業者の取扱いについて」（昭和37年5月4日自治丙府発第39号）によること。（法72の48④）

9の4　電気供給業を行う法第72条の48第1項に規定する分割法人の分割基準に関し、同条第3項第2号ロ(1)の電線路とは、事業所等の所在する道府県において発電所（他の者が維持し、及び運用する発電所を含む。以下9の4において同じ。）の発電用の電気工作物（電気事業法第2条第1項第18号に規定する電気工作物をいう。）と電気的に接続している電線路（専ら通信の用に供するものを除く。以下9の4及び9の5において同じ。）であって、当該分割法人が維持し、及び運用するもののうち、電気学会電気規格調査会標準規格JEC－0222に定める電線路の公称電圧が66キロボルト以上のものであり、かつ、当該

発電所が発電を行う場合においてその発電した電気を基幹系統側（基幹系統を通じて送電ネットワークへ向けて送電する側）に送電するために設けられた電線路をいうものであること。（法72の48③Ⅱロ(1)、則6の2②）

9の5　法第72条の48第3項第2号ロ(1)の電線路の電力の容量については、次により取り扱うものであること。（法72の48③Ⅱロ(1)）

(1)　電線路の性能を示した容量を用いるものであり、運用上の容量を用いるものではないこと。

(2)　連続的に送電できる電力の容量とするものであること。なお、同一の電線路について、その電力の容量が時期により異なるものとされている場合には、電力の容量が最大となる時期における電力の容量とするものであること。

(3)　電力の容量が異なる区間がある電線路については、発電所から受電する部分における電力の容量とするものであること。

9の6　削除

9の6の2　ガス供給業のうち、導管ガス供給業及び特定ガス供給業以外のものは、ガス供給業として収入割が課される事業に該当しないが、法第72条の48第3項第3号に規定するガス供給業には該当するため、その分割基準は固定資産の価額となることに留意すること。（法72の48③Ⅲ）

9の7　法第72条の48第4項第3号に規定する事業年度終了の日現在における固定資産の価額とは、当該事業年度終了の日において貸借対照表に記載されている土地、家屋及び家屋以外の減価償却が可能な有形固定資産の価額をいうものであること。したがって、建設仮勘定により経理されている固定資産であっても、当該事業年度終了の日において事業の用に供されているものは含まれるものであり、無形固定資産及び貸借対照表に記載されていないものについては分割基準に含まないものであることに留意すること。（法72の48④、則6の2の2④）

9の8　法第72条の48第3項第4号に規定する軌道の延長キロメートル数は、次により取り扱うものであること。（法72の48③）

(1)　単線換算キロメートル数によるものであること。

(2)　鉄道事業を行う法人が、自らが敷設する鉄道線路（他人が敷設した鉄道線路であって譲渡を受けたものを含む。）以外の鉄道線路を使用して鉄道による旅客又は貨物の運送を行う場合においては、当該使用に係る軌道の延長キロメートル数を当該法人の分割基準である軌道の延長キロメートル数とするものであること。

(3)　引込線及び遊休線並びに敷設線を含むものであるが、他の法人等の所有に係る専用線は含まないものであること。

9の9　2以上の道府県に事業所等を設けて鉄道事業又は軌道事業とその他の事業とを併せて行う場合の割合については、次の諸点に留意すること。（法72の48⑪、令35の2）

(1)　当該法人の事業税の課税標準額のそれぞれの総額をそれぞれの事業の売上金額によって按分した額をそれぞれの事業の分割基準によって分割するのであるが、百貨店業のみについては、売上金額に代えて売上総利益金額が按分の基準とされていること。

　　なお、この場合における百貨店業とは、物品販売業（物品加工修理業を含む。）であって、これを営むための店舗のうちに、同一の店舗で床面積の合計が1,500平方メートル（都の特別区及び地方自治法第252条の19第1項の指定都市の区域内においては、3千平方メートル）以上の店舗を含むものをいうものであること。

(2)　売上金額とは、本来の事業及びこれに付随する事業の収入金額をいうものであるが、固定資産の売却収入その他受取利息、有価証券利息、受取配当金、有価証券売却益等の事業外収入は含まれないものであること。したがって、鉄道事業又は軌道事業における売上金額とは、原則として鉄道事業会計規則にいう営業収益をいうものであること。

(3)　売上総利益金額とは、売上高（総売上高から売上値引及び戻り高を控除した額）から売上原価（期首たな卸高と仕入高を加えた額から期末たな卸高を控除した額）を控除した金額をいうものであること。

9の10　法第72条の48第3項第5号に規定する事業所等の数は、次により取り扱うものであること。

(1)　事業所等に該当するか否かの判定は、第1章第1節6によること。

(2)　事業所等の数の算定に当たっては、原則として、同一構内・区画にある店舗等の事業の用に供する建物（以下9の10において「建物」という。）について一の事業所等として取り扱うこと。

(3)　近接した構内・区画にそれぞれ建物がある場合については、原則として、構内・区画ごとに一の事業所等として取り扱うこととなるが、この場合において、2以上の構内・区画の建物について、経理・帳簿等が同一で分離できない場合、同一の管理者等により管理・運営されている場合など、経済活動・事業活動が一体とみなされる場合には、同一の構内・区画とみなして一の事業所等として取り扱うことに留意すること。

(4)　事業所等の構内・区画が2以上の道府県の区域にまたがる場合には、次に掲げる道府県の事業所等として取り扱うものであること。

　ア　事業所等の建物が、一の道府県の区域のみに所在する場合　当該建物の所在する道府県

　イ　事業所等の建物が、2以上の道府県の区域にまたがる場合　当該建物の所在するそれぞれの道府県

9の11　法第72条の48第8項の主たる事業の判定に当たっては、それぞれの事業のうち、売上金額の最も大きいものを主たる事業とし、これによりがたい場合には、従業者の配置、施設の状況等により企業活動の実態を総合的に判断するものであること。

9の12　外国法人の恒久的施設とみなされた代理人の事務所等が2以上の道府県に所在する場合については、その事務所等のうち当該外国法人のための業務を行う事務所等のみが当該外国法人の事業所等とみなされるものであること。この場合において、同一の事業所等において代理人の本来の業務と外国法人の代理に関する業務を併せて行っている場合の分割の基準となる従業者数は、専ら当該外国法人の代理業務のみを行う者のみとするものであること。

9の13　2以上の道府県において事務所等を設けて事業を行う法人が分割基準に

誤りがあったこと（課税標準額についてすべき分割をしなかった場合を含む。）により関係道府県の分割課税標準額又は事業税額に過不足がある場合においては、不足額の生じた道府県に対しては速やかに申告又は修正申告をしなければならないのであるが、過大となった道府県に対しては当該分割課税標準額又は事業税額の減額の更正の請求をすることができるものとされているものであること。この場合において、減額の更正の請求はあらかじめ主たる事務所等所在地の道府県知事に届け出た旨を証する文書を添えて行うべきものとされていることにかんがみ、その主たる事務所等所在地の道府県知事は速やかにその処理をすべきものであること。（法72の48の2④）

9の14　主たる事務所等所在地の道府県知事が課税標準の総額の更正若しくは決定又は分割基準の修正若しくは決定を行った場合においては、その旨を関係道府県知事に通知するものであるが、次の諸点に留意すること。

　ア　通知には、延滞金、過少申告加算金、不申告加算金及び重加算金の計算と減免又は不徴収についての簡明な理由を付して行うものとすること。この場合において、関係道府県知事は、これらの減免又は不徴収等の理由及び内容について、特に異議のない場合には、これによることとし、各道府県間の取扱いが不一致にならないようにすること。

　イ　外形対象法人、収入金額課税法人、収入金額等課税法人、特定ガス供給業を行う法人及び通算法人（通算子法人にあっては、当該通算子法人の事業年度が通算親法人の事業年度終了の日に終了するものに限る。ウにおいて同じ。）以外の法人に係る通知の内容である計算及び減免又は不徴収の取扱いは、原則として法人税の計算及び減免又は不徴収の取扱いに準じて行うものであること。

　ウ　外形対象法人、収入金額等課税法人、特定ガス供給業を行う法人及び通算法人の所得及び付加価値額（単年度損益に限る。）に係る通知の内容である計算及び減免又は不徴収の取扱いについても、おおむね、法人税の計算及び減免又は不徴収の取扱いに準じて行うものであること。

事業税における国外所得等の取扱いについて

（国外所得の算定）

1　地方税法（以下「法」という。）の施行地に本店又は主たる事務所若しくは事業所を有する法人（以下「内国法人」という。）で、法の施行地外において事業を営んでいるもの（以下「特定内国法人」という。）の所得割の課税標準は、当該特定内国法人の所得の総額から法の施行地外の事業に帰属する所得（以下「国外所得」という。）を控除して算定するものであること。

（外国の事務所又は事業所）

2　内国法人が法の施行地外において事業を営んでいるかどうかは、当該内国法人が外国の事務所又は事業所を有するかどうかによって判定するものであること。

3　2の「外国の事務所又は事業所」とは、地方税法施行令（以下3において「令」という。）第20条の2の19に規定する内国法人が法の施行地外に有する恒久的施設に相当するものであること。

　なお、恒久的施設の範囲については、法第72条第5号、令第10条及び地方税法施行規則第3条の13の3に規定されているものであること。

4　我が国が締結した租税に関する二重課税の回避又は脱税の防止のための条約において法第72条第5号イからハまでに掲げるものと異なる定めがあるときは、当該条約の適用を受ける内国法人については、当該条約において恒久的施設と定められたものに相当するものとするものであること。

5　外国の事務所又は事業所を設けて事業を行うものであるかどうかについては、一の外国ごとに判定するものであること。したがって、2以上の外国において所得が生じている場合においても、一の外国にのみ外国の事務所又は事業所を設けている場合においては、当該外国にその源泉がある所得のみが国外所得とされ、他の外国にその源泉がある所得は国外所得とはならないものであること。

　ただし、一の外国に設けた外国の事務所又は事業所において他の外国における業務も管理していることが次に掲げる事項等により確認できる場合においては、当該他の外国にその源泉がある所得についても、国外所得に含めるものとすること。

(1)　当該他の外国にその源泉がある所得の基因となるべき資産等が当該外国の事務所又は事業所において管理されていること又は当該所得に関する取引等が当該外国の事務所又は事業所の権限とされ、当該外国の事務所又は事業所の従業者により行われていること。

(2)　当該他の外国にその源泉がある所得に関する収支が当該外国の事務所又は事業所を通じて行われていること。

(3)　その他当該他の外国にその源泉がある所得に関する業務が当該外国の事務所又は事業所において管理されていることが、定款、内規、営業報告書等により明らかであること。

（国外所得の区分計算）

6　原則として、次に掲げる場合には、国内の事業に帰属する所得と国外所得とを区分して計算すべきものであること。

　(1)　内国法人が法人税について法人税法第69条の外国の法人税額の控除に関する事項を記載した申告書を提出している場合

　(2)　当該外国に所在する事務所等の規模、従業者数、経理能力等からみて、国外所得を区分計算することが困難でないと認められる場合

7　国外所得の区分計算については、次の諸点に留意すること。

　(1)　1の「国外所得」とは、原則として法人税法第69条第4項第1号に規定する「国外事務所等に帰せられるべき所得」と同範囲のものであること。

　(2)　国外所得の算定については、原則として法人税法第69条の規定による計算の例によって算定するものであること。

　(3)　航空運送業又は海運業を行う特定内国法人が、当該航空運送業又は海運業に係る所得の総額について総運賃収入金額中に占める外国の事務所又は事業所に帰属する運賃収入金額の割合により区分して国外所得を計算した場合においては、その取扱いを認めるものとすること。この場合の所得の総額には、当該特定内国法人が納付した外国の事務所又は事業所の所在する外国の法人税額を損金に算入しないで算定するものであること。

8　所得の総額が欠損である事業年度についても、外国の事務所又は事業所がある限り、区分計算（所得の区分が困難である法人にあっては、欠損金額の従業者数による按分）を要するものであること。

9　翌事業年度以降において繰越控除が認められる欠損金の額は、欠損金額から法の施行地外の事業に帰属する欠損金の額（所得の区分が困難である法人にあっては、従業者数による按分によって法の施行地外の事業に帰属する欠損金とされた部分の金額）を控除した額に限られるものであること。

10　特定内国法人が国外所得を区分計算する場合においては、すべての国外所得について区分計算するものとし、一部の外国について区分計算を行い、他の外国について所得の区分が困難であるとして、従業者数により按分することは認めないものであること。

11　特定内国法人が国外所得を区分計算して申告した場合においては、その後の事業年度分についても、当該外国に所在する外国の事務所又は事業所の閉鎖、組織の変更等特別の事由がある場合を除き、国外所得を区分して申告しなければならないものであること。

（所得の区分計算が困難である場合）

12　所得の区分が困難である場合の按分の基礎となる所得の総額については、次の諸点に留意すること。

　(1)　特定内国法人が納付した外国の法人税額は損金の額に算入されないものであること。

　(2)　繰越欠損金額又は災害損失金額を控除する前の所得金額によるものであること。

13　所得の区分が困難である場合の按分の基準である従業者数については、次の

諸点に留意すること。
(1) 外国の事務所又は事業所における現地雇用者の数も含むものであること。
(2) 恒久的施設に相当するもののうち、法第72条第5号ハに相当するものについては、按分の基準となる従業者が存在しないので、按分の計算には含めないものとして取り扱うこと。
(3) 事業年度終了の日現在における事務所又は事業所の従業者数によるものであること。
　　ただし、外国の事務所又は事業所を有しない内国法人が事業年度の中途において外国の事務所又は事業所を有することとなった場合又は特定内国法人が事業年度の中途において外国の事務所又は事業所を有しないこととなった場合には、当該事業年度に属する各月の末日現在における事務所又は事業所の従業者数を合計した数を当該事業年度の月数で除して得た数（その数に一人に満たない端数を生じたときは、これを一人とする。）によるものとすること。
(4) (3)ただし書の月数は、暦に従って計算し、一月に満たない端数を生じたときは、これを一月とすること。
(5) 仮決算による中間申告納付をする特定内国法人に係る事務所又は事業所の従業者数について(3)を適用する場合には、当該特定内国法人の当該事業年度（当該特定内国法人が通算子法人である場合には、当該事業年度開始の日の属する当該特定内国法人に係る通算親法人事業年度）開始の日から六月を経過した日の前日までの期間を一事業年度とみなすこと。

（国外付加価値額の算定）

14　特定内国法人の付加価値割の課税標準は、当該特定内国法人の付加価値額の総額から法の施行地外の事業に帰属する付加価値額（以下「国外付加価値額」という。）を控除して算定するものであること。この場合において、国外付加価値額については、国外所得の取扱いに準じて取り扱うものとするが、所得について区分計算した場合には、付加価値額についても、区分計算するものであること。

15　特定内国法人が法第72条の20の規定による雇用安定控除額の控除（以下「雇用安定控除」という。）を行う場合においては、次の諸点に留意すること。
(1)雇用安定控除の適用の有無の判定及び雇用安定控除額の算定の際に用いる収益配分額及び報酬給与額は、それぞれ次に掲げるものであること。
　ア　収益配分額　収益配分額の総額から法の施行地外の事業に帰属する収益配分額を控除した金額
　イ　報酬給与額　報酬給与額の総額から法の施行地外の事業に帰属する報酬給与額を控除した金額
(2) 法第72条の19後段の規定により、従業者数による按分によって国外付加価値額を算定した場合には、(1)の法の施行地外の事業に帰属する収益配分額及び報酬給与額についても、それぞれ従業者数により按分すること。
(3) 国外付加価値額の控除を行った後に、雇用安定控除を行うものであること。

（資本金等の額の算定）

16　特定内国法人の資本割の課税標準である資本金等の額は、当該特定内国法人の資本金等の額から、当該特定内国法人の資本金等の額に当該特定内国法人の付加価値額の総額（雇用安定控除を適用しないで計算した金額とする。以下16において同じ。）のうちに国外付加価値額の占める割合を乗じて得た額を控除して算定するものであること。

　　ただし、次に掲げる場合には、当該特定内国法人（法第72条の19後段の規定により従業者数による按分により国外付加価値額を算定した法人を除く。以下16において同じ。）の資本金等の額から、当該特定内国法人の資本金等の額に外国の事務所又は事業所における従業者数を乗じた額を当該特定内国法人の法の施行地内に有する事務所又は事業所及び外国の事務所又は事業所の従業者数で除して計算した額を控除して算定するものであること。

⑴　国外付加価値額が零以下である場合

⑵　付加価値額の総額から国外付加価値額を控除して得た額が零以下である場合

⑶　付加価値額の総額のうちに付加価値額の総額から国外付加価値額を控除して得た額の占める割合が100分の50未満である場合

17　16ただし書の場合において、按分の基準となる従業者数については、所得における取扱いに準じて取り扱うものとすること。

（収入金額の算定）

18　特定内国法人の収入割の課税標準は、当該特定内国法人の収入金額の総額から法の施行地外の事業に帰属する収入金額を控除して算定するものであること。この場合において、法の施行地外の事業に帰属する収入金額については、国外所得の取扱いに準じて取り扱うものとすること。

（個人事業者の国外所得の算定）

19　法の施行地に主たる事務所又は事業所を有する個人で、外国の事務所又は事業所を有するものの法の施行地外の事業に帰属する所得は、特定内国法人の取扱いと同様に所得の総額から控除するものであること。

20　19の適用がある場合において、法の施行地外の事業に帰属する所得の範囲は、所得税法第95条第1項に規定する「その年において生じた国外所得金額」のうち不動産所得及び事業所得に相当するものと同範囲のものとし、同条の規定の適用がない場合においては、所得を区分することが困難な場合として、法人の取扱いに準じ、課税標準の算定期間の末日現在の従業者数により、当該個人の所得の総額を按分した金額とするものであること。

　　ただし、法の施行地に主たる事務所又は事業所を有する個人で外国の事務所又は事業所を有しないものが課税標準の算定期間の中途において外国の事務所又は事業所を有することとなった場合又は19の個人が課税標準の算定期間の中途において外国の事務所又は事業所を有しないこととなった場合には、当該算定期間に属する各月の末日現在における事務所又は事業所の従業者数を合計した数を当該算定期間の月数で除して得た数（その数に一人に満たない端数を生

じたときは、これを一人とする。）によるものとすること。

21　20ただし書の月数は、暦に従って計算し、一月に満たない端数を生じたとき
は、これを一月とすること。

【初版監修者】	【改訂版監修者】	【第3版監修者】	【第4版監修者】
松田曉史	長谷川　均	山内和久	櫻井幸枝

【初版編者】	【改訂版編者】	【第3版編者】	【第4版編者】
吉冨哲郎	笹本　勉	木村佳嗣	柳澤信幸
	大野伊知郎	佐藤弓子	池田美由紀

【初版執筆者】	【改訂版執筆者】	【第3版執筆者】	【第4版執筆者】
下川健司	青木智子	下川健司	鈴木栄子
守岡美和	長尾俊介	菱田　明	小林千恵子
		中村千砂子	青木智子
		鈴木栄子	中村千砂子
			島村登志和
			白石史崇

第4版　図解とQ＆Aによる　外形標準課税の実務と申告

令和5年1月21日　初版印刷
令和5年2月3日　初版発行

不　許
複　製

監修者　　東京都主税局課税部長
　　　　　　櫻井幸枝

編　者　　東京都主税局課税部法人課税指導課長
　　　　　　柳澤信幸

編　者　　東京都主税局課税部外形課税担当課長
　　　　　　池田美由紀

発行者　　一般財団法人　大蔵財務協会　理事長
　　　　　　木村幸俊

発行所　　一般財団法人　大蔵財務協会
〔郵便番号　130-8585〕
東京都墨田区東駒形1丁目14番1号
（販　売　部）TEL03(3829)4141・FAX03(3829)4001
（出版編集部）TEL03(3829)4142・FAX03(3829)4005
http://www.zaikyo.or.jp

乱丁、落丁の場合は、お取替えいたします。　　　　　印刷　三松堂（株）
ISBN978-4-7547-3083-3